실전 미래전략 도출

스마티시티 중심으로

차원용 / 이제은 / 김들풀

아스팩미래기술경영연구소

CONTENTS

1

아스팩 베이직(ASPECT BASIC)

1. 개요(Survey) 5
2. 미세 신호(weak signal)를 찾아라 10
3. 미래전략 연구 방법 30
4. 세차운동 주기 기법(Precession Grand Circle) 41
5. '백캐스팅'(backcasting) 66
6. The Natural Step의 '지속가능한 백캐스팅 원칙 (backcasting from sustainability principle)' 71

2

4차 산업혁명 시대의 스마트시티

1. 세계 최초로 유시티(U City) 개념 정립한 한국 79
2. 새로운 도시, 4차 산업혁명의 물결 82
3. 도시의 성장과 변화 86
4. 도시의 미래, 지속가능한 도시 88
5. 스마트시티의 다양한 정의들 90
6. 4차 산업혁명의 플랫폼으로서의 스마트시티 94
7. 스마트시티의 확산, 유니콘 기업 탄생과 유사 97
8. 스마트시티의 핵심은 시민 중심, 휴머니즘 97

3

스마트시티 미래전략 수립

1. 미래 예측과 메가 트렌드 103
2. 4차 산업혁명 시대의 ICT 트렌드 105
3. 스마트시티 미래전략 수립을 위한 분석틀 113
4. 인간중심사회 분석 115
5. STEE 분석 126
6. 주요국의 혁신전략 분석 136
7. 메가 트렌드 도출 157
8. 비즈니스 모델: CPNDUX 메가 트렌드 159
9. 미래 핵심산업-핵심기술-성장엔진 도출 162
10. 중장기 로드맵 수립 168

4

인간 중심의 행복지표

1. 인간이 행복한 도시 172
2. 시민 행복지표, 한국형 국민총행복(GNH) 173
3. 풀뿌리에서 출발한 행복지표 178
4. 미래 스마트시티 평가지수: + 행복지표 190

5

스마트시티 성장엔진별 핵심과제 도출

1. 스마트 모빌리티(1/6) 200
2. 스마트 공장 206
3. 스마트 에코: 에너지 (1/2) 207
4. 스마트 의료 (1/2) 211
5. 스마트 교육 (1/2) 213
6. 스마트 안전 (1/2) 215
7. 스마트 행정 (1/2) 217
8. 스마트 경험 (1/3) : 대부도 먹거리 문화관광 219

6

스마트시티의 미래: 인간의 삶을 바꿀 새로운 도시

1. 티핑 포인트 앞에 선 스마트시티 223
2. 도시의 성공방정식 225
4. 인간이 행복한 미래 사회 232

참고문헌 235

1장

아스팩 베이직 (ASPECT BASIC)

1장. 아스팩 베이직(ASPECT BASIC)

** Aspect는 a + spect가 결합한 단어로 하나(insight)로 바라본 어떤 행동이 나 상태의 움직임·계속·완료·반복 등을 나타내는 동사의 형태라는 의미다.*

1. 개요(Survey)

현대 미래학은 1940년대 미국에서부터 출발했다. 당시 경마 결과를 예측하기 위해 그리스 델파이(Delphi)지역의 예언자들이 사용했던 방법에서 이름을 빌어 '델파이 기법(Delphi method)'이라는 미래 예측 방법을 개발했다. 기원전 600년 경 고대 그리스 도시 델피에 위치한 아폴론 신전의 예언자들은 신과 인간을 이어주며 전쟁을 예측하는 등 국가의 대사를 정하는 데 결정적인 영향을 미쳤다.

이후 1948년 미국의 연구기관인 랜드(Rand) 연구소가 군방 연구에서 문제 해결에 델파이 기법을 도입하면서 알려졌다.

랜드 연구소는 미 공군의 후원으로 '델파이 프로젝트'를 가동하는데 예측하려는 분야의 전문 지식을 가진 전문가들에게 설문으로 의견을 묻고 이 의견들을 모아 분석 후 미래를 예측하는 방법으로 한 사람이 아닌 여러 사람의 지식을 종합했기 때문에 높은 신뢰를 받았다.

고든(Gordon)과 헬머(Helmer)는 1964년 보고서에서 과학과 기술발달의 장기적인 예측을 내 놓았다. 당시 보고서는 오늘날 과학의 획기적 발달과, 인구문제, 산업의 자동화, 우주개발, 전쟁예측 및 예방, 무기 시스템과 같은 선명한 토픽들을 포함하고 있어 지금까지 신뢰를 얻고 있다.

랜드 연구소는 1950년 또 다른 미래예측 기법인 '시나리오 기법'을 개발했다. 미래에 일어날 가상의 여러 상황들을 시나리오로 구성해 예측하는 방법이다. 시나리오 기법은 보다 창의적인 상상을 요구하고 있어 예측하지 못한 일들이 발생하는 불확실성 시대인 현대에 더욱 효과적인 방법으로 많은 사람들이 활용하고 있다.

이후 미래학은 발전을 거듭해 미래를 예측하는 기법만 해도 수십에서 수백여 가지가 넘는다. 이는 기존에 있던 방법론을 활용하거나 이를 새로운 방법과 융합해 개발, 적용하기도 한다.

현재 미래예측방법 중 가장 많이 사용되는 기법들을 살펴보면 환경스캐닝 기법(Environmental Scanning), 트렌드 영향분석기법(Trend Impact Analysis), 리얼타임 델파이 기법(Real Time Delphi), 이머징이슈 분석(Emerging Issue Analysis), 텍스트마이닝(Text Mining), 미래바퀴 기법(Futures Wheel), 시나리오 기법(Scenarios), 상호영향분석법(Cross-Impact Analysis), 국가미래지수 기법(SOFI, State of the Futures Index), 거시 미래예측 : 세차운동주기 기법(Precession Grand Circle) 등이 있다.

지금은 빅데이터가 미래를 예언하는 '디지털 예언자'가 등장했다. 실제로 영국 런던 경찰청이 운용 중인 범죄 예보 시스템은 누군가 인터넷에 올린 의미 있는 글을 컴퓨터가 글을 올린 사람이나 관련 인물, 기존 범죄 기록, SNS 활동 등을 빅데이터로 분석해 누가 범죄자가 될지를 예측한다. 그야말로 영화 '마이너리티 리포터'가 현실화 된 것이나 다름없다.

미래학자로는 어떤 인물들이 활동하고 있는가?

세계적인 미래학자로는 구글 엔지니어링 디렉터이자 선구적 컴퓨터 과학자인 레이 커즈와일(raykurzweil) 박사가 있다. 2012년 인공지능 개발을 위해 구글의 엔지니어링 디렉터로 변신한 그는 가장 진보적인 미래학자로 통한다. "2025년이 되면 3D 프린터가 조작된 줄기 세포로 인체 장기를 프린트할 것이다"고 말하고 있다. 현재 레이 커즈와일은 2008년에 '특이점 대학(Singularity University)'을 설립해 미래인재 양성에 나서고 있다.

미래학의 대부(代父)'로 불리는 하와이대학 짐 데이토(Jim Dator) 교수는 지난 40년간 하와이대학과 버지니아테크(Virginia Polytechnic Institute and State Univ.: Virginia Tech)에서 미래학을 가르쳐 온 '1세대 미래학자'다. "과거가 미래다" "미래학은 미래를 예측하는 것이 아니라 창조하는 것이다. 미래학은 곧 자신에게 맞는 미래를 만들기 위한 것이다(Futures study is to create the future, not to forecast it)" 사실상 미래학계의 대부와 같은 존재로 미래학이론에서 세계적인 권위자다. 현재 그는 미국의 30여개 주정부 미래전략고문으로 활동 중 있다.

그밖에 짐 데이토 교수와 초창기 미래학을 함께한 앨빈 토플러가 있다. 짐 데이토 교수가 학교에 남아있는 반면 앨빈 토플러는 미래 연구를 기업컨설팅 쪽으로 나가 활동하고 있다. 또 'A whole new mind'를 집필한 다니엘 핑크, 'Futurewise: Six Faces of Global Change'의 패트릭 딕슨, 이론물리학자 겸 미래학자 미치오 카쿠, 휴스턴 대학원 미래학과 교수 피터 비숍, 호세 코데이로, 제롬 글랜, 로리 앤더슨, 패트릭 딕슨, 자크 프레스코, 벅민스터 퓰러, 아서 하킨스, 스티븐 호킹, 쏘릴 크리스튼슨, 데이비드 시어스, 존 제르잔, 마르티스 호르크스 니콜라스 카 등이 미래학 분야에서 활발하게 활동하고 있다.

그렇다면 이들이 내 놓은 미래예측이나 미래전략이 위에 나열된 미래예측 기법으로만 다가오는 세상의 변화에 대처할 정확한 미래전략이 나올 수 있을까?

물론 완벽한 미래예측이라는 것은 존재 하지 않는다. 아직까지는 세상을 창조한 신만이 알 수 있을 뿐이다. 다만 객관적인 접근과 도출을 위해 다양한 미래예측 기법을 통한다는 것인데, 수많은 학술지와 보고서를 비롯해 저널, 미디어, 책, 인터넷 등 자료를 통해 분석한다.

위에 열거한 미래학자들을 면면이 살펴보면 자기영역에서 타의추종을 불허할 만큼의 지식과 보편적인 지식을 함께 아우르고 있다. 거기다 독보적인 미래예측 기법을 가지고 있다는 것이다.

하지만 오늘날 대한민국 미래전략은 이론적 배경도 연구도 부실하기 그지없다. 시작과 끝이 선명해야 한다. 미래를 예측하고 전략을 매핑하기 위해서는 핵심 역량이 뚜렷해야 한다. 모든 분야를 아울러 융복합해야 한다.

그동안 아스팩미래기술경영연구소는 1995년 출발 당시부터 국가 및 기업 등의 수많은 미래전략 로드맵을 도출했다. 최근에는 구글 웨이모의 셀프 드라이빙 카(SDC, Self-Driving Car) 프로젝트인 반자율차(SelfAutonomous Car)와 자율차(Autonomous Car) 관련 600개 특허분석 보고서와 글로벌 드론 특허 300개, 글로벌 유전자 가위(CRISPR/Cpf1, Cas9+crRNA) 논문분석, 인공지능 칩 특허분석 등을 집중 분석한 바 있다.

특히 단순한 특허·논문 분석이 아닌 을 카테고리 분야로 정리하여 시사점을 제공하고 있어 미래 먹거리를 제공하고 있다.

가령 구글 웨이모의 자율주행차 특허 분석 경우 앞으로 다가올 미래 무인자동차 플랫폼 전략이 고스란히 담겨있다. 머신러닝과 딥러닝 등 인공지능(AI : Artificial Intelligence) 분야를 다뤘으며, 인공지능의 한 분야인 컴퓨터 비전(Computer Vision)은 인간의 시각적인 인식 능력을 컴퓨터로 재현하는 연구 분야이기에 바이오(Bio) 분야도 능통해야 통찰을 얻을 수 있다.

센싱 시스템 분야도 첨단 기술과 나노기술을 관통해야만 나올 수 있다. 정밀

지도 분야, 디자인 분야, 사회분야 역시 깊은 통찰을 요구한다.

"교통경찰이 왜 없어지는가?" "그렇다면 그 시기가 언제 올 것인가?" "따라서 사회 변화는 어떻게 올 것이며, 변화의 모습은 어떻게 바뀔 것인가?"에 대한 명확한 해답을 얻을 수 있다.

차원용 박사가 이끄는 아스팩미래기술경영연구소는 정보기술, 나노기술, 바이오기술, 에너지기술, 물자원기술, 식량기술 등을 연구하며, 특히 이들 학문과 기술의 융합을 연구하고 있다.

작은 사업을 계획 하더라도 1년부터 3년, 5년 단위로 사업계획서를 작성한다. 하물며 국가 전략 및 기업 전략은 오죽하겠는가? 시작점에서 아주 작은 오류라도 발생하면 그야말로 파탄 지경에 이를 수 있기 때문이다. 국내 대기업 중 모 전자회사는 글로벌 컨설팅 회사가 도출한 경영전략을 따랐다가 지금까지 곤란을 겪고 있다.

▶ 미세 신호(Weak Signal)를 찾아라

미래전략에서 미래 유망기술의 발굴은 매우 중요하다. 하지만, 과학기술의 융·복합화와 불확실성의 증가 그리고 기존 기술의 틀을 깨는 혁신적 기술의 등장 등으로 인해서 실효성 높은 미래 유망기술의 발굴이 어려워지고 있다.

미래 유망기술을 탐지하기 위해서는 기술태동 초기의 '미세 신호(weak signal)'을 감지해야 한다.

Weak Signal은 미약하고 중요하지 않은 것처럼 보이지만 미래에 일어날 일들에 대한 정보를 담고 있는 징후. 노이즈 또는 다른 시그널과 혼재되어 탐지가 어려우며, 성숙되기까지 상당한 시간이 걸리는 경우가 많다.

지금까지 weak signal 탐지는 주로 전문가 기반으로 이루어져 왔으나, 분석 시간이 오래 걸릴 뿐만 아니라 대상 분야가 넓어지고 분석할 데이터의 양이 급격히 증가하면서 정량적 데이터 분석을 보완적으로 사용하는 방향으로 패러다임의 변화가 일어나고 있다.

한국은 아직 특허, 논문, 텍스트 분석을 통한 weak signal 탐지 기술은 아직 기초적인 수준에 머물러 있어서 관련 연구에 대한 투자가 필요하다.

미래전략은 미래사회의 성장 동력을 발굴하고 이를 실현하여 경제·사회의 지속적인 발전이 가능하도록 하는 것이 중요하다. 기업 차원에서도 미래 기술 경쟁력을 확보하기 위하여 유망기술 발굴을 통한 효율적인 미래전략 수립이 필요하다.

이러한 중요성은 전 세계적으로 인식되고 있으며 EU Horizon 2020, 미국의 Defense Advanced Research Projects Agency(DARPA, Defense Advanced Research Projects Agency), 일본 New Energy and Industrial Technology Development Organization(NEDO, New Energy and Industrial Technology Development Organization) 등에서 미래 유망기술을 발굴하고 이에 대한 연구를 지원하는 프로세스를 정립하고 수행하고 있다.

미래전략에서 유망기술의 발굴은 중장기 로드맵 도출에서 매우 중요하다. 따라서 특허 분석 및 논문 분석, 텍스트 분석에서 weak signal을 탐지해야 한다. 그러나 weak signal은 탐지가 매우 어렵다.

미래 유망기술 발굴 방법은 미래사회 니즈 분석 기법, 미래예측 기법, 설문조사, 전문가 의견활용, 데이터 분석방법 등으로 분류할 수 있다.

이러한 방법들 중에서 설문조사와 전문가의견 등이 주로 사용됐으나, 과학기술의 융·복합화와 불확실성의 증가 등으로 인하여 이러한 방법을 통한 실효성 있는 유망기술의 발굴에 어려움이 증가하고 있다.

미래란 과거의 여러 과정과는 전혀 다른 예측할 수 없었던 새로운 행동양식들이 불연속적인 변환이나 단절을 통해 나타나는 경향이 있다. 이러한 불연속적인 변화는 탐지하기가 더욱 어렵다.

지금까지 weak signal의 파악은 주로 높은 수준의 전문성을 가진 전문가 기반으로 이루어져 왔으나, 기술의 발전속도가 빨라지고 기술의 범위가 넓어지면서 전문가 기반의 분석이 점점 어려워지고 있다.

따라서, weak signal 탐지 과정을 좀 더 객관적으로 지원할 수 있는 정량적 데이터 분석방법이 필요하다. Weak signal 탐지를 위한 기존의 정량적 분석방법을 조사해본 결과 전문가 검토를 위한 후보 정보의 일부로 사용되는 기초적인 수준이므로 weak signal 상시 모니터링 체계 구축을 위해서는 관련 연구에 집중 투자할 필요가 있다.

Weak Signal의 개념 및 연구동향

1. Weak Signal의 의미

미래 유망기술을 발굴한다는 것은 과학기술에서 미래를 예측한다는 것이고, 결국 미래 기술 변화의 징후(signal)를 탐지하는 것이다. 미래 변화의 징후는 Weak signal, Strong signal, Wild card의 관계에서 설명할 수 있다.

Weak signal은 미약하고 중요하지 않은 것처럼 보이지만 미래에 일어날 일들에 대한 정보를 담고 있는 징후이다. Weak signal은 대개 noise와 섞여 있어서 구분하기 힘들지만, noise로 감춰지기 어려운 정도로 구체성을 띄게 되면 strong signal이 된다.

Wild card는 예측하기 어려웠던 중대 사건의 발생을 의미하며 weak signal이 의미하던 현상이 현실로 나타나는 것이고, wild card 이후에는 기회가 거의 없거나 아주 적어진다고 볼 수 있다.

• Weak Signal과 Wild Card의 관계

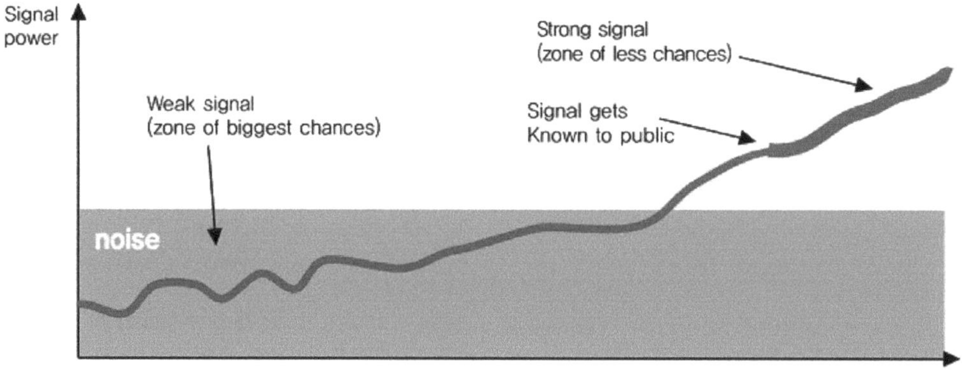

위 그림을 보면 strong signal이 나타난 후 wild card까지의 시간이 짧으므로 대처할 시간이 부족하다. 하지만, weak signal은 오랜 시간 유지되는 경향이 있기 때문에 초기에 징후를 포착한다면 미래의 변화를 준비할 충분한 시간을 가질 수 있는 이점이 있다.

Weak signal의 정의를 좀 더 명확히 하기 위해서 많은 연구가 이루어져 왔고 아래 그림과 같이 Hiltunen이 제시된 3차원 공간 모델이 주목받고 있다.

• Weak Signal과 Wild Card의 관계

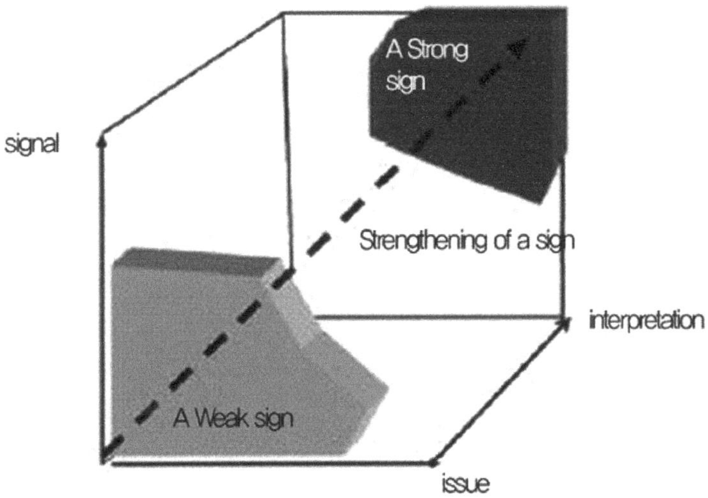

이 모델에서 각 축은 신호(signal), 이슈(issue), 그리고 해석(interpretation)으로 구성되며, 각 요소의 의미를 다음과 같이 해석한다. 신호는 시그널의 수 또는 가시성을 나타내며, 이슈는 사건의 수(예를 들어 신문뉴스, TV 보도, 루머 등)를 나타내며, 해석은 정보 수용자들에게 미치는 미래 신호로써 인지하는 정도를 나타낸다.

신호와 이슈 축은 객관적 차원이라고 할 수 있고, 해석은 주관적 차원이라 할 수 있다. 신호의 수가 증가하고 사건의 수가 많아질수록 그리고 정보 수용자들에게 주어진 신호가 미래 신호로써 큰 영향력을 미칠 때 weak signal 에서 strong signal로 이동하게 된다.

2. Weak Signal 관점에서 본 유망기술 사례

• 가트너 선정 유망기술의 Hype Cycle(Major Disruptive Technologies and Trends) 성숙도(2014).

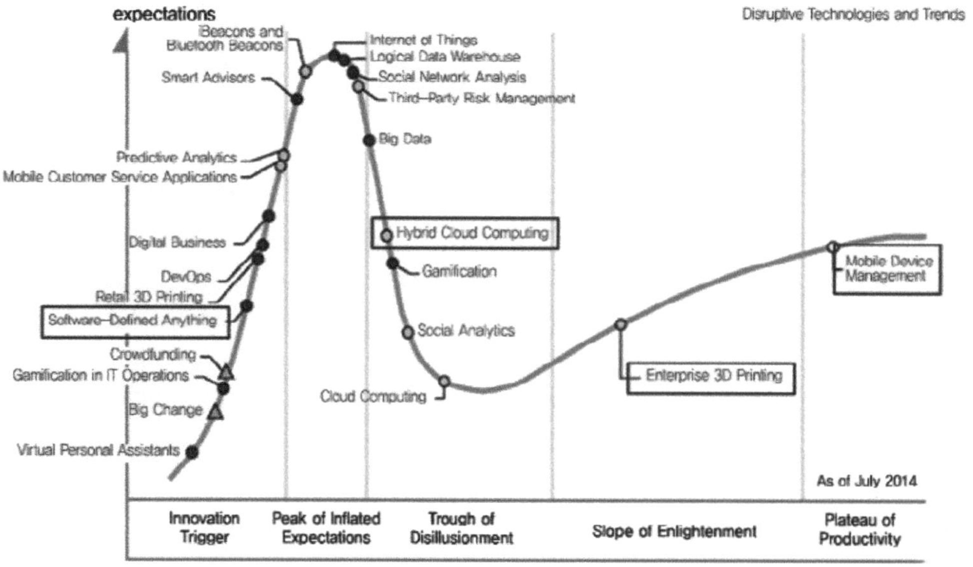

유명기관에서 발굴한 유망기술 발굴 사례를 보면 weak signal 보다는

strong signal에 가까운 기술들이 포함되어 있다. 2014년 가트너 10대 유망기술 사례로 살펴보자. 2014년 가트너 hype cycle의 Major Disruptive Technologies and Trends 분야에 제시된 기술들이다.

Software Defined Anything 기술은 성숙기까지 5년에서 10년 정도 남은 비교적 초기단계 기술로 볼 수 있지만, mobile device management 기술은 성숙기까지 2년도 채 남지 않았고 Hybrid Cloud와 3D Printing은 5년 이내 성숙기 도달이 예상되므로 weak signal로 보기 어렵다.

2014년 당시 MIT 선정 유망기술 중에서 Brain Mapping과 Mobile Collaboration 기술은 Google Trends로 분석해보면 2012년부터 꾸준히 검색되었기 때문에 weak signal로 보기 어렵다.

• 2014년 MIT 선정 유망기술의 2012~2015년 기간 Trends 분석(Google Trends 분석 결과)

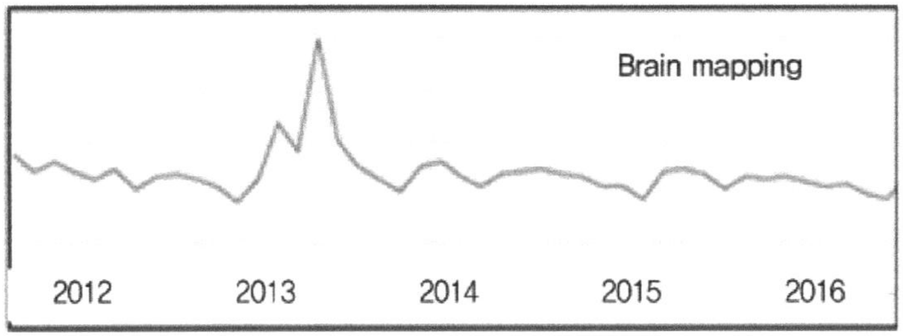

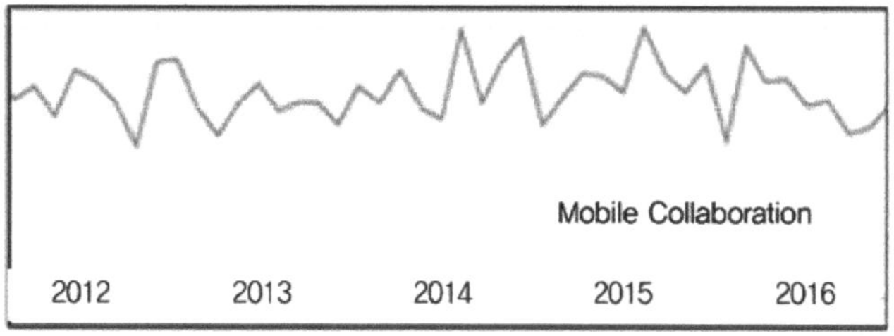

• SESTI 단계별 세부방법 비교

	Phase 1: Identification of weak signals	Phase 2: Processing of Weak signals	Phase 3: Analysis and interpretation
Focused expert review	High	High	High
Wiki	Low	Low	Low
Twitter	High	Low	Low
Surveys	Low	High	High
Conferences	Low	Medium	High
Text-mining	Low	Medium	Medium

매년 발표되는 유망기술들이 미래에 경제·사회적으로 큰 영향을 줄 기술들이라는 측면에서는 맞을지 모르지만 strong signal이거나 wild card를 지난 기술들도 포함되어 있다.

따라서 이러한 기술들의 연구에 무조건 뛰어드는 것은 기술 경쟁력과 시장

주도권 확보 가능성 관점에서 옳다고 보기 어렵다. 변화의 조짐이 어느 정도 구체화되고 가시적인 결과가 나온 후 fast follower 전략을 통해 국가 경쟁력을 유지하는 것이 이전에는 가능했지만, 이제는 first mover가 기술개발 결과로 생기는 혜택의 대부분을 가져가기 때문이다. 따라서 변혁적 기술의 태동초기에 나타나는 징후나 조짐인 weak signal을 탐지하는 것이 중요하다.

3. Weak Signal 탐지 프로세스 사례

Weak signal을 조기에 발견하고 이를 기술개발로 연계하기 위한 프로세스를 정립하고 이를 실제로 운영하는 사례가 증가하고 있으며, 대표적인 사례는 다음과 같다.

가. Scanning for Emerging Science and Technology Issues(SESTI)

SESTI 프로세스는 크게 3 단계로 구성된다. 1단계는 exploratory scan으로써 분석 분야와 분석 데이터에 제한을 두지 않고 weak signal을 찾는다. 2단계는 weak signal을 군집화하고 군집별로 중요도 분석 등을 거쳐서 중요 weak signal을 파악한다. 3단계는 정책적 관점에서 weak signal을 분석하고 해석하는 과정이다.

아래 정리된 단계별로 사용된 세부방법 비교를 보면 전문가 의견이 모든 단계에서 가장 효과적이며, text mining과 같은 자동화 방법은 상대적으로 효용성이 낮다.

• SBI의 Weak Signal 탐색 과정

	Phase 1: Identification of weak signals	Phase 2: Processing of Weak signals	Phase 3: Analysis and interpretation
Focused expert review	High	High	High
Wiki	Low	Low	Low
Twitter	High	Low	Low
Surveys	Low	High	High
Conferences	Low	Medium	High
Text-mining	Low	Medium	Medium

나. Strategic Business Insights(SBI)

세계적인 컨설팅 기관인 SRI의 business intelligence 부문을 모태로 하는 SBI의 Scan 프로세스는 아직 관심을 받지 못하고 있는 숨어있는 이슈들을 발굴하여 사업 기회로 활용할 수 있도록 한다. SBI의 Scan은 전문가들이 소비자 행동 패턴, 정치, 경제, 과학 기술 등 다양한 분야에서 signal을 발굴하여 여러 단계를 거치면서 주요 signal을 선정하게 된다.

Weak Signal 탐지를 위한 정량적 데이터 분석방법

Weak signal 탐지 프로세스 사례들을 분석해본 결과 weak signal 탐지를 명시하지 않은 유망기술 발굴 프로세스와 유사한 것을 알 수 있다. 후보 기술들을 여러 단계에 걸쳐서 좁혀 나가며, 그 과정에 전문가 자문이나 데이터 분석이 사용되는 것은 동일하다.

결국 weak signal을 탐지하는지 아니면 strong signal에 가까운 것을 발견하는지를 결정하는 것은 세부 실행방안과 참여 인력이라고 할 수 있다.

전문가 검토나 설문조사와 같이 사람에 의존한 방법은 오랫동안 시행해온 사례가 있지만, 세부 발굴 방법에 있어서 정량적 데이터 분석은 최근 들어 관심을 받는 분야이다. 지금까지 weak signal의 탐색은 주로 높은 수준의 감각과 전문성을 갖는 전문가의 내용 분석에 의존해 왔다. 하지만, 그러한 분석이 어려울 뿐만 아니라 범위도 넓고 그 분석결과의 해석 또한 전문가 개인의 판단에 맡길 수밖에 없다는 한계가 있었다.

따라서 이러한 작업을 객관적으로 지원하기 위해서 정량적 데이터 분석방법이 필요하다. 그리고, weak signal뿐만 아니라 대부분의 유망기술 선정이 일부 전문가의 주관적·정성적 판단에 의존하는 경우가 많기 때문에 합리성, 객관성, 투명성 측면에서 부족한 점을 보완하기 위해서 정량적 분석방법이 사용되어야 한다.

Weak signal 탐지를 위해서 분석할 데이터는 유망기술 발굴을 위해서 분석하는 데이터와 차이가 있을 수 있고, 동일한 데이터를 분석하더라도 그 분석방법에서 차별화가 되어야 한다.

가령 신문기사의 제목으로 언급될 정도이면 strong signal에 가깝기 때문에 신문기사의 헤드라인을 분석하는 것은 weak signal 탐지에 적합하지 않다. Weak signal을 탐지하기 위해서는 좀 더 폭넓은 정보인 기사 전체를 분석하는 것이 필요하다.

그리고 논문, 특허, 웹 데이터 등을 분석하는 경우에는 가시적인 트렌드와 같은 거시적 동향을 파악하기 보다는 시계열 분석에서 1년 단위보다 더 세분화된 시간을 설정하여 분석을 해야 한다.

분석대상 문서의 특성에 따라서 인용정보를 분석하는 방법과 자연어 처리 기술을 기반으로 하여 숨겨진 의미를 추론하는 텍스트 분석으로 크게 구분할 수 있다.

인용정보 분석

대표적인 정형 데이터로는 특허와 논문이 있다. 특허에서는 출원인 정보와 인용정보와 같은 명확한 정보를 활용할 수 있으며, 논문도 저자 정보와 인용정보를 포함하고 있다. 논문과 특허 분석에서 가장 많이 사용되는 정보가 인용정보며, 이를 이용하여 유사 문서끼리 군집화를 할 수 있고 인용이 많이 되는 핵심 문서를 발굴할 수도 있다.

아래 그림은 CiteSpace을 이용해 핵심 연구 분야를 파악하고 연구 분야들 간의 관계를 도시한 것이다.

• CiteSpace를 이용한 논문 인용정보 분석

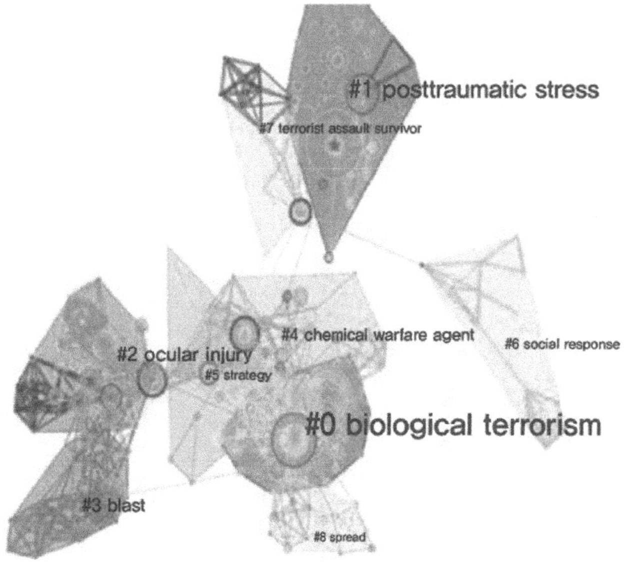

하지만 이와 같이 인용정보를 이용한 분석은 충분한 시간이 지나야만 유의미한 분석을 할 수 있는 데이터가 축적되기 때문에 어떠한 기술들이 유망해졌는지를 파악하는 목적으로는 유용할 수 있지만, weak signal을 탐지하기에는 부적합한 점이 있다.

그리고 인용정보 분석에 많이 사용되는 특허는 출원 후 공개되기까지 18개월이 소요되고, 논문 중에서 저널 논문은 심사에 오랜 시간이 걸리는 경향이 있어서 conference 논문이 주로 분석대상이 된다. 이와 같은 문제점을 가능한 줄이면서 인용정보 분석을 통해 weak signal을 파악하고자 하는 연구들이 진행됐고, 특허 인용정보를 이용하는 대표적인 사례를 살펴보고자 한다.

특허 인용정보 분석을 통해서 weak signal에 가까운 정보를 포함하는 특허를 탐색하는 과정은 아래 그림과 같이 진행된다. 이렇게 발굴된 특허들이 weak signal이라고 보기는 어렵지만, 기존의 방법보다 유망기술을 내포하는 특허를 좀 더 조기에 발굴할 수 있게 된다.

Hot patent는 근래에 citation이 빨리 증가하는 특허를 의미한다. Hot patent가 빠르게 성장하는 기술 분야의 내용이라면 최근 특허일 가능성이 크지만, 오래 전에 발견되었지만 새로운 활용 분야를 찾은 경우일 수도 있어서 꼭 최근의 특허일 필요는 없다. 이 hot patent가 next generation patent가 되는 것이 아니고, hot patent를 인용하는 최신 특허가 next generation patent가 된다. Next generation patent를 유망기술을 내포하는 특허로 볼 수 있다. 이렇게 발굴된 특허의 개수가 많을 수 있어서 유사 특허끼리 군집화하는 단계를 거치게 된다.

• Emerging Patent Cluster 탐색 과정

STEP 1	hot patent 탐색
STEP 2	next-generation patent 결정
STEP 3	patent 군집화
STEP 4	next-generation patent 순위 결정

군집화를 거쳐서 선정된 특허들이 얼마나 의미 있는 혁신적인 기술을 다루는지에 대한 점수를 산출하고 이에 따라 우선순위를 부여하게 된다. 이 과정을 거치면 기존 특허의 내용을 점진적으로 개선한 특허들은 제외되게 된다.

유망 특허 점수 산출 기준은 public sector 비율, science index, reference index, originality index의 4가지이다. 이 중에서 public sector 비율과 science index가 주요 기준이다.

Public sector 비율은 각 유망 특허 군집 별로 정부기관이나 비영리 기관 등에서 출원한 특허가 차지하는 비율을 의미한다. 정부기관이나 비영리 기관 등에서 출원하는 특허는 성숙기에 이르지 않은 비교적 초기단계의 기술들에 대한 내용들이 많다는 특성에 기반한 기준이다.

Science index는 특허에서 인용하는 자료 중에서 특허가 아닌 자료의 수를 의미한다. 특허가 아닌 논문과 같은 자료를 인용하는 특허는 최신 기술동향을 반영할 확률이 높고, 이전 특허만을 인용하는 경우에는 기존 특허나 기술을 점진적으로 개선한 경우가 많다는 연구 결과로부터 만들어진 기준이다.

텍스트 분석

텍스트 분석은 논문이나 특허의 인용정보나 저자 정보와 같은 정형화된 정보 없이 텍스트 자체를 분석하는 것이므로 기본적인 텍스트 마이닝 기법에 weak signal 탐지를 위한 방법이 추가적으로 사용된다.

분석대상은 논문이나 특허뿐만 아니라 웹 데이터와 SNS 정보까지 아주 다양하다. 웹 데이터는 과학기술 관련 뉴스 기사나 블로그 그리고 MIT Technology Review와 같은 온라인 상의 정보를 포함하며, 최신의 정보가 가장 빨리 반영되는 공간이기 때문에 weak signal 탐지를 위해서 가장 적합한 데이터이다.

텍스트 분석은 기본적인 텍스트 마이닝 과정을 거쳐서 통계정보를 생성하는 것으로부터 시작된다. 텍스트 마이닝의 첫 단계는 입력 텍스트를 대상으로 형태소 분석을 하여 단어를 추출하는 것이다.

추출된 단어 중에서 불용어를 제거하고 유사한 의미의 단어는 통합하는 등의 처리를 거쳐서 의미 있는 단어를 선별하게 된다. 이렇게 추출된 단어들에서 단순히 단어별 빈도를 산출하기 보다는 Term Frequency-Inverse Document Frequency (TF-IDF)와 같은 의미 있는 통계정보를 생성한다.

현재까지 사용되는 weak signal 탐색을 위한 텍스트 분석은 대부분 출현 단어의 빈도수에 기반을 두고 있다. 이전과 비교하여 새롭게 나타났거나 빈도가 급격히 증가하는 키워드들을 파악하여 weak signal로 보는 것이다.

키워드 기반의 빈도 변화를 주제 변화로 확장할 수 있지만 주제 분석 기술 자체의 기술적 어려움으로 인해서 현재는 키워드 빈도를 이용한 방법이 주로 연구되고 있다.

하지만 이러한 방법들은 데이터가 수년 간 누적되어야 가능하므로 weak signal 탐지로는 적합하지 않거나, 분석대상 데이터가 특정 분야로 제한되어 해당 분야의 weak signal만 탐지할 수 있는 한계가 있다.

위와 같이 텍스트 분석을 통해 과학 기술 분야의 weak signal을 찾으려는 연구는 키워드 빈도 기반의 기초적인 수준에서 머물러 있고, 과학 기술 분야의 발전 특성으로 인해서 다른 분야에서 연구된 분석방법론을 바로 적용하여 효과를 보기 어려울 것으로 예상된다.

현재는 텍스트 분석방법이 weak signal 탐색에서 의미 있는 역할을 하지 못하고 있으며, 탐색 과정에서 중요한 요소로 자리 잡기 위해서는 한 단계 도약할 수 있는 획기적인 기술개발이 필요하다.

결 론

과학기술의 발전 속도가 점점 빨라지고 있으며 융·복합화와 불확실성의 증가 등으로 인하여 실효성 있는 유망기술의 발굴이 어려워지고 있다.

기술혁신과 글로벌화의 급속한 진전이라는 환경변화에 대처하고 경쟁에서 우위를 점하기 위해서는 변화를 더 빨리 감지하여 연구 및 개발을 위한 시간을 확보하는 것이 중요하다. 따라서 strong signal로 나타나기 전에 weak signal을 탐지하기 위한 프로세스의 정립이 필요하다.

기존 유망기술 발굴 과정에서는 전문가 의견 또는 설문조사와 같은 정성적 방법이 주를 이루었고, weak signal 탐지를 목표로 하는 프로세스도 여전히 정성적 방법에 크게 의존하고 있다.

그러나 대량의 정보로부터 결과를 도출하는데 많은 시간과 비용이 소요될 뿐만 아니라 전문가의 주관적인 가치가 반영될 가능성이 존재한다. 따라서 인용관계 분석이나 텍스트 마이닝과 같은 정량적 데이터 분석방법을 상호 보완적으로 활용하는 방식으로 패러다임의 변화가 시도되고 있다.

하지만 정량적 데이터 분석에 의한 weak signal 탐색 결과는 전문가 검토를 위한 후보 정보 중의 일부로만 사용되고 있으며, 분석대상이 되는 데이터도 미리 정해진 특정 분야로 한정하는 경우가 많다. 따라서, 특정 분야로 한정하지 않고 대량의 데이터 속에서 weak signal을 탐색할 수 있도록 확장성이 있고 일반화 성능이 뛰어난 분석 기술을 연구해야 한다.

변화의 조짐을 조기에 발견하기 위해서는 논문이나 특허 드 인용정보와 같은 정형화된 정보의 분석뿐만 아니라, 최신성이 보장되는 온라인 데이터가 유용할 것으로 예상되므로 비정형 정보인 텍스트의 분석에 집중해야 한다.

※ 참고문헌(References)

(1) 이경표 외, "2020년 미래 무선통신 유망기술 발굴," 한국통신학회논문지, 제38A권 제1호, 제428권, 2013. 1, pp. 108-126.
(2) 유선희, 박현우, 김경호, "계량정보분석을 활용한 기술혁신의 Weak Signal 탐색에 관한 연구," 기술혁신연구, 제17권 제2호, 2009, pp. 109-130. 여운동 외, "국가적 차원의 유망연구영역 탐색: Scopus 데이터베이스를 이용한 과학계량학적 접근," 정보관리연구, 제39권 제3호, 2008, pp.95-113.
(4) 한국과학기술정보연구원, "유망기술 도출방법론 개발," 2007. 7.
(5) KISTEP, "2015 KISTEP 10대 미래 유망기술 선전에 관한 연구," 2015. 5. 19.
(6) E. Hiltunen, "Was It a Wild Card or Just Our Blindness to Gradual Change," Journal of Futures Studies, vol. 11, no. 2, Nov. 2006, pp. 61-74.

(7) E. Hiltunen, "The Future Sign and Its Three Dimensionse," Futures, vol. 40, no. 3, April 2008, pp. 247-260.
(8) E. Amanatidou et al., "On Concepts and Methods in Horizon Scanning: Lessons from Initiating Policy Dialogues on Emerging Issues," Science and Public Policy, vol. 39, no. 2, 2012, pp. 208-221.
(9) http://strategicbusinessinsights.com/scan/
(10) C. Chen, "CiteSpace II: Detecting and Visualizing Emerging Trends and Transient Patterns in Scientific Literature," J. American Society for Information Science and Technology, vol. 57, no. 3, Feb. 2006, pp. 359-377.
(11) A. Breitzman and P. Thomas, "The Emerging Clusters Model: A Tool for Identifying Emerging Technologies Across Multiple Patent Systems," Research Policy vol. 44, no. 1, 2015, pp. 195-205.
(12) J. Yoon, "Detecting Weak Signals for Long-Term Business Opportunities Using Text Mining of Web News," Expert Systems with Applications, vol. 39, no. 16, Nov. 2012, pp. 12543-12550.
(13) T. Furukawa et al, "Identifying the Evolutionary Process of Emerging Technologies: A Chronological Network Analysis of World Wide Web Confer-ence Sessions", Technological Forecasting &Social Change, vol. 91, Feb. 2015, pp. 280-294.
(14) E. Schubert, M. Weiler, H.-P. Kriegel, "SigniTrend: Scalable Detection of Emerging Topics in Textual Streams by Hashed Significance Thresholds," 20th ACM SIGKDD Conference on KDD, Aug. 2014, pp. 871-880.
(15) IT News - ETRI(Electronics and Telecommunications Research Institute) 최수길 (Choi S.G.) 기술전략연구실 선임연구원, 김기영 (Kim K.Y.) 기술기획연구실 책임연구원, 오진태 (Oh J.T.) 기술기획연구실 책임연구원

▶ 미래전략 연구 방법

미래전략 연구의 기본원리는 ▲'연속성의 원리: 시계열적 분석'이 있다. 과거, 현재, 미래는 하나의 시간축에 연속되어 나타나는 현상이다. 과거의 추세에 따라 미래변화를 투사(지속성, 규칙성, 자료의 신뢰성, 타당성 등)한다. ▲'유추의 원리(The Principle of Analogy): 인과관계'는 이론적 예측으로 일반적 원리나 법칙에 의해 미래를 추론하는 연역적 절차이다. ▲'직관적 예측(intuitive forecasting)'은 연구자의 통찰력(주관적)이 중요하다. 본

능적 지각능력과 창조적 분석력이 있어야 한다.

미래 예측은 어느 시기에 무엇을 예측할 것인가 대상을 결정하고, 전략 방법을 결정, 또 어떤 예측기법을 선택하고 활용할 것인지 선택해야 한다. 미래 연구영역은 모든 자연현상 및 사회현상을 망라한다.

다음은 미래를 예측하는 27가지 방법들이다. 이중 20개가 제롬 글렌, 테드 고든이 개발했다.

1. 환경 스캐닝기법(Environmental Scanning), Theodore J. Gordon and Jerome C. Glenn
2. 델파이 기법(The Delphi Method), Theodore J. Gordon
3. 퓨처 휠 기법(The Futures Wheel), Jerome C. Glenn
4. 트렌드영향력 분석기법(Trend Impact Analysis), Theodore J. Gordon
5. 크로스임팩트 분석기법(Cross-Impact Analysis), Theodore J. Gordon
6. 구조적 분석기법(Structural Analysis), Jacques Arcade, Michel Godet, Francis Meunier, Fabrice Roubelat
7. 시스템모델 기법(The Systems Perspectives), Allenna Leonard with Stafford Beer
8. 의사결정 모델링 방법(Decision Modeling), The Futures Group International
9. 통계학 모델링 기법(Statistical Modeling), The Futures Group International
10. 기술발전단계 분석기법(Technology Sequence Analysis), Theodore J. Gordon

11. 나무 형태학적 분석기법(Relevance Trees and Morphological Analysis), The Futures Group International
12. 시나리오기법(Scenarios), Jerome C. Glenn and The Futures Group International
13. 상호작용 시나리오기법(Interactive Scenarios), Theodore J. Gordon
14. 참여 기법(Participatory Methods), Jerome C. Glenn
15. 시뮬레이션과 게임기법(Simulation and Games), Erwin Rausch with additions from Frank Catanzaro
16. 천재적 예측 비전 직관통찰법(Genius Forecasting), Vision, and Intuition, Jerome C. Glenn
17. 표준예측 기법(Normative Forecasting), Joe Coates and Jerome C. Glenn
18. 과학기술 로드맵 기법(S&T Road Mapping), Theodore J. Gordon
19. 필드 변칙완화 기법(Field Anomaly Relaxation, FAR), R. Geoffrey Coyle
20. 기술예측 텍스트 마이닝 기법(Text Mining for Technology Foresight), Alan L. Porter
21. 에이전트 모델링 기법(Agent Modeling, demo software), Theodore J. Gordon
22. 미래예측인덱스 기법(State of the Future Index, SOFI) Method, Theodore J. Gordon
23. 소피 기법(SOFI System), Peter Yim
24. 멀티 전망 개념 기법(The Multiple Perspective Concept), Harold A. Linstone
25. 시나리오 기획 툴박스 기법(A Toolbox for Scenario Planning), Michel Godet
26. 일상 분석법(Causal Layered Analysis), Sohail Inayatullah
27. 통합비교 기법(Integration, Comparisons, and Frontiers of FR Methods), Theodore J. Gordon and Jerome C. Glenn
28. 거시 미래예측 : 세차운동주기 기법(Precession Grand Circle), 차원용

이처럼 미래전략을 도출하는 방법이 많지만 이중에서 가장 많이 활용하고 있는 9가지 기법을 알아보자.

● **환경스캐닝 기법(Environmental Scanning)**

환경스캐닝(Environment Scanning)은 미래 연구와 정책 수립의 가장 기본적인 단계로 미래의 변화에 대한정보를 지속적으로 수집, 관찰 및 분석하기 위하여 사용하는 도구로 모든 미래예측에 있어서 기본이 되는 첫 번째 과정이다. 이머징 이슈(Emerging Issue)를 감지하고 판별뿐만 아니라, 현재 진행되고 있는 트렌드에 대한 확인 및 앞으로 발생할 수 있는 불연속적인 사건들을 예측해 미래 전략을 수립한다.

환경스캐닝의 단계는 크게 검색(Scan), 축적(Clip), 검토(Review)의 3가지 단계로 요약할 수 있다.

기술예측이 필요한 분야나 주제에 대한 정보를 알 수 있는 방법으로 가장 많이 사용되는 방법이다. 다만 다양한 정보원으로부터 체계적 조사를 하기 위해서는 비교적 투입노력과 시간이 많이 소요된다.

● **트렌드 영향분석기법(Trend Impact Analysis)**

트렌드 분석은 1970년대 초기부터 많은 미래학자들과 기업들에 의해 수행되어 오고 있다. 트렌드 분석은 주요 종속변수의 독립적인 예측에 의존하며, 그것은 강한 영향을

주는 사건 발생을 기초로 하여 이루어진다

TIA는 정보를 확장하는 단계에서 미래에 발생할 사건변수를 반영하는 기법으로 특히 시나리오를 작성을 대비하여 분석하고자 하는 변수의 민감도가 서로 비슷하여 변수를 선택하기가 어려울 경우, 변수를 조절하기 위해 사용하는 기법이며 다양한 변수중 중요성이 큰 변수를 결정할 때 유용하게 사용된다.

TIA는 과거데이터를 근거로 한 외삽을 미래사건이 발생할 것이라는 관점에서 다시 재조정 한다. 이 방법은 특정 트렌드를 추적하는 분석가로 하여금 중요한 것으로 간주하는 미래의 사건의 영향력을 체계적으로 예측할 수 있도록 도와준다. 여기서 말하는 미래의 사건은 기술, 정치, 사회, 경제 등 다양한 분야를 포괄한다

TIA는 먼저, 과거데이터를 기치로 기본 추세선을 유추한 후 기존의 추세 외삽과 선택한 미래 사건들의 영향력 및 발생 가능성을 결합하여 분석한다

하지만 미래에 발생할 사건에 대한 규명이 힘들뿐 아니라 과거에 발생하지 않았던 사건이라면 시계열 확보가 불가능하다. 사건발생 확률에 대한 신뢰성 확보 등은 매우 어려운 문제일 뿐만 아니라 파급효과가 나타나는 시기의 결정 또한 매우 어렵다. 또한 변수들 간의 상호연관성 분석이 힘들기 때문에 변수들 간의 교차영향분석 등의 도입이 필요하다.

● 델파이기법 (Delphi Technique)

델파이기법의 어원은 고대 그리스 아폴로 신전인 델파이 신전에서 나왔다. 델파이 신전은 그 시대 가장 존경받는 성지이었으며, 아폴로는 젊음과 완벽한 미로 유명하며, 미래를 통찰 할 수 있는 능력을 가진 신으로 알려져있다. 델파이라는 말은 미국 RAND 연구소의 철학자 Kaplan 에 의해 고안되었고, 1950년대 Helmer, Dalkey 와 Douglas 사의 Gorden 등이 국방성의 요청에 따라 미국에 대규모 원자탄 공격이 가해졌을 경우 예상되는 효과를 평가할 목적으로 델파이기법을 개발하였다. 델파이기법은 전통적인 회의식기법이 갈등이 심하고 토의 분위기에 영향을 받아 주관적 판단을 흐리게 된다는 비판위에서 대두되었다.

델파이기법은 한 나라의 연구수준이나 미래의 특정시점을 예측하는 경우, 특히 현재의 상 태에 대한 일반화 · 표준화된 자료가 부족한 경우, 전문가적인 직관을 객관화하는 예측의 방법으로 많이 사용되어지는 기법이다.

다시 말하면 본 연구의 예측조사의 방법으로 사용되는 델파이기법은 내용이 아직 알려지지 않거나 일정한 합의점에 달하지 못한 내용에 대해 다수의 전문가의 의견을 자기기입식 설문조사방법이나 우편조사방법으로 표준화와 비표준화 도구를 활용하여 수회에 걸쳐 피드백(feedback)시켜 그들의 의견을 수렴하고 합의된 내용을 얻는, 소위 전문 집단적 사고를 통하여 체계적으로 접근하는 일종의 예측에 의한 정책분석 방법이라고 볼 수 있다. 델파이기법과 똑같지는 않지만 의도적인 면에서 비슷한 방법으로 이루어지는 브레인스토밍이 있다.

델파이기법의 종류로는 ▲전통적인 델파이기법: 일반 델파이라고도 한다. 미지의 값을 예측하는 델파이기법으로써 특정 사안이 야기될 시점이나 그것이 성취될 수 있는 가능성을 조사하는 수량적 델파이기법과 가깝다. ▲정책 델파이기법: 델파이기법의 기본 논리를 이용하여 정책문제 해결을 위해 정책대안을 개발하고 정책대안의 결과를 예측하기 위해서 전문가나 정책결정자가 심각하게 생각하지 못했거나 미처 생각하지 못한 것들을 주관적인 입장에 있는 정책관련자에게 서로 대립되는 의견을 표출하게 하고 점검하는 방법이다. ▲의사결정 델파이기법: 어떤 현실을 보기 위한 것이 아니라 현실을 창조할 목적으로 이루어지는 의사결정의 도구로써 활용되는 델파이기법이다.

● 이머징이슈 분석(Emerging Issue Analysis)

미래 예측에 있어서 가장 기본이 되는 방법론 중의 하나가 Emerging Issue Analysis 이다. 미래 예측 방법으로써 이머징 이슈 분석은 1970년대 후반 미국의 Graham Moliter 에 의해 처음으로 소개(Moliter, 1977). 이머징 이슈란 쉽게 말해 아직 전면에 들어 나지는 않고 있으나 새로운 강력한 트랜드로 부상할 수 있는 잠재력을 갖고 있는 이슈를 감지한다.

이머징 이슈는 현재 진행되고 있는 모든 트렌드가 과거 어느 한 시점에서는 존재하지 않았다는 가정에서 출발. 그리고 사회에서 일어나는 모든 현상들, 즉 어떠한 작은 이슈가 트렌드로 발전하는 과정에는 “S” 형태로의 발생, 성장, 쇠퇴라는 일정한 패턴을 지니게 된다.

* 현재는 google alert 사용, 점점 더 많은 사람들이 말하고 기사 뜨면 부상하는 이슈

● 텍스트마이닝(Text Mining)

텍스트 마이닝(Text Mining)은 주로 내부 대용량의 데이터나 텍스트 등의 문헌정보로부터 사용자가 관심을 가지는 정보를 찾아내는 프로세스를 의미한다. 텍스트 마이닝기법을 통해서 컴퓨터를 논리적 언어를 통해 이해 시킴으로써 대용량의 데이터를 분류하고 처리할 수 있다. 즉, 텍스트 마이닝은 대용량의 데이터속에서 값어치있는 숨겨진 패턴을 발견하고 특정 주제와 연관된 데이터를 검색하는데도 사용되는 것이다.

텍스트마이닝은 주로 내부의 데이터베이스나 전문적인 문헌등에 대하여 자연어처리 (Natural Language Processing) 기술과 문서처리 기술을 적용하여 유용한 정보를 추출, 가공 하는것을 목적으로 하는 기법이다

● 퓨처스휠 기법 (Futures Wheel)

퓨쳐스휠은 시스템 인과지도상의 변수, 특히 중요한 잠재 적사건 및 트렌드로 인해 미래사회에 미칠 영향력 및 파급효과를 사전에 파악할 수 있게 도와주는 기법이다. 일종의 정보 확장 단계에서 사용하는 브레인 스토밍기법으로 특정사건에 대한 다양한 영향요인들을 도출하고 요인들 간의 연관관계까지 파악하게 도와주는 실용적인 기법이다.

퓨쳐스휠(Futures Wheel)은 특정 잠재적 사건 및 트렌드로 인한 미래사회에 미칠 영향력 및 파급효과를 사전에 파악할 수 있게 도와주는 분석도구이다. 즉, 기술 및 사

회 등 다양한 영역의 트렌드, 이벤트 및 이머징이슈 등이 미래사회에 1차영향을 가져온다면 이러한 1차영향에 뒤따라 올 2차, 3차 파급효과를 발견하기 위한 목적으로 개발되었기에 트렌드와 특정사건의 영향력뿐 아니라 정책입안 후의 잠재 문제점들을 파악하고 새로운 가능성들을 도출하려 할때 효과적으로 사용될 수 있는 장점이 있다.

하지만 하위단계로 내려갈수록 복잡성 증가로 의미 있는 패턴을 찾는 어려움이 증가할 수 있고, 자주 서로 모순되는 패턴이 등장할 수 있다. 또 기존 집단적인 의견수렴과 크게 다르지 않을 수 있다. 도출되는 의미간의 시간 축을 설정하기 힘들 때가 많고, 결정론적인 입장에서 나비효과(butterfly effect)에 대한 고려가 약할 수 있다.

● 시나리오 기법(Scenarios)

시나리오 기법 또한 델파이 기법과 마찬가지로 미랜드 연구소에서 1950년 허만 칸(Herman Kahn)을 중심으로 무기발전과 군사전략 간의 관계를 분석하기 위해 개발되었다.

민간 부문에서도 다국적 석유 메이저인 로열 더치셸(Royal Dutch Shell)이 1973년 제4차 중동전쟁으로 인한 유가급등을 사전에 예측하는데 성공했을 뿐 아니라, 소련의 붕괴를 예측하고 러시아의 자원개발권을 선취함으로써 현재의 위치를 구축하는 등 시나리오 경영의 활용이 확산되는 추세에 있다.

시나리오 기법 역시 랜드연구소에서 처음 고안되었지만 이후 많은 미래학자나 미래예측전문가들에 의해 정교해졌다.

이 기법은 '미래에는 어떤 일들이 일어날 것인가?', '이러이러한 일이 발생하면 어떻게 될 것인가?'에 대해 시나리오를 작성해 미래에 대비하는 방법이다.

마이클포터(Michael Porter)에 의하면 시나리오는 예측(forecast)가 아니라 하나의 가능한 미래, 즉 미래가 어떻게 될 것인가에 대한 견해를 말하고 있다.

시나리오는 대략 두 가지로 구별한다. 탐색적 시나리오(목표를 정하지 않고 현재의 변화 흐름과 환경의 추세분석을 통해 인과관계를 중심으로 작성)와 규범적시나리오(목표점을 정하고거기에 도달하는 방법의 과정을 그림)이다.

보통은 탐색적시나리오를 기본으로 하고, 여기에 규범적시나리오를 대입하는 방식으로 시나리오를 작성한다.

하지만 시나리오의 작성은 타당성이나 신뢰성이 매우 주관적이기 때문에 비현실적인 미래가 발생할 가능성도 있다. 미래에 대한 하나의 답을 제공하지 않기 때문에 의사결정시의 안정성을 담보하지 못한다. 또한 정성적인 기법이기 때문에 숫자에 익숙한 사람들에게는 적합하지 못하다.

● 상호영향분석법(Cross-Impact Analysis)

일정 사건은 여타 사건 발생을 촉진 또는 억제하거나, 필연적으로 발생케 하거나 혹은 발생 가능성을 제거할 수도 있다는 가정하에서 미래에 발생할 수 있는 사건들 간의 영향력의 방식(mode)·규모(force)·시차(lag)를 추정하는 방법이다.

이 기법은 1966년 테드 고든과 울프 엘머가 개발. 이 방법론은 미래의 event들이 서로에게 어떻게든 영향을 끼친다는 전제를 바탕으로, 미래를 예측할 수 있다는 단순한 질문에서 비롯됐다.

미래의 사건들이 서로에게 어떻게든 영향을 끼친다는 전제를 바탕으로 미래를 예측 항목간에 존재하는 상호 관계를 무시하는 직관적 기법인 델파이 기법의 문제점 개선을 위해 고안된 것으로, 한 항목의 발생 확률을 예측하거나 다른 예측 항목과의 사이에 존재하는 상호작용에 대한 판단을 행하고 그 판단에 비추어서 예측하고자 하는 항목의 발생 확률에 대한 수정을 가하는 방법이다.

하지만 상호영향 행렬을 구성하고 진행하는 데 비용과 시간이 많이 필요하고, 예측할 사건의 수가 많으면 분석이 복잡해진다. 또한 모든 가능한 상호 관련된 사건들이 분석에 포함되었는지 확인할 수 없으며, 행렬계산의 기술적 어려움, 델 파이 기법과 같이 전문가들의 합의를 지나치게 강조한다.

● 국가미래지수 기법(SOFI, State of the Futures Index)

SOFI는 미래 전망 시 변화상을 기술하고 비교하기 위해 개발된 지수로서 향후 10년 후의 미래가 더 좋아질지, 나빠질지에 대해 묘사해 주며, 지표에 포함된 변수들은 전 세계의 미래전망 참여 전문가가 사전에 평가하고 제안한 것들을 말한다.

SOFI는 역사적 사실들을 조합하는데 이용되고, 많은 사회적, 인간적 영역에서 미래전망을 묘사하는 변수들을 예측하는데 활용되기도 한다.

또는 SOFI 예측에 경향영향분석*(TIA: Trend Impact Analysis)을 포함시켜 분석하기도 한다.

※ 참고문헌(References)

Running of the future
https://bomb-watch-out.tistory.com/category/%EB%AF%B8%EB%9E%98%ED%95%99

● 세차운동 주기 기법(Precession Grand Circle)

세차운동(歲差運動, Precession)에 의해 대주기(Grand Circle) 혹은 대년(Great Year)인 25,920년에 따라 변하는 시대별 춘분의 12개 별자리로 거시적인 미래를 예측하는 방법이 있을 수 있다. 하지만 이는 학계에서 정식으로 인정받은 것은 아니다. 필자가 최근에 연구하면서 발전시키는 단계이다. 그러나 여기에 등장하는 별자리들은 천문학이나 고고학적으로 증빙된 12개 별자리들이다. 이 대년에 따라 지금이 2014년이니까 물고기자리(PISCES)의 끝자락에 와 있다. 다시 말해 물병자리로 진입하고 있다. 곧 서기 2,100년부터는 물병자리(AQUARIUS)로 진입하게 되고, 그 다음의 4,260년부터는 염소자리(CAPRICORN), 6,420년부터는 궁수자리(SAGITTARIUS), 8,580년부터는 전갈자리(SCORPIO), 10,740년부터는 천칭자리(LIBRA), 그 다음의 서기 12,900년부터는 처녀자리(VIRGO)로 진입한다. 각 별 자리는 각 시대의 상징을 의미한다. 따라서 그 상징적 의미를 살펴보면서 먼 미래를 최근의 기술로 비유해 예측해 보고자 한다. 많은 비판이 있을 수 있다. 서기 2500년, 아니 4000년의 시대를 지금의 기술로 비유한다는 자체가 로직하지 못하다는 것을 인정한다. 그렇지만 한번 시도해고자 한다. 시나리오 상 긍정적인 면과 부정적인 면이 동시에 존재하나 긍정적인 시나리오로 접근하기로 한다. 단, 지면상 물병자리와 염소자리만을 조심스럽게 예측해 보기로 한다.

I. 세차운동 주기, 대년, 12개 별자리

지구의 지축(Earth's axis)은 항상 같은 방향을 가리키고 있지 않다. 지축은 우주공간에 고정되어 있지 않아, 지구가 태양주위를 공전할 때 팽이가 쓰러지면서 좌우로 비틀거리며 천천히 원 운동(Rotation Axis)을 한다. 이 지축의 흔들거림(wobble)을 세차운동(歲差運動, Precession)이라 한다. 지금은 지구의 자전축이 오른쪽으로 23.5도 기울어져 있지만 언젠가는 왼쪽으로 23.5도 기울어진다. 이러한 세차운동은 달과 태양, 그리고 다른 행성들의 지구에 대한 중력 작용 때문에 일어난다.

지금 지구의 지축은 작은곰자리(Ursa Minor, Smaller Bear, Little Bear)의 북극성(폴라리스, Polaris)을 가리키고 있으나, 지축의 방향이 바뀌면 하늘의 북극(Celestial North Pole)도 바뀌고 북극성(North Pole Star) 역할을 하는 별도 바뀐다. 다시 말해 지축의 궤적에 따라 북극성도 바뀐다. 현재의 북극성(Polaris)이 북극성이 된 것은 불과 2000년 정도 전이다. 5000년 전의 이집트 시대의 북극성은 용자리(Draco)에 있었다. 4등성으로 눈에 띄지 않는 별인데도 불구하고, '투반(Thuban, 용이라는 뜻)'이라는 멋진 이름이 붙어 있는 별이 이집트 시대의 북극성이었다. 현재의 북극성은 하늘의 북극에서 1도 가까이 떨어져 있다. 앞으로 서서히 하늘의 북극에서 멀어져 간다. 그러다가 서기 6,000년경에는 세페우스자리(Cepheus)의 에라이(Errai)가 북극성이 되고, 10,000년경에는 백조자리(Cygnus)의 데네브(Deneb)가 북극성이 되고, 그리고 12,900년이 되면 지축은 왼쪽으로 23.5도 기울어져 거문고자리(Lyra)의 직녀성(베가, Vega)이 북극의 별 즉 북극성이 된다. 한 바퀴 도는 대년의 주기인 서기 25,920년이 되면 – 이 시대가 올지는 확실하지 않지만 – 다시 지금의 북극성(Polaris)이 북극의 별이 된다. ▲〈그림〉 시대별 세차운동에 따라 바뀌는 '하늘의 북극과 북극성의 변화'. 참조 : Wikipedia.org/Pole_star

이러한 세차운동 현상으로 그 결과 북극성을 가리키는 북극 하늘에 거대한 가상의 원(Grand Circle)을 그리게 되며, 지구에서 볼 때 이 가상의 원에 12개의 별자리들이 보이게 된다. 그리고 이들 별자리들을 세차운동에 의해 360도 돌게 되며, 1도 도는데 72년이 걸리고, 하나의 별자리를 도는데 2,160년(72년 x 30도)이 걸린다. 결국 지구의 지축이 360도 돌아 다시 북극성(Polaris)을 가리키게 되는 이른바 대주기(Grand Circle)는 25,920년에 다시 돌아오게 된다(72년 x 360도=25,920년, 2,160년 x 12 별자리 = 25,920년). 이것을 천문학자들은 대년(Great Year)'혹은 '플라톤의 해(Platonic Great Year)'혹은'피타고라스의 해(Pythagorean Great Year)'라고 부르는데, 이러한 명칭이 붙은 것은 고대 그리스의 철학자인 플라톤(Plato, BC 428~BC 348)도 이러한 현상을 알고 있었기 때문이었다. 따라서 이 현상을 세차운동의 주기(세차주기)라 하는데, 밀란코비치(Milutin Milankovitch, 1879~1958)는 세차운동의 주기를 약 22,000년으로 보았고, 에드헤마르(Joseph Adhemar, 1797~1862)는 세차주기를 26,000년으로 계산했으나, 현대과학은 정확히 25,920년으로 계산한다.

• 〈그림〉 세차운동에 의해 대주기 혹은 대년인 25,920년에 따라 변하는 시대별 춘분의 12개 별자리

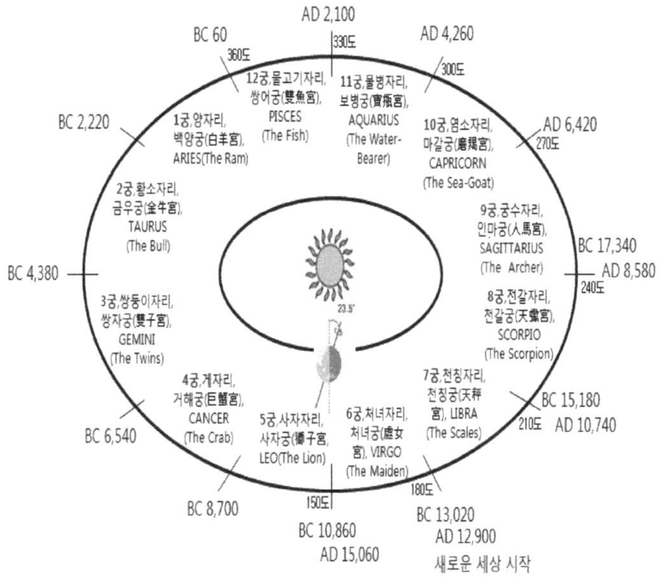

이 세차운동으로 인해 지구의 춘분점(Spring or Vernal Equinox)이 매년 약 1/72 도씩 움직여 25,920년을 주기로 황도 12궁을 일주하는 것이다. 별이 뜨고 지는 것은 고대 세계에서 아주 중요한 일로 여겨졌으며, 특히 새해의 시작을 여는 것으로 알려졌던 춘분은 그것이 일어나는 12궁 중 하나의 별자리와 연결되어 그 정확한 시점이 결정되었다. 예를 들면 BC 60년부터 서기 2099년까지 춘분은 물고기자리(Pisces)에서 일어나지만, 서기 2100년부터는 춘분이 보병궁(寶甁宮) 즉 물병자리(Aquarius)에서 일어난다. 흔히 앞으로는 물병자리의

시대(Age of Aquarius)로 들어간다고 말하는 것은 이러한 사실을 표현한 것이다. 이는 태양의 관점으로 말하면, 태양이 황소자리에 들어갔을 때에는 태양은 2,160년 동안 항상 황소자리에서 떠오른다. 지금은 물고기자리(Pisces)에서 태양이 떠오르지만 서기 2100년부터는 물병자리에서 떠오를 예정이다.

이 대년에 따라 서기 2,100년부터는 물병자리(AQUARIUS)로 진입하게 되고, 그 다음의 4,260년부터는 염소자리(CAPRICORN), 6,420년부터는 궁수자리(SAGITTARIUS), 8,580년부터는 전갈자리(SCORPIO), 10,740년부터는 천칭자리(LIBRA), 그 다음의 서기 12,900년부터는 처녀자리(VIRGO)로 진입한다.

II. 세차운동 주기로 보는 시대별 미래 예측

물고기자리의 끝자락에 와 있는 지금은 과학기술에 불꽃이 붙었다고 해도 과언이 아니다. 영국의 과학저널 네이처(Nature)는 1,869년부터 창조과학지식을 발견해 그 연구결과를 논문으로 발표하고 있으며, 미국의 사이언스(Science)는 1,880년부터 발견한 지식을 논문으로 발표하고 있다. 그리고 그 유명한 알프레드 노벨(1883~1896)은 노벨상을 제정해, 인류를 위해 창조지식을 발견한 과학자들에게 1,901년부터 노벨상을 수여하고 있다. 이제 과학은 빠른 속도로 발전하여 어디로 가는 것인지 조차 알 수 없을 정도이다. 분명 물병자리에 진입하면 이 속도는 빛의 속도를 능가하여 인간의 과학기술은 우주를 넘어 거의 신의 경지에 도달할 것으로 조심스럽게 예측해 볼 수 있다.

1. 물병자리(서기 2,100년~)의 상징과 미래 예측

서기 2100년부터 시작하는 물병자리의 이미지는 물병을 든 사람(The Water Bearer)이란 뜻이다. '공기, 전기, 자기를 물병에 담는다' 또는 '담은 물을 쏟는다'는 뜻의 보병궁(寶甁宮) 이란 '인간 중심의 인간이 진실을 배울 수 있고, 스스로 생각할 수 있는 존재' 또는 그 이상의 의미로, 여러 종교철학에서 얘기하는 계시들이 실제로 이루어지는 신인조화(神人調和) 시대를 일컫는다고 볼 수 있다. 다시 말해 거시적인 신의 계시나 말씀의 시대는 끝나고, 즉 신본(神本) 시대는 끝나고, 우리 인간들이 스스로 신의 지식(비밀)과 진실, 즉 과학기술을 드러내어 신을 만남으로써 신인조화, 정확하게는 인신조화(人神調和)를 이루는 시대를 의미한다. 즉 인본(人本) 시대가 시작되는 것으로 보고 있다.

• 물병자리(The Water Bearer, The Water Carrier, Aquarius). Credit : Wikipedia.org

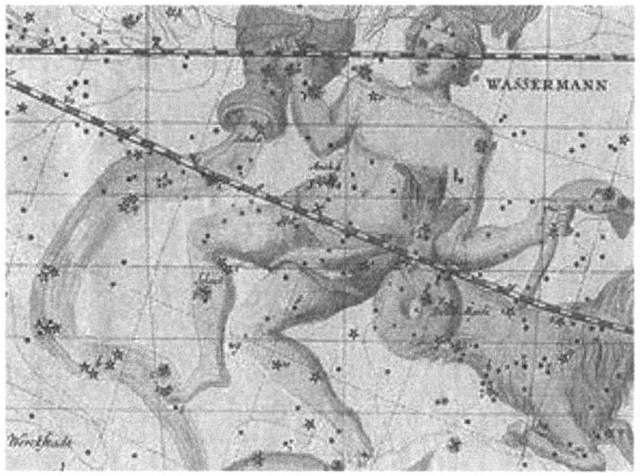

1-1. 물병자리의 물, 물의 근원을 밝혀

지구의 70%가 물(H2O)이고 우리 몸의 대략 70%가 물이다. 따라서 물(H2O)은 생명의 근원이지만, 아직까지 그 근원을 밝혀내지 못했다. 근원을 밝힌다는 뜻은 물의 원리를 발견해 우리가 직접 물을 만들기도 하고 물을 수소와 산소로 분리해 연료자원으로 사용한다는 뜻이다. 그러면 물 부족이라는 한계에서 벗어날 수가 있다.

물은 수소와 산소로 이루어져있고, 보통 물 분자는 H-O-H의 수소결합으로 이루어져 있으며, 산소는 마이너스이고 수소는 플러스로 그 거리는 95.84피코미터이다. 육각수가 109.28도인 반면 보통 물 분자의 각도(둔각)는 104.5도이다. 그러나 물의 운동인 회전, 팽창, 수축 등을 하면서 104.5에서 150도 사이를 왔다 갔다 하면서 미래의 진단과 재생기술로 부상할 테라헬츠파(THz)와 공명한다(후루사키 코이치, 2011). 그리고 수소와 산소가 결합하여 물 분자를 이루고 또한 물 분자는 수소와 산소로 끊임없이 분리된다. 이러한 과정에 걸리는 시간은 200 펨토초(십조 분의 2초)이다. 이와 같은 물의 근원과 역할이 물병자리에서 다 밝혀진다면, 그 원리를 이용하여 우리는 무엇이든 다 만들어 먹고 어떤 병도 고칠 수 있지 않을까?

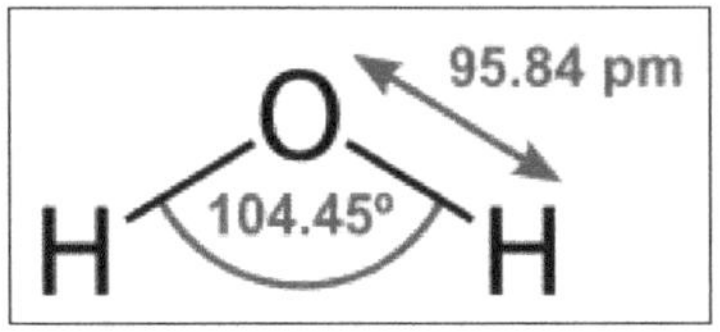

1-2. 수소(Hydrogen)->메탈(금속, Metal), 초전도와 원자자유전환

거의 수백 년 동안 물리학자들은 어떤 특수 상황에서 수소가 금속이 된다는 사실에 매료되어 왔다. 그러나 아무도 수소를 금속으로 전환하지 못했다. 2011년에 막스-플랑크 연구소(Max-Planck Institute)의 에레메츠(Mikhail Eremets)와 트로얀(Ivan Troyan)은 고압(high pressure)과 상온(room temperature, 22도)에서 수소가 금속으로 전환한다는 사실을 발견하였다(Eremets, M. I. & I. A. Troyan, 2011). 이로써 과학자들이 열심히 찾고 있는 정의하기 어려운 초전도(elusive superconductor)와 원자자유전환 기술을 개발하는데 한발 다가섰다(Prosci, 15 Nov 2011).

문제는 금속의 정의인데, 많은 사전들은 전기와 열을 어느 정도까지 전달하는 전도체라고 정의하고 있다. 그리고 상식적으로는 어느 정도의 온도와 압력에서 고체로 존재하는 것을 말한다. 그래서 이번 연구결과가 과학세계에서 뜨거운 감자로 부상하고 있다. 이들은 수소 샘플을 알루미나(산화알루미늄)-에폭시의 개스킷(a alumina-epoxy gasket)에 넣고, 그것을 두 개의 다이아몬드 모루 셀(a diamond anvil cell) 사이에 넣어, 레이저와 전극으로 불투명성과 전기저항성을 테스트했다. 그 결과 열과 냉각 없이, 상온(295K, 22도)과 220GPa(gigapascals)의 고압에서 수소는 금속으로 변화하여 금속 상태를 유지하며 전기를 전도할 수 있다는 것을 데모했다. 따라서 물병자리에 진입하면 이와 같은 원자자유전환 기술을 더욱 발전시켜 기체를 고체로 고체를 기체로 자유롭게 변환하여 사용할 수 있지 않을까?

1-3. 쌀과 사과와 원하는 장기도 찍어내, 엑스트로피언으로 진화

우스개 소리가 있다. 사과의 혁명이다. 사과는 세상을 변화하게 했다. 이브와 아담의 사과에서, 만유인력을 발견한 뉴톤의 사과, 폴 세잔의 정물화 속의 사과, 그리고 지금 잘 나가는 애플사의 사과 로고이다. 그러면 애플사의 사과 다음은 무엇일까? 정답은 사과를 직접 만드는 기업이 등장할 것이다. 지금 현재 자기복제(Self-replication)와 자기조립(Self-assembly)의 메커니즘을 찾아냈다. 이것이 바로 줄기세포(Stem Cell)다. 그러나 자기조직화(Self-organization)의 메커니즘은 아직 찾아내지 못했으나, 2030~2045년에 찾아내면 사과를 만드는 것은 아무것도 아니다. 쌀도 만들고 보리도 만들 것이다(차원용, 2013). 그러다가 물병자리에 진입하면 무엇이든 원하는 대로 개인 맞춤식대로 다 만들 수 있지 않을까?

이 추측이 맞다면 2100년부터는 지금까지 발견한 모든 118개의 원자를 원하는 원자로 자유롭게 전환하고, 그 원자들을 빌딩블록(Building-Block)해서 원하는 분자를 만들어 메모리나 반도체에 담아 언제 어디서든 필요한 물건이나 음식을 만들 수 있는 새로운 분자과학(Molecular Science)의 시대로 진입할 수 있다. 지금은 메모리에 정보를 저장하지만, 물병자리 시대에는 원하는 원자, 원하는 분자를 담아 저장하는 시대로 진입하게 될 것으로 보인다. 따라서 향기도 저장하고 냄새도 저장하고 느낌과 생각도 저장하여 송수신하는 시대가 열릴 것으로 보인다. 그리고 이를 프로그램 파일로 만들어 그것을 그저 다운 받아 3~4차원 프린터에 연결하면 무엇이든 다 만드는 시대가 열릴 것이다. 이를 바탕으로 218개 모든 장기도 3~4차원 프린터로 찍어내는 재생의학(Regenerative medicine)이나 생체공학(Bionics)으로 발전할 것이다. 인간이 이러한 과학기술로 무장한다면 전례 없는 사이보그(Cyborg, Cybernetic Organism) -> 프로벡터스(Provectus) -> 엑스트로피언(Extropians)으로 진화함에 따라 굉장한 힘을 가질 것이고, 지식베이스의 풍족한 경제와 사회로 진입하게 되지 않을까?

1-4. 나는 자동차, 우주여행/거주, 오닐기지, 테라포밍, 인공동면

보이저 1호가 마침내 태양계를 벗어났다. 미국항공우주국(NASA)은 2013년 9월 12일자로 '보이저 1호가 태양계를 지나 성간 공간(Interstellar Space)에 진입했다'고 공식 발표했다(NASA, 12 Sep 2013). 인류가 만든 물체로는 처음으로 태양계를 벗어나 광활한 은하 속으로 들어간 셈이다. 보이저 1호가 1977년 9월 5일 미국에서 발사된 지 꼭 만 36년 하고도 7일이 지난 셈이다. 그러나 물병자리 시대로 진입하면 보이저 1호 이상의 우주공학 기술이 등장하지 않을까?

이 추측이 맞다면 물병자리 시대에는 영화 〈제 5원소(The Fifth Element), 1997〉에 나오는 날으는 자동차가 등장할 것이고, 영화 〈마이너리티 리포트(Minority Report), 2002)〉에 나오는 자기부상(Magnetic Levitation) 3차원 전기자동차가 등장할 것으로 보인다. 이 자동차는 바이오나노솔라셀코팅(Bio-Nano Solar Cell Coating)으로 코팅된 도로와 건물을 질주할 것이다. 3~4차원 전기자동차들은 도로에서 건물로 기어 올라가 사람을 근무지인 50층에 내려놓고 자동차는 스스로 100층으로 올라가 자동 파킹 시스템(Location-based parking lot system)에 의해 주차 될 것이다. 퇴근 시에는 엘리베이터로 퇴근 하는 것이 아니라 그냥 근무 층수의 창문으로 나가면 자동차가 내려와 대기하고 여러분 가정의 정문까지 정확히 데려다 줄 것이다. 이 뿐이 아니다. 한국에서 미국을 가는 비행기는 30분 만에 주파할 수 있는 초음파 비행기로 바뀌어 전 세계가 하루 생활권으로 진입할 것이다.

또한 우주여행이 본격화되어 우주 엘리베이터를 이용해 달-화성의 여행이 가능하고, 우리은하와 다른 은하 여행도 가능할 것이다. 또한 우주 공간이동(원격이동, 순간이동)도 가능하여 우주선을 이용한 우주공간 거주 및 이동 등 모든 패러다임이 변화하고 우주적인 평화와 환희의 시대로 진입할 것으로 보인다.

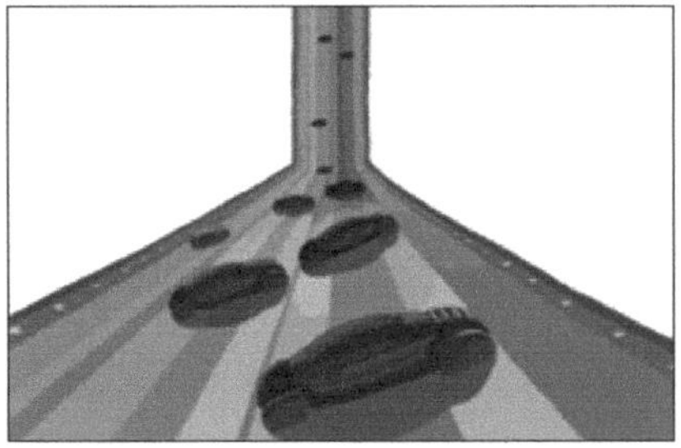

우주여행뿐만 아니라 달이나 화성에서 거주하게 될 것이다. 달과 화성의 물과 물질은 지구와 똑 같다. 같다는 것은 필요한 채굴 장비를 3~4D 프린터로 뚝딱 만들기만 하면 그만일 것이다. 또한 필요한 음식도 마음대로 만들 수 있을 것으로 보인다.

이때가 되면 오닐(Gerard K. O'neill)이 〈고도의 선구자(The High Frontier), 1977〉에서 제안했던 오닐기지가 우주에 건설될 것이고 오닐기지로의 여행도 가능하지 않을까? 오닐은 지구와 태양계 내에 수만 명의 사람이 살 수 있는 기지를 구축하자고 제안했으며, 태양계 내의 수천 개의 소행성들의 물질을 잘 이용하고 이곳에서 재배방법을 개발하면 무한한 식량과 에너지를 얻을 수 있다고 제안했다. 이것이 영화 〈슈퍼맨(Man of Steel), 2013〉에 등장하는 테라포밍 또는 텔리포밍(Teraforming or Teleforming) 기술이다. 자기가 사는 행성의 대기와 환경과 물질대로 다른 행성을 식민지화하는 기술이다. 오닐은 프린스턴 대학의 물리학 교수로 재직하고 그의 꿈을 실현시키기 위해 우주연구소(Space Studies Institutes)를 설립했으며 1992년 4월 27일 백혈병으로 돌아가셨다. 이러한 예측이 가능하다면 우리 들은 2500년경에 우주에 200만 개의 오닐기지를 건설하지 않을까?

1-5. 양자/인공지능 컴퓨터, 말을 하는 컴퓨터

말로만 듣던 양자 컴퓨터(Quantum Computer)가 세계 최초로 탄생했다. 2013년 6월에 미국의 남가주 대학(USC)의 대니얼 라이더(Daniel A. Lidar) 교수가 이끄는 연구팀은 세계 최초로 양자컴퓨터를 개발해 발표했다(Boixo & Lidar et al., 2013). 네이쳐 커뮤니케이션(Nature Communications) 지가 라이더 교수의 논문을 게재함으로써 세계 최초의 양자컴퓨터를 공인한 것이다. 라이더 교수가 개발한 양자컴퓨터 원리를 이용해 캐나다 회사인 디-웨이브(D-Wave) 사가 양자컴퓨터인 '디-웨이브(D-Wave)'를 만들어 2013년 5월에 공개했다. 디-웨이브의 양자컴퓨터는 512 큐빗의 초전도회로를 가지고 있다. 512개의 초전도회로에는 넘치는 전류를 흘리는 작은 구멍이 있다. 이들이 거의 절대온도 영도까지 냉각돼 양자상태로 들어가는데 전류는 시계방향과 반시계방향으로 동시에 흐른다. 컴퓨터는 일련의 알고리즘을 사용해 큐빗 계산을 수행하게 된다. D-웨이브는 '조합최적화 문제'로 알려진 문제를 푸는데 있어서 유용하다.

이를 바탕으로 물병자리 시대의 미래의 컴퓨터를 예측해 보면 다음과 같을 것이다. 컴퓨터는 궁극적으로는 인간의 두뇌를 모방하는 것이다. 2020년에는 오감에 반응하는 컴퓨터(IBM, 2012), 2025년에는 인간의 감성과 감정에 반응하는 컴퓨터, 2030~2040년에는 두뇌와 반응하여 생각하는 대로 작동되는 컴퓨터, 그러다가 2,100년이 넘어가면 인공지능(AI)이 탑재된 컴퓨터가 등장할 것으로 보인다. 그렇다면 물병자리의 컴퓨터는 인간처럼 말을 하고 인간과 컴퓨터는 쌍방향으로 의사소통하지 않을까?

1-6. 꿈을 해석하고 타인의 생각을 읽어

일본 과학자들이 잠자는 동안 꿈속에서 본 시각 이미지를 해독(Neural Decoding of Visual Imagery During Sleep)하는데 성공했다(Horikawa et al., 2013). 따라서 2010년 개봉된, 타인의 꿈에 접속해 정보를 훔치는 내용을 담은 영화인 〈인셉션(Inception), 2010〉의 시대가 곧 도래 할 것으로 보인다.

이번 연구결과는 꿈의 내용을 영상으로 재현한 것이 아니라 어떤 물체가 나왔느냐 정도를 알아낸 것이다. 하지만 이번 연구결과는 처음으로 꿈을 해독한 것이고, 꿈의 이미지와 현실의 이미지가 같다는 것을 알아 낸 것이다. 다시 말해 꿈과 현실이 같다는 것이다.

영화 〈매트릭스〉의 내용과 똑같다. 따라서 이는 향후 가상현실(VR)을 어떻게 구축할 지 그 방법론을 알려 주는 것이고, 정신질환 진단 등에 응용할 수 있을 것이다. 언젠가는 꿈의 영상화가 가능하게 되어, 꿈속에서 애인 만나기, 꿈속에서 일하기 등이 가능할 것으로 보인다. 아예 잠을 자면서 공부를 할 수 있다.

미국 코넬대를 중심으로 하는 일련의 신경과학자들이 기능성자기공명영상장치를 이용해, 누가 어떤 이미지들을 어떻게 분석하고 그 이미지들에 대해 무슨 생각을 하고 있는지를 알아내는 방법을 발견하였다(Hassabis et al., 2013). 한 마디로 지금 여러분이 뇌에서 무슨 생각을 하고 무슨 분석을 하고 있는지를 훤히 들여다 볼 수 있는 방법을 발견한 것이다. 사람들은 각자 생각할 때 즉 뇌를 활성(brain activation)화 시킬 때, 시간영역과 공간영역 등에서 사람마다 고유의 패턴, 즉 독특한 패턴(unique patterns)을 갖고 있다. 이것이 우리 뇌의 내측전전두엽피질(the medial prefrontal cortex, mPFC)이 갖고 있는 멘탈 모델(Mental Models)이다. 그러므로 이 독특한 패턴을 감지하여 디코딩(해석, Decoding)하면 무슨 생각을 하고 있는지 알게 되는 것이다. 이 기술을 이용하면 어떤 특정 상황에서 어떤 사람이 무슨 행동을 할 것인지를 알아낼 수 있다.

이를 바탕으로 물병자리의 미래를 예측해 본다면 생각하는 대로 이루어지는 세상이 올 수도 있고, 이 장치가 소형화되고 고도화되어 우리 눈으로 이식될 경우 눈으로 보고 다른 사람들이 무슨 생각을 하고 있는지 쉽게 파악할 수 있지 않을까?

1-7. 지구내부의 지하왕국과 지하도시 건설, 생물체 로봇과 인간복제

1880년 7월 3일 미국의 발명왕 〈토머스 에디슨〉이 창간한 유서 깊은 과학전문지 사이언스(Science)는 2005년 7월 1일 창간 125주년 기념호에서 '인류가 여전히 풀지 못한 수수께끼 125개'를 선정하여 이중 앞으로 25년 안에 인간이 풀어 낼 '과학적 수수께끼 25개(25 Big Questions)'를 선정 제시했다(Science, 1 Jul 2005). 사이언스는 "이 수수께끼들은 과학이 얼마나 진전을 이뤘는지 보여주는 동시에 미래의 발견에 대한 동력이 되고 있다"면서 "25년 안에 풀어낼 가능성이 있거나 그 해법에 대한 접근법을 제시할 수 있을 것"이라고 내다봤다. 그 중 10번째 수수께끼는 '지구 내부에서는 어떤 작용이 일어나나?(How Does Earth's Interior Work?)'로 지구내부의 작동 메커니즘인 지구 행성의 열 엔진(a planetary engine)의 에너지와 파장의 발견이다.

지난 50년간 지구 내부를 아주 정교한 지진 이미징으로 관찰한 결과, 이 지구 내부의 복잡한 엔진을 들여다 볼 수 있다는 것을 부추겼으나, 그러나 그 것만으로 도대체 지구 내부가 어떻게 작동하는지에 대한 논쟁을 잠식 시키지는 못했다. 하지만 앞으로 많은 연구를 통해 이 복잡한 지구행성이라는 기계를 해부할 수 있을 것이며 지구가 어떻게 움직이고 있는지 밝혀낼 수 있을 것이다. 또한 판지각구조혁명(Plate tectonics revolution) 기술이 지구 깊

이까지 내려갔다. 그러나 아직도 지구의 표면만을 이해할 뿐이다. 도대체 이 지구 내부에서 무엇이 일어나고 있으며 어떤 작용을 하고 있는지 아직 연구하고 이해해야 할 부분이 많다. 지구의 경우 이 지각구조판 밑으로 돌과 철로 구성된 6,300 킬로미터가 있다. 이곳은 바로 지구 행성의 열 엔진(a planetary engine)이 작동되는 곳이다.

하지만 공교롭게도 2199년을 배경으로 한 영화 〈매트릭스(Matrix), 1999〉에서는 지구의 핵은 평온지대(시온의 동산)로 묘사되고 있다. 정말 그럴까? 토네이도의 중심부는 무풍지대와 같이 지구의 핵도 가장 안전한 곳일 지도 모른다. 분명 물병자리에 진입하면 우리 인간들은 지하자원을 이용해 지하왕국과 지하도시를 건설하고 필요한 노동자로 로봇이나 생물체 로봇을 개발해 사용할 것임에 틀림없다. 생물체 로봇이란 바다가재 로봇, 전갈 로봇, 뱀 로봇, 두더지 로봇 등을 말한다. 이러한 생물체 로봇들이 투입되어야 지하자원을 캐고 지하왕국과 지하도시를 건설할 수 있을 것이다. 아니 로봇을 대신할 인간복제도 가능하지 않을까?

2. 염소자리(서기 6,420년~)의 상징과 미래 예측

물병자리 시대가 끝나는 서기 4,259년 다음에는 염소자리 시대(서기 4,260~6,419)로 진입한다. 지구 위의 우주와 땅과 내부에 있는 자원과 원자들을 다 캐서 사용했으니 이제부터는 바다로 진입하여 바다 자원을 이용하지 않을까? 물병자리의 과학기술이 바다기술로 향하지 않을까? 분명한 것은 바다의 자원을 이용하는 바다왕국이나 바다도시가 건설

될 것이라는 점이다.

그리스 신화(Greek mythology, c.BC 900-c.BC 800)에 따르면 이 염소자리의 주인공은 가축의 신이자 목동들의 수호자인 판(Pan)이다. 목신(牧神) 판은 제우스(Zeus)가 여신 마이아(Maia)로부터 얻은 아들이자 전령 신(使者)인 헤르메스(Hermes)의 아들로, 태어날 때부터 다리와 얼굴에 염소처럼 수염이 나 있었다. 헤르메스도 목동들의 수호자이자 양떼와 소떼의 보호자였다. 그리스 신화에서는 신들은 모두 거인들이었는데 따라서 거인들을 티탄(Titan)이라 불렀다.

어느 날 판이 나일 강변에서 열린 신들의 잔치에서 흥겹게 놀고 있을 때였다. 당시 제우스(Zeus) 신은 다른 신들을 거느리고 반대파 신들인 티탄들을 물리친 것을 축하하고 있었다. 막 연회가 끝나고 판이 풀피리(시링크스, Syrinx, 갈대의 줄기를 접어 붙여 만든 피리)를 불려고 하는 순간, 갑자기 뱀 모양을 한 티폰(Typhon, 제우스 신의 반대파 신들은 모두 뱀 모양의 티폰으로 표현)이 쳐들어와 그들을 공격하기 시작했다. 신들은 티폰의 엄청난 덩치에 놀라, 위험을 모면하기 위하여 제각기 짐승으로 변해 도망가기 시작했고, 판도 주문을 외우며 염소로 변신을 시도하며 강물로 뛰어들었다.

• 〈그림〉 머리는 염소이고 꼬리는 물고기인 반양반어(半羊半魚)인 바다 염소로 변신한 가축의 신인 판(Pan).
Image Credit : Wikipedia.org/wiki/Capricornus

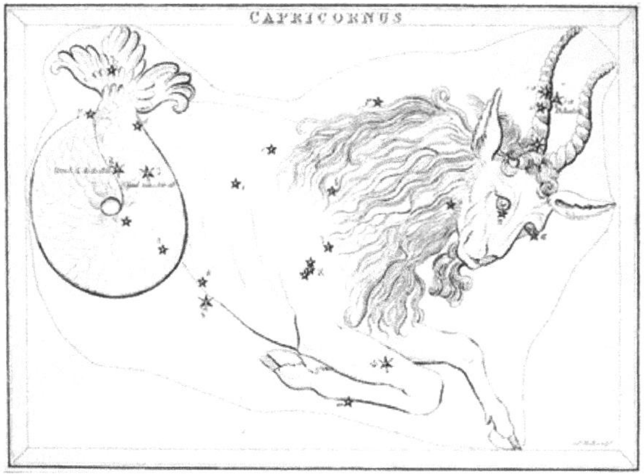

하지만 너무 서두르는 바람에 주문이 섞여버렸다. 그래서 그는 상반신은 염소로 하반신은 물고기의 모습으로 변하고 말았다. 판이 주문을 바꾸려는 순간 제우스 신의 비명소리가 들려왔다. 판은 주문을 바꿀 시간도 없이 급히 풀피리를 불어 살을 에는 듯한 처절한 소리로 티폰을 달아나게 만들었다. 판의 도움으로 살아난 제우스는 그에 대한 보답으로 하늘의 별들 속에 '반양반어(半羊半魚)'인 바다염소자리를 만들어 그의 도움을 영원히 기억하게 하였다.

2-1. 남북극의 개발, 심해잠수정/해저로봇/수중음파탐지기/해저정거장

지구의 온난화 영향(Greenhouse effect) 때문에 북극(The Arctic)의 빙하가

매년 1/4씩 녹아 바다 수면이 매년 높아지고 있다(BBC, 28 Sep 2005). 남극(The Antarctic)도 예외는 아니다. 남극의 244개 빙하의 87%가 녹아 작아졌으며, 이로 인해 초대형 빙산이 충돌함으로 남극지도가 달라지고 있다. 남북극의 빙하가 녹는다는 것은 분명 인간에 대한 대 재앙으로 보고 그냥 넘어 갈 수도 있지만, 사실 이는 새로운 시장을 의미하는 것이다. 특히 환경과 에너지 측면에서 이는 엄청난 판도를 바꿀 획기적인 미래로 보인다. 환경측면에서 빙하가 녹아내리지 않도록 하는 기술을 개발한다면 이 영향을 받는 수많은 나라들은 그에 대한 엄청난 대가를 치러야 한다. 이는 앞으로 오존층의 파괴 방지 기술로 확대될 것이다. 이들 환경오염이나 온실가스를 줄이는 기술을 개발하여 활용하면 그렇지 못한 나라들은 그에 상응하는 비용을 지불해야 하는 것이다. 그래서 염소자리 시대에는 남극과 북극을 지배하는 왕국이나 바다도시가 나올 가능성이 매우 크다고 조심스럽게 예측해 볼 수 있다.

이미 미국, 러시아, 프랑스, 일본 등은 이들 푸른 바다 자원들을 차지하기 위해 가장 빠른 배와 유무인 심해잠수정(Deep submersible vehicle or bathyscaphe, 深海潛水艇), 해저 로봇 등을 개발하여, 수심 수만 킬로미터 이상을 탐사할 수 있는 해저 탐사기를 개발하고, 남북극에 사는 어류와 자원들을 추적하고 있다. 중국은 장기적으로 우주정거장과 같은 역할을 하는 해저정거장 건설도 검토하고 있는 것으로 전해졌다. 해저정거장은 심해 잠수정 탑승 요원 등이 먹고 자고 휴식하는 공간을 제공하는 목적이다(연합뉴스, 30 Jun 2013).

2-2. 바다 아래의 풍부한 지하수가 발견

바다 아래 대륙붕에 존재하는 풍부한 지하수가 발견되다!(Vast Freshwater

Reserves Found Beneath the Oceans!). 호주, 네덜란드, 미국의 지하수/지구/지질을 연구하는 과학자들이, 바다 아래 대륙붕에 민물(groundwater)과 비슷한 저 염도의 지하수(low-salinity water)가 전 세계적으로 존재한다는 것을 발견하였다(Post et al., 05 Dec 2013). 이로써 땅 위의 글로벌 물 부족 현상을 해결할 대안을 찾은 것이고, 바다 속에 나라를 세우는 것이 가능해졌다고 예측해 볼 수 있다.

대륙이나 큰 섬에는 그 주변을 둘러싸고 있는 깊이 100~200m의 바다가 이어지는데, 이 평평한 바다의 밑바닥을 대륙붕(continental shelf, plateau continental, the seafloor, the seabed)이라고 한다. 이곳에는 다양한 해양생물뿐 아니라 자갈과 모래와 석유 같은 자원이 매장돼 있어 '자원의 보고'라 불린다. 연구진들은 전 세계에 걸쳐 이 대륙붕들에 대략 50만 평방킬로미터의 저 염도의 지하수가 매장되어 있다는 사실을 발견했다. 연구팀은 기존에 발표된 해양 담수 연구와 그린란드 인근 해역과 인도네시아 자카르타만, 호주 깁스랜드 분지 등 조사 자료를 추가로 분석한 결과, 대륙붕 지하수의 염도가 매우 낮아 식수로 사용할 가능성이 높다는 것을 알아냈다. 이번에 발견된 저 염도 대륙붕 지하수의 양은 1900년도 이래 지구에서 지표수나 지하수 등으로 추출한 양 보다 100배 많은 것이다. 저 염도의 바닷물은 담수화할 때 상대적으로 적은 에너지를 쓰기 때문에 많은 연구자들이 주목하고 있다.

2-3. 바다의 자원 가스 하이드레이트(Gas Hydrate)의 수확

얼지 않는 미스테리(Unfrozen Mystery)!! 물이 새로운 비밀을 나타내다!!(H2O Reveals a New Secret!!). 바다 아래에는 얼음 덩어리에 LNG 등의 천연가스 에너지가 갇혀있는데, 이를 가스 하이드레이트(Gas Hydrates)라 한다. 왜 이들 가스 에너지가 얼음 덩어리에 갇혀 있는지 그 비밀이 풀렸다. 바다 밑에는 엄청난 양의 가스 하이드레이트가 매장되어 있는데, 지금까지 어느 나라도 이를 캐내지 못했다. 그 이유는 왜 갇혀 있는지 원리를 알아야 캐는 방법을 알아내기 때문이다.

미국 워싱턴 DC 소재 카네기 연구소(Carnegie Institution of Washington)와 테네시 주 소재 오크리지국립연구소(Oak Ridge National Laboratory)의 물리학자들이 새로운 혁신적인 기술로 고압(high pressure)을 만들고, 이 때 얼음이 어떻게 행동하는지를 관찰했는데, 일반 기압(atmospheric pressure)보다 500,000배 높은 고압에서는 얼음의 물 분자에서 수소와 산소가 분리되고, 수소가 분리된 산소의 다면체 텅 빈 공간(polyhedral voids, octahedral, interstitial voids)에 저장된다는 사실을 발견하였다(Guthrie et al., 11 June 2013). 따라서 이는 바다와 바다 아래 지구내부의 새로운 에너지 과학을 여는데 지대한 공헌을 할 것으로 기대하고 있다(Science Daily, 10 June 2013).

2-4. 바다 밑의 '열(Heat)의 손가락'이 발견

미국 매릴랜드 대학 및 버클리대 과학자들이 지진파(seismic waves)를 이용한 컴퓨터 모델링 접근으로 중앙 태평양(central Pacific)의 하와이(Hawaii) 아래 즉 바다 지각 표면(ocean floor)에서 1,000km의 심층(deep mantel) 사이에 존재하는, 수천 마일 길게 늘어진, 열(heat) 띠를 추적해, 이를 '열의 손가락(fingers of Heat)'으로 그려 내는데 성공했다(French et al., 2013). 열이 있는 지역과 움직이는 속도를 그림으로 매핑하다 보니 꼭 사람의 손가락처럼 보여 이름을 '열의 손가락'이라 표현하고 있다.

• 〈그림〉 열의 손가락 – 이 지도는 하와이나 타히티(Tahiti) 같은 섬들이 어떻게 서로 열 체인으로 연결되어 있는지 그 탄생의 비밀을 알려줄 뿐만 아니라 왜 이들 지역이 화산대를 이루는지를 설명하고 있음. Credit: French et al.(2013)

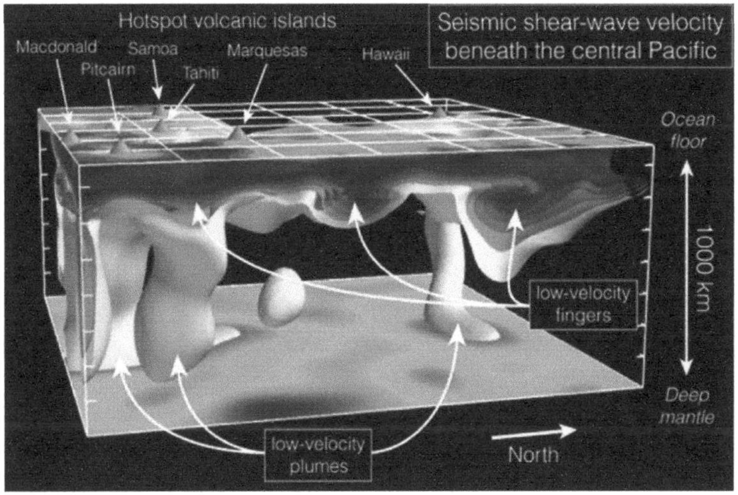

이 지도는 하와이나 타히티(Tahiti) 같은 섬들이 어떻게 서로 열 체인(chains)으로 연결되어 있는지 그 탄생의 비밀을 알려줄 뿐만 아니라 왜 이들 지역이 화산대(Hotspot Volcanic Islands)를 이루는지를 설명하고 있다. 바로 이들 섬 아래에는 빠르게 움직이는 손가락들과 느리게 움직이는 손가락들이 뿌리처럼 아래로 뻗어있다. 이 열은 미래의 바다 에너지임이 분명하고, 텅 빈 공간들은 미래의 바다 도시를 건설하는데 활용되지 않을까?

2-5. 바다왕국과 바다도시

염소자리 시대에는 '바다와 해저를 지배하는 왕국들이나 나라들이 탄생할 것이다'라고 조심스럽게 예측해 볼 수 있다. 남극과 북극을 중심으로 재편될 것으로 필자는 예측하고 있다. 따라서 이때가 되면 땅 위를 지배하는 나라들, 지구내부를 지배하는 나라들, 그리고 바다와 해저를 지배하는 나라들로 재편 될 것이라고 예측해 볼 수 있다.

앞서 물병자리에서 언급했듯이 바다왕국, 해저왕국, 그리고 바다도시를 건설하려면 인간의 노동력을 대체할 무인잠수정이나 해저로봇뿐만 아니라 생물체 로봇을 개발해 투입해야 한다. 현재 바다에서 수색하고 채굴작업을 할 바다가재 로봇 등이 개발되고 있다. 물병자리에서 언급했듯이, 같은 이유로 인간의 노동을 대체할 인간복제가 가능하지 않을까? 아니면 해저에 최적화된 인간복제 혹은 또 다른 유형의 인간을 창조하지 않을까?

※ 참고문헌

연합뉴스 - "중국, 1만1천m급 심해잠수정 개발 착수"(30 Jun 2013)
http://news.naver.com/main/read.nhn?mode=LSD&mid=sec&sid1=100&oid=001&aid=0006344233

차원용 외, 〈미래가 보인다, 글로벌 미래 2030〉, 박영사, pp. 73~75, 2013

후루사키 코이치 박사, "테라헬츠테크놀로지 : 자연환경의 개선과 건강의 창조", 리켄테크노시스템(주), 발표자료, 일본, 2011년 7월

BBC - Arctic ice 'disappearing quickly'(28 Sep 2005)
http://news.bbc.co.uk/2/hi/science/nature/4290340.stm

Boixo & Lidar et al., "Experimental signature of programmable quantum annealing", Nature Communications, 4, Article number: 2067, DOI: doi:10.1038/ncomms3067, 28 June 2013.
http://www.nature.com/ncomms/2013/130628/ncomms3067/full/ncomms3067.html

Eremets, M. I. & I. A. Troyan, "Conductive dense hydrogen", Nature Materials, Vol. 10, No. 12, pp. 927~931, Published online13 November 2011
http://www.nature.com/nmat/journal/v10/n12/full/nmat3175.html

French et al., "Waveform Tomography Reveals Channeled Flow at the Base of the Oceanic Asthenosphere", Science, DOI:10.1126/science.1241514, Published Online 5 Sep 2013.
http://www.sciencemag.org/content/early/2013/09/04/science.1241514

Guthrie et al., "Neutron diffraction observations of interstitial protons in dense ice", PNAS, 2013 ; doi:10.1073/pnas.1309277110, Published ahead of print on 11 June 2013.
http://www.pnas.org/content/early/2013/06/11/1309277110.abstract

Hassabis et al., "Imagine All the People: How the Brain Creates and Uses Personality Models to Predict Behavior," Cerebral Cortex, 10.1093/cercor/bht042, published online 5 March 2013.
http://cercor.oxfordjournals.org/content/early/2013/03/04/cercor.bht042.abstract

Horikawa et al., "Neural Decoding of Visual Imagery During Sleep", Science Express, DOI: 10.1126/science.1234330, Published Online 4 April 2013.
http://www.sciencemag.org/content/340/6132/639.abstract

IBM(2012) – The 5 in 5 – Innovations that will change our lives in the next five years.
http://www.ibm.com/smarterplanet/us/en/ibm_predictions_for_future/ideas/

NASA – Spacecraft Embarks on Historic Journey Into Interstellar Space(12 Sep 2013). http://www.nasa.gov/mission_pages/voyager/voyager20130912.html
http://www.jpl.nasa.gov/news/news.php?release=2013-277

O'Neill, Gerard K., 〈The High Frontier: Human Colonies in Space〉, Apogee Books Space Series 12, 1 Dec 2000.

Post et al., "Offshore fresh groundwater reserves as a global phenomenon",. Nature, Vol. 504, No. 7478, pp. 71-78, 05 December 2013.
http://www.nature.com/nature/journal/v504/n7478/full/nature12858.html

Prosci - Researchers Turn Hydrogen Gas Into Metal Depending on your definition of 'metal'(15 Nov 2011)
http://www.popsci.com/science/article/2011-11/researchers-turn-hydrogen-gas-metal

Science - 125 Questions, What don't we know?(1 Jul 2005)
http://www.sciencemag.org/site/feature/misc/webfeat/125th/

Science Daily - Unfrozen Mystery: H2O Reveals a New Secret(10 June 2013)
http://www.sciencedaily.com/releases/2013/06/130610152133.htm

▶ '백캐스팅'(backcasting)

이 책은 많은 미래를 예측하고 전략을 도출 방법 중 인사이트가 가장 돋보이는 거시예측인 '세차운동주기 기법'과 '백캐스팅'(backcasting)'에 집중하고자 한다.

백캐스팅'(backcasting)은 제1차 석유파동 겪은 1976년 미국 물리학자 에이머리 로빈(Amory Bloch Lovins)스는 '에너지 전략-택하지 않은 길'이란 글에서 미국이 두 갈래 길 가운데 하나를 선택할 수밖에 없는 분기점에 섰다고 지적했다.

먼저 하나는 지금처럼 환경 재해의 위험을 감수하며 화석연료와 핵에너지를 중앙집중형으로 공급하는 '경성 에너지 경로'이고, 하나는 풍력과 태양광 등 재생 가능한 에너지를 소규모 분산형으로 공급하는 '연성 에너지 경로'다.

어떤 미래를 위해 지금 어떤 경로를 선택할 것이냐에 초점을 맞춘 그의 접근법은 '백캐스팅'(backcasting)'의 원조로 꼽힌다.

그동안 우리는 "경제가 지속적으로 성장하고, 산업 구조에 큰 변화가 없고, 가정과 상업 부문에서 에너지 소비가 계속 증가한다고 가정한 뒤 복잡한 수학적 모형을 만들어 20년 뒤의 에너지 수요를 예측"하는 '포캐스팅'(forecasting)에 익숙했다. 그 때문에 '지금까지 하던 그대로'가 '자기충족적 예언'이 되어 끝없이 재생산됐다.

하지만 백캐스팅은 '바람직한 미래'를 먼저 구상하고 이를 달성한 방법을 고민한다. 바로 시점이 다르다. 디자인씽킹도 그 매락을 같이한다.

에이머리 로빈스는 유명한 비영리 자원 정책 센터인 로키 마운틴 연구소의 공동 설립자 겸 소장 겸 수석 과학자이다. 에너지의 효율적 사용과 지속가능한 공급에 관한 세계 최고의 권위자. 통합적 설계 및 초고효율 건물.공장.자동차 분야의 창의적 혁신가이다.

그는 40여 년간 20여 명의 국가 지도자들에게 자문을 해주고 영국과 미국을 비롯한 세계 50여 개국에서 중요한 역할을 해온 에너지.자원.환경.개발 관련 전문 컨설턴트이기도 하다. 공저를 포함해 29권의 책을 펴낸 저술가이자 수백 편의 논문, 전자공학 관련 특허, 그리고 시와 풍경 사진, 피아니스트 겸 작곡가인 아티스트이다.

백캐스팅에 대해 좀 더 자세히 살펴보자. 백캐스팅은 가능하거나 희망하는 미래 상황에서 출발하는 예측적(prospective) 시나리오 기법으로 5th시나리오와 유사한 기법이다. 둘 사이의 차이점은 기존의 시나리오 형식을 사용하지 않는다는데 있다.

• http://green-changemakers.blogspot.com/2011/06/backcasting.html

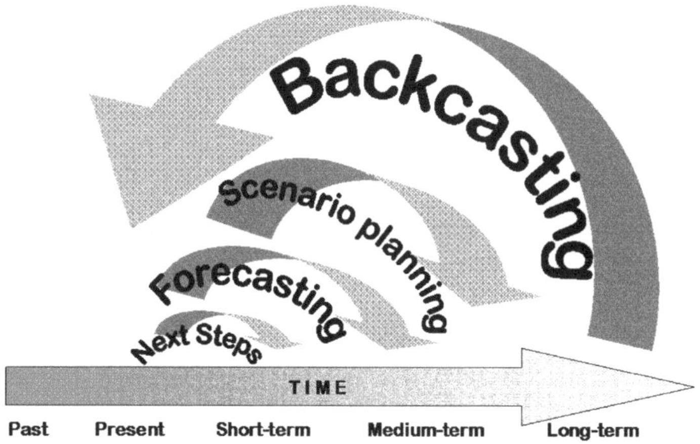

반면, '포캐스팅(forecasting)'은 투영적(projective) 시나리오 구성은 현 트

렌드의 추이로 미래를 예측하는 기법이다. 하지만 백캐스팅은 희망하는 특정한 미래 결과로부터 시작해 현재를 바라보면서, 그 미래에 대한 가능성과 특정 미래에 도달하기 위해 필요한 정책에 어떠한 것이 있는지를 제시한다.

백캐스팅은 과학적 타당성에 대한 입증보다는 새로운 점을 발견하는 행위, 아이디어를 만들 수 있는 창조적 과정이다. 포캐스팅 접근법에 비해 백캐스팅에서 수학적 모델은 거의 사용되지 않으며, 주로 사람의 직관적 해석이 중요하다.

백캐스팅에서 정책 결정자 및 전략 수립가는 자신이 선호하는 미래의 비전에 대해 기술한 후, 이를 실행하기 위한 단계에 대해 서술하게 된다.

백캐스팅 접근 방법

▶1단계 : 연구 목적 결정 - 연구의 목적과, 연구에 있어서 시간적, 공간적, 그리고 현실에서의 범위를 결정하고, 시나리오의 종류와 개수를 설정한다.

▶2단계 : 시나리오의 목표 설정 - 추상적인 목표는 시나리오 분석에서 계측·평가될 수 있도록 계량적 목표로 표현한다.

▶3단계 : 현 상황 기술-예를 들어, 자율차 발전 과정, 인공지능 시스템, 에너비 변화, 경제 소비 등 각종 정책이나 기술 발전의 원동력 등을 제시한다.

▶4단계 : 외부 변수 결정 - 외부 변수로는 경제 성장에 대한 전망, 인구에 대

한 전망, 에너비 공급의 안정성과 가격 변동, 가계 소득, 그리고 국제관계 등이다.

▶5단계 : 시나리오 분석 - 시나리오 구성 기법을 선택하고, 설정된 미래에 도달하는 시점과 중간점들에서 일어날 변화를 분석하여 시나리오를 구성하는 한편, 내부적 일관성을 유지하기 위해 반복 분석 실시한다.

▶6단계 : 실행 항목 결정 - 시나리오 및 정책 수단 실행에 필요한 행태적, 제도적 반응을 확인한다.

▶7단계 : 영향 분석 - (a)시나리오의 결과 통합, (b)사회적·경제적·환경적 영향 분석, (c)2단계에서 설정한 목표와 (a),(b) 결과 비교, (d)분석과정을 반복하여(2,4,5단계) 목표와 결과 사이의 일관성을 확보한다.

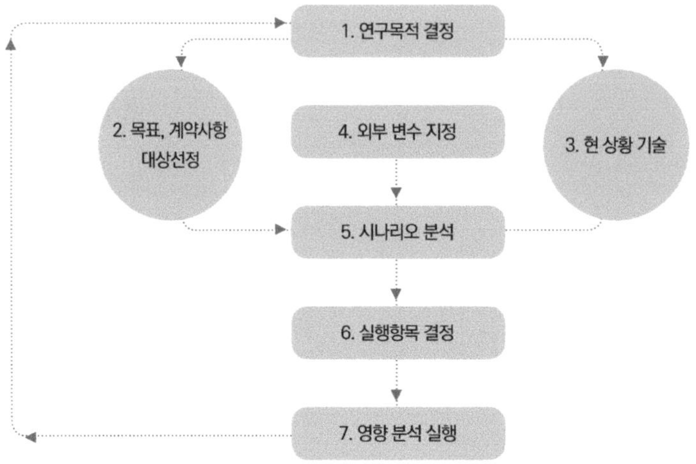

위 방법론은 일반적이다. 방법만 적용한다고 인사이트가 나올 수 없다. 따라서 아스팩미래기술경영연구소는 미래전략 연구의 기본원리 중 가장 '직관적 예측(intuitive forecasting)'인 연구자의 특허와 논문분석 및 텍스트의 창조적 분석을 통한 인사이트를 중요시 하고 있다.

▶ The Natural Step의 '지속가능한 백캐스팅 원칙(backcasting from sustainability principle)'

• https://www.backcastpartners.com/what-is-backcasting/

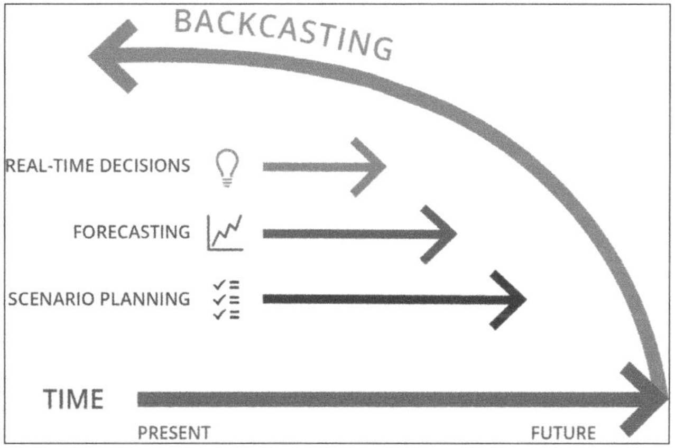

'백캐스팅'의 개념은 지속 가능한 개발을 위한 전략적 접근의 핵심이다. 성공

적인 결과가 미래에 상상되는 계획의 한 방법으로 오늘날의 문제를 미래에 투영하는 것이다.

지속 가능성의 맥락에서, 지속 가능한 사회를 위한 무한한 시나리오를 상상할 수 있다. 그리고 '시나리오에서 되돌아오는 것'은 우리가 가고 싶은 곳에 대한 공유된 이미지를 가지고 있는 지 작은 퍼즐로 생각할 수 있다.

따라서 전략적 지속 가능한 발전은 과학에 기반을 두고 있는 지속 가능한 원칙으로부터 백캐스팅(backcasting from sustainability principle)' 에 의존하며 우리 모두가 동의 할 수 있는 것을 대표한다. 지속 가능한 사회를 이루기 위해서는 우리가 그 원칙을 위반하지 않아야한다.

Visualization of backcasting approach(adopted form Natural step,2014)

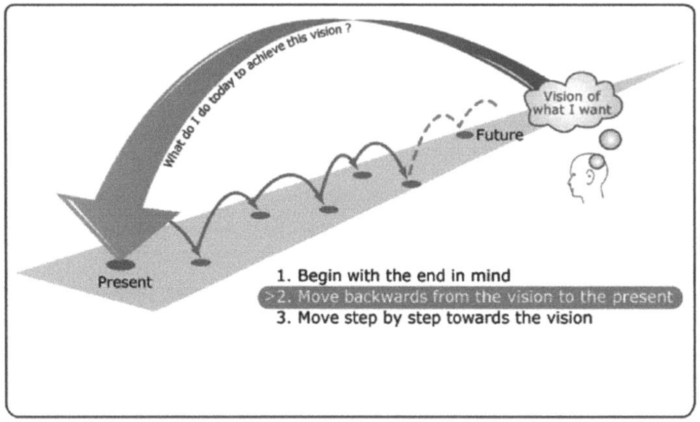

자연계는 복잡하고 비선형적이다. 우리는 여전히 날씨를 예측할 수 없다. 사회 시스템은 훨씬 더 복잡하다. 그러나 우리는 이러한 시스템을 모델로 강제로 변환하여 '이해'하고 어떻게 행동 할 것인지 예측할 수 있다.

• https://niko.roorda.nu/management-methods/ffea-extensions/backcasting-future/

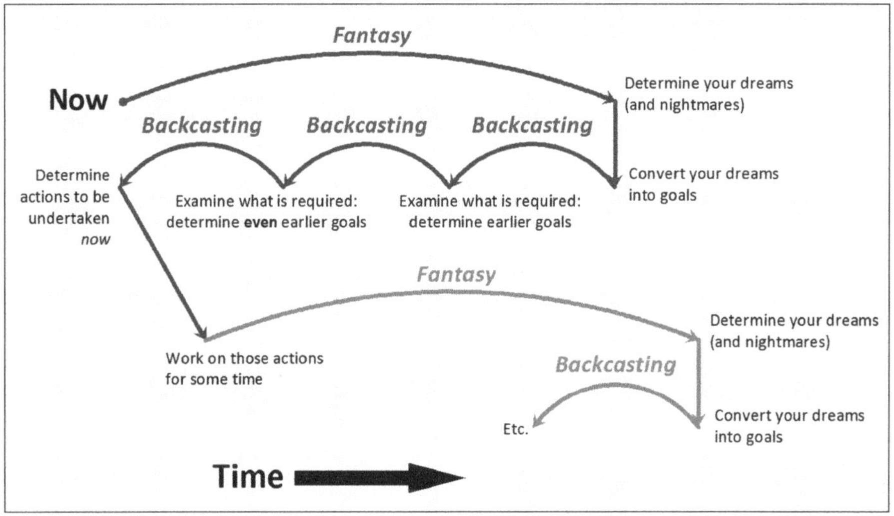

우리가 미래를 예측할 수 있다. 우리는 더 나은 미래를 창조할 힘이 있다. 또한 우리 모두가해야할 기본 가이드라인을 더 잘 이해할 수 있도록 학제 간 접근 방식이 필요하다.

ABCD 방법 적용

전략적 지속 가능 발전을 위한 프레임 워크를 적용하는 ABCD 방법은 조직이 지속 가능성을 향해 진행함에 따라 반복되는 4 단계로 구성된다.

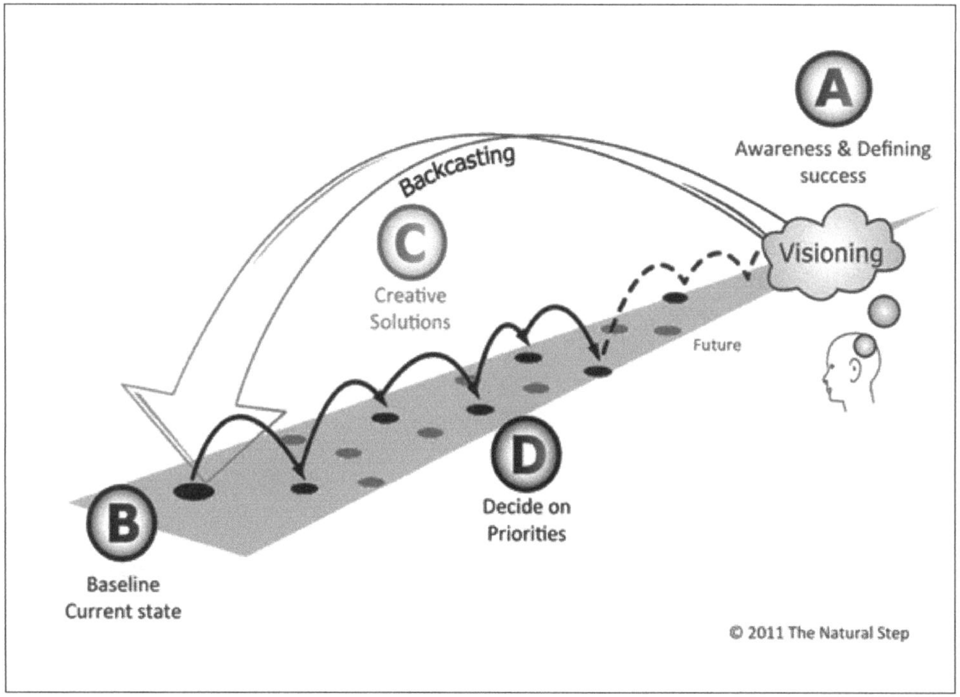

A 인식과 비전

이 첫 번째 단계는 지속 가능성에 대한 공통된 이해를 중심으로 조직을 조정하고 해당 조직에 대한 전체 시스템 컨텍스트를 식별한다. 지속 가능성을 둘러싼 공통 언어를 구축하고 지속 가능한 미래에 그 조직이 어떻게 보이는지에 대한 비전을 제시한다.

참가자는 건강하고 번영하는 생태계, 기업 및 지역 사회를 만들고 관리할 수 있는 능력을 약화시키는 생태계, 사회 및 경제적 경향을 포함하여 지구 시스템 상태에 대한 세부 정보를 검토한다.

비전을 세우는 과정에서 사람들은 최고 목표를 세우고 조직의 운영 방식을 근본적으로 바꿀 수 있다. 일부 목표는 달성하기까지 수년이 걸릴 수도 있다.

이것은 기업들이 종종 하나의 제품과 독립적으로 제공하는 서비스를 구별하기 시작하는 곳이다 (예 : 에너지 서비스 대 오일 제공). 이러한 인식을 비전 프로세스에 통합함으로써 혁신을 이끌어 낸다.

B 기준선 매핑

이 단계에서는 4가지 지속가능 원칙을 사용하여 조직의 주요 흐름과 영향에 대한 지속 가능성 '갭 분석'을 수행하여 조직의 활동이 지속 가능성 원칙에 어긋나지 않는지 확인한다. 분석에는 제품 및 서비스, 에너지, 자본 및 인적 자원에 대한 평가가 포함된다. 평가는 또한 긍정적으로 변화를 도입하는 방법을 이해하기 위해 사회적 맥락과 조직 문화를 살펴본다. 이를 통해 조직은 중요한 지속가능성 문제, 비즈니스 의미, 그들이 가질 수 있는 자산 및 변화의 기회를 구별할 수 있다.

C 창조적 솔루션

이 단계에서 사람들은 아무런 제약 없이 기본 분석에서 강조 표시된 문제에 대한 잠재적 해결책을 브레인스토밍 하도록 한다.

조직은 성공과 잠재적 행동에 대한 비전을 가지고 기존 비전에서 벗어나 지속가능성을 위한 전략을 개발한다. 이를 백캐스팅(backcasting)이라고 한다.

D 우선 순위 결정

그룹은 'C'단계에서 기회와 잠재적인 해결책을 파악한 후 조직을 지속 가능성으로 가장 빠르게 이동시키는 조치에 우선순위를 부여하면서 유연성을 최적화하고 사회적, 생태적 및 경제적 수익을 극대화한다.

이 단계는 효과적인 단계별 구현 및 조치 계획을 지원한다. 이 단계에서 조직은 구현하기가 쉽고 계획 프로세스에 대한 내부 지원과 동기부여를 만들기 위해 신속한 투자 수익을 제공하는 '낮은 성과물'을 선택할 수 있다.

백 캐스팅은 의사 결정 및 행동을 지속적으로 평가하여 'A'단계(인식 및 비전)에서 구별된 원하는 결과로 조직을 이전하고 있는지 여부를 확인하는 데 사용된다.

지속가능성 원칙은 시스템 전반에 걸쳐 제품 및 프로세스 혁신을 주도하는 새로운 설계 매개 변수를 제공한다. 이 단계에는 사람들을 새로운 사고방식으로 이동시키고 함께 작업하기위한 필수 요소가 통합되어 있다.

※ 참고문헌

The Natural Step Canada
https://www.naturalstep.ca/backcasting

이제 아스팩미래기술경영연구소가 1995년부터 25년간 수행한 수많은 실적 중 가장 최근 미래전략 도출을 진행한 안산 스마트시티 중장기 로드맵으로 자세히 알아보도록 하자.

2장

4차 산업혁명 시대의 스마트시티

2장. 4차 산업혁명 시대의 스마트시티

1. 세계 최초로 유시티(U City) 개념 정립한 한국

스마트시티(Smart City), 말 그대로 똑똑한 도시다. 스마트(smart)를 직역하면 '똑똑한'이 되다 보니 똑똑한 사람이 사는 도시를 의미하나 싶지만, 스마트시티는 똑똑한 기술을 기반으로 인간의 삶을 행복하게 만드는 도시를 의미한다. 여기서 스마트의 개념은 지능화된 정보통신기술(Information and Communications Technologies), 친환경적인, 지속가능한 등의 의미다.

스마트시티는 지능화된 ICT를 활용하여 도시의 주요 기능을 네트워크화한 미래형 첨단 도시다. 21세기 새로운 도시 유형인 스마트시티는 ICT의 발달로 도시 구성원들간 네트워크가 완벽하게 연결되고 교통망이 거미줄처럼 짜여진 것이 큰 특징이다. 언제 어디서나 인터넷 접속이 가능하고 첨단 ICT를 자유롭게 사용할 수 있다. 미래학자들은 미국 실리콘밸리를 모델로 삼아 앞으로 다가올 스마트시티의 모습을 그려나가고 있다.

한국의 스마트시티는 유시티(u-City: Ubiquitous City, 유비쿼터스 시티)에서 출발했다. 유시티의 전통적인 개념은 ICT를 이용한 도시 인프라의 인텔리전스화였다. 유비쿼터스는 '어디에나 존재하는'이란 뜻의 라틴어로, 이용자가 장소에 구애없이 어디서나 네트워크에 접속할 수 있는 환경을 의미한다. 즉, 첨단 IT 인프라와 유비쿼터스 정보 서비스를 도시의 공간에 융합해서 자동화한 교통, 방범, 방재 시스템, 원스톱 행정서비스, 주거공간의 홈 네트워크화 등의 서비스가 가능하게 만드는 도시를 의미한다.

한국은 이미 2000년대 중반 유시티라는 개념으로 해외 선도국에 비해 비교적 빨리 산업 육성에 나섰다. 유시티의 개념을 확립하고 전국적으로 유시티 구축을 추진했으나 부동산 경기가 침체하고, 수요자 중심 모델의 부재로 관심이 저조한 탓에 안타깝게도 그 실적은 두드러지지 못했다.

1. 유시티와 스마트시티 비교표

구분	유시티(u-City)	스마트시티(Smart City)
근거법령	유비쿼터스 도시의 건설 등에 관한 법률	스마트도시 조성 및 산업진흥 등에 관한 법률
개념	도시민의 필요에 따라 첨단기술을 사용할 수 있는 도시	시스템의 지능화 및 첨단 ICT 인프라 구축으로 삶의 질과 어메니티 향상
구축 방향	ICT 기반의 인프라 구축 정보의 효율적 이용을 위한 통합시스템 구축	도시민의 생활과 관련된 서비스 개발 사회적 자본 구축을 위한 저비용 고효율 공간 창출
추진 주체	정부 및 공공기관 중심	민간 기업 중심

스마트시티란, 「스마트도시 조성 및 산업진흥 등에 관한 법률」 제2조에 의하면 스마트시티는 도시의 경쟁력과 삶의 질의 향상을 위하여 건설·정보통신기술 등을 융·복합하여 건설된 도시기반시설을 바탕으로 다양한 도시서비스를 제공하는 지속가능한 도시라고 정의된다.

유시티와 스마트시티의 법률상 변화내용은 다음과 같다. 법률 제명을 기존 「유비쿼터스 도시의 건설 등에 관한 법률」에서 「스마트도시의 조성 및 산업진흥 등에 관한 법률」로 변경한 것이며, 현행법에 사용된 '유비쿼터스'라는 용어를 모두 '스마트'로 대체하였다. 또한 적용 대상을 신도시 외에 기성 시가지도 적용될 수 있도록 추가하고 사업시행자에 건설업체, 정보통신업체 등 민간사업자를 추가하였다. 또한 스마트 도시 서비스 지원기관의 업무에 스마트도시 및 스마트도시기술의 해외 수출 지원업무 등을 추가하고 스마트도시 서비스 관련 정보시스템의 연계·통합 촉진을 위한 근거 규정을 신설하였다는 차이점이 있다. 가장 근본적 차이는 유시티법이 하향식 법이었다면 스마트시티법은 민간이 제안하고 국가가 지원하는 방식이라는 점이다.

스마트시티는 교통, 환경, 에너지 등의 도시 계획과 관리를 넘어서 시민의 생활과 안전, 건강 등을 포괄하는 기술로 진화하고 있으며, 미래 사회의 첨단 기술인 인공지능, 빅데이터, 자율주행차 등이 미래산업을 선도적으로 창출하면서 발전할 것으로 기대된다. 한국의 강점인 도시의 개발 경험과 ICT를 연계한 핵심기술을 개발하고, 맞춤형 모델을 구축한다면 전세계적으로 기술적 우위를 점할 수 있을 뿐 아니라 전 세계적으로 영역을 넓히고 있는 스마트시티 시장을 선점할 수 있는 계기가 될 것이다. 전문가들 또한 한국의 도시역사와 앞선 ICT 기술이 스마트시티 수출에 도움이 될 것으로 보고 있다(김형근, 2016). 한국은 1980년대 초반부터 급격하게 기술이 발전하기 시작했고 특히 아파트 위주의 주거환경으로 전 세계 최고 수준의 정보통신망 인프라가 갖춰져 있기 때문이다.

한국 정부가 향후 10년간 진행할 국토교통 연구·개발(R&D) 과제의 핵심은 스마트시티로 요약할 수 있다. 2018년 4월 공개된 국토교통 R&D 로드맵은 8대 핵심과제로 스마트시티, 자율주행차, 드론, 건설자동화, 제로에너지 건축, 가상 국토공간, 스마트물류, 지능형 철도를 선정했다. 그 중 7개가 스마트시티에 필요한 기술이다. 그러나 국토교통 R&D 로드맵이 공개되자 과거 유시티의 업그레이드 버전에 불과하다는 지적과 함께 세부 계획이 마련되지 않으면 실패한 R&D가 될 것이라는 우려 또한 존재한다.

2. 새로운 도시, 4차 산업혁명의 물결

4차 산업혁명이라는 말은 2016년 이후 자주 언급하는 화두 중 하나다. 그런데 4차 산업혁명의 실체에 대해 우리는 얼마나 고민하고 있을까? 우리는 4차 산업혁명을 어떻게 이해할 것인가? 그동안의 4차 산업혁명은 정보통신 과학기술의 변화를 중심으로 다루어졌다.

4차 산업혁명은 어느 산업혁명보다도 광범위하고 급진적으로 기존의 산업을 변화시킬 것으로 예견된다. "오늘날 우리는 삶과 일, 인간관계의 방식을 근본적으로 변화시키는 혁명의 문 앞에 서 있다. 그 규모, 범위 그리고 복잡성을 미루어 볼 때 4차 산업혁명은 과거 인류가 겪었던 그 무엇과도 다르다." 4차 산업혁명 전도사로 잘 알려진 다보스포럼 회장 클라우스 슈밥의 말이다. 그렇다. 4차 산업혁명이란 용어로 대변되는 기술 융합을 통한 새로운 시대가 열리고 있다. 세계는 지금 4차 산업혁명이라는 총성 없는 전쟁이 치열하게 전개되고 있다.

4차 산업혁명이란 용어는 2016년 1월 다보스포럼의 공식 의제로 선정되면서 한국에 알려지기 시작했다. 산업화와 민주화를 이룩한 한국의 4차 산업혁명은 변화의 축이자 기회다. 사람과 도시가 최적화하여 상호작용하는 스마트시티는 4차 산업혁명의 핵심이다. 그렇기에 스마트시티의 성공이 곧 4차 산업혁명의 변화를 성공적으로 이끌어가는 길이다.

4차 산업혁명이라는 변화의 물결이 다가오지만, 막상 4차 산업혁명의 도래로 변화될 삶의 모습을 구체적으로 그려낼 수 있는 사람은 많지 않다. 4차 산업혁명이 가져올 미래는 알 수 없다. 미래를 섣불리 예측할 수 없듯이 오리려 불확실한 미래라도 차근차근 준비해서 내실을 기해 성취를 만들어 가는 것이 중요하다.

2. 4차 산업혁명의 특징

구분	특징
속도(Velocity)	인류가 전혀 경험하지 못한 빠른 속도의 획기적 기술진보
범위(Scope)	전 산업 분야가 파괴적 기술(Disruptive Technology)에 의해 대대적 개편
시스템의 영향(System Impact)	생산, 관리, 지배구조 등을 포함하여 전체적으로 시스템의 큰 변화

* 자료 : World Economic Forum 2017.1(과학기술&ICT정책기술동향, 2017.3)

• 4차 산업혁명 개념도

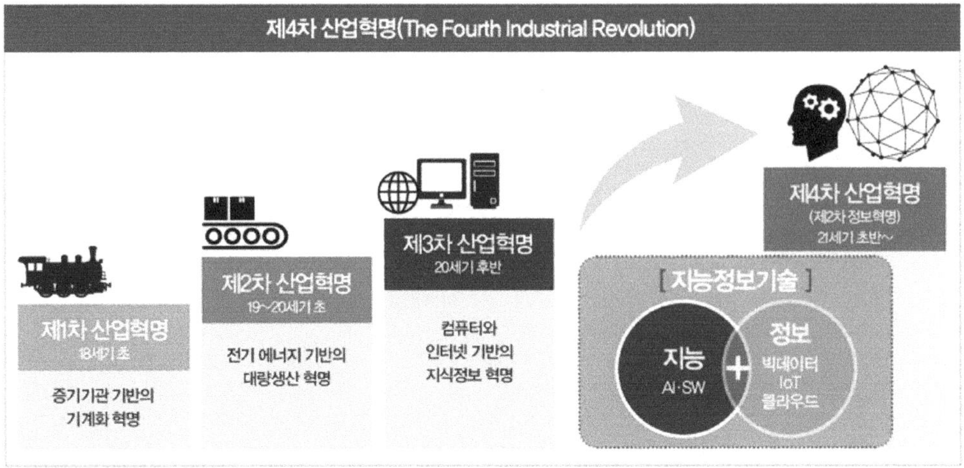

* 출처: 미래창조과학부(2016) 및 위클리공감(2017) 블로그

증기기관의 발명으로 생겨난 1차 산업혁명, 20세기 초 전기를 기반으로 생겨난 2차 산업혁명이 생산성의 향상과 경제성장을 이루는 데 결정적 역할을 했다. 이후 20세기 후반에 출현한 인터넷과 ICT 기술은 정보화 혁명, 즉 3차 산업혁명을 촉발했으며 최근에는 새로운 변곡점에 도달하기 이르렀다. 무엇보다 중요한 핵심은 이러한 논의의 출발점도, 종착점도 그 중심에는 사람이 있어야 한다는 점이다.

이전의 산업혁명에서 전기의 대중화가 생산성의 혁신을 가져왔다. 지금은 데이터가 전기의 역할을 대신할 것이다. 데이터와 첨단 ICT 기술이 경제적 발전을 주도할 것이다. 이에 데이터와 첨단 ICT에 대한 올바른 사용이 요구된다. ICT 기술의 시대에는 단순히 생산성의 향상이 아니라 데이터와 ICT 기술을 기반으로 어떻게 하면 사람이 중심이 되는 포용적 성장이 되는가 하는 점이다.

2018년을 기준으로 GDP 세계 11위, 1인당 국민소득이 3만 달러를 넘어섰다. 4차 산업혁명은 대한민국 경제 성장방식에 새로운 고민을 던지고 있다. 인공지능, 자율주행차, 블록체인, 유전자가위 등 새로운 기술이 한국이 기존에 연구했던 것들과 다른 최첨단 분야이다. 그간 노동과 자본의 생산요소를 집약적으로 투입해서 성공 신화를 썼던 과거와 전혀 다르기 때문에 앞으로 펼쳐질 미래를 제대로 알고 준비해야 한다.

3. 도시의 성장과 변화

도시란(City, 都市)의 사전적 정의는 사회·경제·정치 활동의 중심이 되는 곳으로서, 항상 수천·수만 명 이상의 인구가 집단거주하여 가옥이 밀집되어 있고 교통로가 집중되어 있는 지역이다(한국민족문화대백과). 도시가 갖추어야 할 요건으로는 ① 많은 인구와 높은 인구밀도, ② 농업이 아닌 산업, ③ 도시적 경관, ④ 중심성 등을 들 수 있으나, 인구의 문제는 상대적인 것이라 도리어 정보매체·교통·상공업·관리 등 각 기능의 중심성이 가장 중요하다고 할 수 있다(한국민족문화대백과).

도시의 기원에 대하여 현대의 고고학자 칠드(Child,G.)는 "사람이 토지에 정착하여 도구를 이용한 농경을 시작한 것을 농업혁명이라 하는데, 이 농업혁명의 결과로 농산물의 잉여현상이 일어난다. 그리고 이때 네 사람이 다섯 사람분의 식량을 생산하면 농경에서 해방된 한 사람은 학자·예술가·기술자 등 비농업적 전문가가 된다. 이러한 사람들의 수가 늘면서 그들은 필연적으로 활동여건이 좋은 중심촌락에 모이게 되고, 여기서 계급과 국가가 생기고 따라서 도시도 형성되었다"고 했다.

도시는 항상 변화한다(Hall, 1998). 도시는 각기 다른 특성과 독창적인 사회, 문화, 경제 그리고 정치를 가지고 있기 때문에 다른 변화 과정을 거친다. 도시의 본격적인 출현은 19세기 산업혁명과 함께 한다. 대표적 산업 도시로는 영국, 독일, 프랑스 등의 유럽과 미국을 들 수 있다.

김도년(2015)은 스마트시티는 그 시대가 지향하는 환경·사회·경제적 발전을 목표로, 그 시대의 첨단 기술을 활용하여 각 도시에 적합한 건강하고 건전한 성장을 실현해 가는 도시로 보았다. 또한 첨단 지식산업의 집적이라 할 수 있는 스마트시티는 도시 자체가 인프라이자, 도시를 만들어 가는 과정이며, 더 적은 자원으로 더 많은 것을 할 수 있고 더 적은 공간에서 더 다양하고 좋은 활동이 일어나는 도시공간이 되어야 한다고 강조하였다.

• 도시의 발달단계

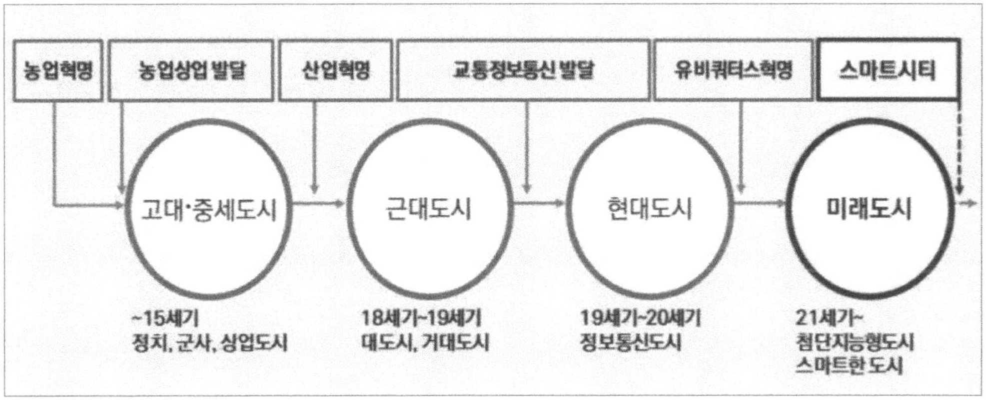

*출처 : 김도년(2015). 성균관대학교 녹색도시건축연구센터

4. 도시의 미래, 지속가능한 도시

세계의 인구는 도시를 중심으로 성장하고 있다. 유엔(UN)이 경제사회 기관과 공동으로 세계 도시 인구를 추계한 결과, 오는 2050년에는 세계 인구의 68.4%가 도시에 살 것으로 전망됐다.

2014년 UN의 세계 도시화 전망(World Urbanization Prospect) 보고서에 따르면 2018년 기준으로 전 세계 인구의 55.3%가 도시 지역에 거주하고 있으며, 2050년까지 전 세계의 25억 인구가 도시로 이주할 것으로 전망된다. 특히 아프리카와 아시아 지역이 90%를 차지할 것으로 예측됐다. 한국은 82%의 인구가 도시에 거주하고 있으며, 2050년까지 86.4%로 증가할 것으로 전망된다. 이처럼 전 세계적으로 급격한 도시화가 진행됨에 따라 자원과 인프라가 부족해지고 교통의 혼잡, 에너지의 고갈 등의 각종 도시 문제가 심화할 것으로 예견된다. 실제로도 2015년 국토교통부가 발표한 국내 도시인구 비율 통계는 한국 인구의 91.8%인 4천 7백만 여명이 도시에 사는 것으로 발표했다. 매년 증가하는 추세다.

• 도시인구 비율

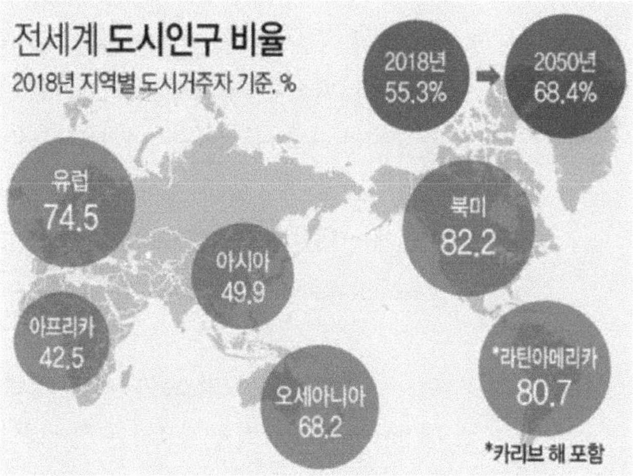

왜 도시에 거주하는 인구가 지속적으로 증가하는 것일까? 오늘날의 도시는 과밀화되었으며 다양한 문제를 보인다. 이러한 문제를 해결하기 위해서는 무엇이 필요할까? 나아가 도시의 발전 방향과 전략은 무엇일까?

오늘날의 도시는 도시가 가진 문제를 해결하고 새로운 수요에 대응하고자 시대의 제도와 지식, 그리고 첨단 ICT 기술을 사용한다. 그리고 그 결과물이 축적된 것이 도시의 역사라고 할 수 있다. 스마트시티는 첨단 ICT 기술을 통해 도시의 공공기능을 연결한 미래도시다.

이러한 도시 문제에 대한 해결책으로 지속가능한 도시(sustainable city)에 대한 연구가 이루어졌다. 2015년 유엔 총회에서 채택된 글로벌 공동 추진 목표는 '지속가능발전목표'였다. 지속가능발전목표는 17개 목표 및 169개 세부 목표로 구성되어 있으며, 17개 목표 중 하나가 '지속가능한 도시와 커뮤니티'로 도시와 주거지를 안전하고 지속가능하게 만드는 것을 목표로 하고 있다. 이를 위해 도시 자체를 변화시키거나 인구를 분산시켜 발생하는 도시 문제를 해결하고자 했고 그 과정에서 21세기 도시 개발과 재생을 의미하는 시티노믹스(city+economics)가 등장했다.

시티노믹스는 국가 간 장벽이 엷어지면서 풍부한 상상력, 문화, 친환경 등으로 평가된 도시 경쟁력을 강조하는 신개념의 도시 경제학이다. 이는 경제성, 문화성, 예술성, 친환경성을 고루 갖춘 도시만이 살아남고 각광 받는다는 것을 반영한다. 도시의 경쟁력이 곧 국가의 경쟁력이 되는 시대라고 인식하면서 세계 곳곳의 도시들이 시티노믹스를 추구하고 있다(매일경제).

5. 스마트시티의 다양한 정의들

지속가능한 도시, 디지털시티, 유비쿼터스시티, 인텔시티(Intel City), 가상도시(Virtual City), 융복합도시, 플랫폼도시, 첨단 녹색도시, 저탄소 녹색도시 등 새로운 미래형 첨단도시를 칭하는 다양한 정의가 있다. 스마트시티의 정의는 국가별, 기관별, 학자별로 모두 상이하다. 국제전기통신연합(ITU)이 조사한 결과에 따르면, 2014년 기준으로 전 세계 스마트시티에 관한 정의는 116개이며, 그 구성요소 또한 매우 다양하다.

전 세계적으로 스마트시티에 대해 관심이 높은 데 반해 현재까지 스마트시티의 합의된 개념은 정의되지 않았다. Cocchia & Dameri(2013)에 의하면, 스마트시티를 정의하기 어려운 이유가 몇 가지 있는데, 가장 큰 이유는 '스마트'라는 주제들(themes)의 출현은 사실 디지털 도시의 이상(idea)과 함께 시작되었다는 점이다. 대부분 스마트의 개념은 지능화된 ICT, 친환경, 지속가능한의 의미로 활용된다. 최봉문(2011)은 스마트시티란 ICT기술을 활용하여 도시민의 생활 전반과 관련된 서비스 개발에 초점을 맞춘 지금보다 더 지능화된 도시를 의미한다고 하였으며, 이상호(2014)는 스마트시티는 ICT 기반의 인프라 구축과 사회자본(Social Capital)의 구축에 초점을 둔다고 했다.

대부분 스마트시티와 디지털시티를 언급한 정의들을 분석해 보면, 둘에 대한 주제는 수많은 요소에서 유사하다. 스마트시티를 정의하기가 어려운 결정적 이유는 스마트시티의 상향식 특성(bottom-up nature)에 있는데, 스마트시티는 자기 결정적이고, 독립적이며, 의식 있는 시민의 활동들이 스마트한 결합(smart combination)에 기반하여 작동되는 도시라는 점 때문이다(Giffinger, 2007).

3. 스마트시티의 다양한 정의들

구분	정의한 내용
ITU (2015)	스마트시티(Smart sustainable city)란 삶의 질, 도시 운영과 서비스의 효과성, 경쟁력 강화를 위해 정보통신기술 등을 활용하는 혁신적인 도시이며, 경제 사회, 환경, 문화적 측면에서 현재와 미래 세대의 요구를 보장
Gartner (2011)	스마트시티는 여러 다양한 시스템 간에 흐르는 정보의 지능적인 교환에 기초하고 있으며 이러한 정보의 흐름 은 분석되어 시민과 상업 서비스로 변환 된다는점을 주장. 스마트시티는 광범위한 생태계를 효율적이고 지속가능하게 만드는 역할을 하며 정보 교환은 지속가능한 도시를 구현하고, 스마트 거버넌스 운영 프레임에 기초한다고 설정
EU	디지털 기술을 활용하여 시민을 위해 더 나은 공공서비스를 제공, 자원을 효율적으로 사용, 환경에 미치는 영향을 최소화하여 시민의 삶의 질 개선 및 도시 지속가능성을 높이는 도시
IBM	도시를 운용하기 위해 핵심적인 시스템의 열쇠가 되는 정보를 정보통신기술을 이용하여 수집하고 분석하며 통합할 수 있는 도시
SmartCities Council	정보와 정보통신기술을 활용하여 거주성(Livability), 업무 효율성(Workability), 지속가능성(Sustainability)을 향상 시킨 도시
Nam & Pardo (2011)	스마트시티는 물리적 인프라에 정보를 주입하여 편의성을 개선하고 이동성을 촉진하며 에너지를 절약하고, 공기와 물의 질을 향상시켜 문제를 신속하게 식별 및 해결하는 것
Baklcl et al. (2012)	스마트시티는 사람들을 연결하는 첨단기술이 집약적으로 적용되어 발전한 도시로서 정보와 도시 요소들이 새로운 기술들을 창조하기 위해 사용된다고 정의
Hall (2000)	도로, 다리, 터널, 철도, 지하철, 공항, 항만, 주요 건물까지 포함하여 모든 중요 기반 구조물을 모니터링 하고, 통합하고 예방적인 자원과 유지 관리를 최적화 하는 도시
Giffinger et al. (2007)	미래 지향적 경제, 사람, 이동성, 환경, 거버넌스, 생활 방식이 잘 수행되는 도시로 시민들이 기부와 활동이 현명하게 결합되는 도시로 일반적으로 현대 도시가 시민들에게 제공되는 서비스의 질을 향상시킬 수 있게 해 주는 지능형 솔루션과 식별 등을 의미한다고 설정

Kourtit et al. (2012)	스마트시티는 사람, 직업, 계획 시스템, 창의적인 활동, 지속가능한 이니셔티브 등이 높기 때문에 생산성이 높은 곳이라 설정
Harrison et al. (2010)	물리적 인프라, IT 인프라, 사회기반 시설 및 비즈니스 인프라를 연결하여 도시의 집합적 인텔리전스를 활용하는 도시
Guan (2012)	스마트시티는 건강하고 행복한 공동체를 위한 도시로 설명하면서 세계적, 환경적, 경제적, 사회적 트렌드가 반영된 상황의 도시로 개념 정의
Chen (2010)	스마트도시는 도시의 인프라에 결합된 통신 및 센서 기능을 활용하여 일상 생활을 지원하는 전기, 운송 및 기타 물류 운영을 최적화함으로써 삶의 질을 향상 시키는 것
Thite (2011)	스마트시티는 창조적이거나 현명한 도시 실험이라고 할 수 있으며 창의적 경제를 육성하기 위해 삶의 질 향상에 투자하는 것이어야 한다고 주장. 최고의 인재 발굴, 보유, 유치할 수 있는 분야로 구분
Zygiaris (2013)	스마트시티는 성장을 위해 혁신적인 사회, 기술이 적용되고 사회, 경제적인 측면을 다루는 특정한 지적 능력을 가진 도시라고 개념 설정

국내외 100개 이상의 스마트시티 정의의 키워드를 분류해 보면 정보통신기술, 통신, 지능, 정보 등의 용어가 가장 많으며 그 뒤로 환경과 지속가능성, 인프라와 서비스, 사람, 시민, 사회 순으로 나타났다.

한국은 2008년 「유비쿼터스도시의 건설등에 관한 법률」을 제정해 유비쿼터스 시티, 일명 유시티라는 한국형 스마트시티를 건설했다. 유시티가 스마트시티의 1세대라면 스마트시티가 2세대라고 볼 수 있다. 어떤 이름으로 불리든 미래형 첨단도시 모델이다.

한국정보화진흥원(NIA)은 스마트시티에 대한 정의에 변화를 주었다. 2010년에는 스마트시티를 하드 인프라와 소프트 인프라가 조화를 이루어 모든 시민이 지능형 서비스를 이용할 수 있도록 설계된 신개념 도시로 개념화하였고, 2013년에는 도시의 효율성을 제고하고 새로운 가치를 창출하기 위해 기존 도시에 ICT 기반의 '스마트 플랫폼'을 적용한 도시로 개념화하고 스마트시티의 과거와 현재를 비교하면서 스마트 플랫폼을 제시했다.

도시의 현안을 해결하기 위해 스마트 모빌리티, 스마트 그리드, 스마트 헬스케어, 스마트 워크 등이 구현된 스마트시티가 저비용 고효율을 지향하는 미래 도시 패러다임으로 제시되면서 다양한 형태의 첨단 ICT의 융합을 통한 스마트시티 개념이 만들어지고 있다.

스마트시티는 기술과 통신 중심의 물리적 환경 기반 첨단도시를 지향하던 유시티와 다른 새로운 도시 패러다임으로 접근해야 한다. 말 그대로 스마트한 도시만 의미하는 게 아니라 도시를 똑똑하고 스마트하게 만들고자 하는 노력의 전 과정을 포함하는 의미다. 즉, 스마트시티는 ICT를 활용해 도시 문제를 해결하고, 시민의 삶의 질을 개선하는 지속 가능한 도시라 할 수 있다.

6. 4차 산업혁명의 플랫폼으로서의 스마트시티

영국의 BBC방송은 스마트시티를 이렇게 정의했다. "과거의 도시가 사람들에 의해 만들어졌다면 미래의 도시는 아이디어에 의해 만들어질 것이다. 그 도시가 스마트시티다." 그렇다. 스마트시티는 아이디어에 의해 만들어지며, 그 아이디어가 모이는 곳이 플랫폼이다.

플랫폼은 Plat(구획된 땅)과 form(형태)의 합성어로 구획된 땅의 형태라는 사전적 의미를 가진다. 경계가 없던 땅이 경계를 갈라 정해지면서 계획에 따라 집이 생기고 건물과 도로가 지어지듯이 그 용도에 따라 다양한 형태로 활용될 수 있는 공간을 상징적으로 표현한 단어다. 즉, 스마트한 시대의 정거장 같은 것이다. 특정한 장소로 가기 위해 반드시 도착해야 하는 매개 지점이라 생각하면 된다. 소비자와 판매자, 콘텐츠 제공자, 디바이스 제조사 등 다양한 주체들이 모두 만나는 매개 지점 같은 곳이다. 컴퓨터의 운영체제를 의미하던 플랫폼이 하나의 장이란 광의의 의미로 확대되었다. 구글, 애플, 아마존, 페이스북 같은 기업의 공통점이 바로 플랫폼을 기반으로 성장한 기업으로 자사만의 독특한 플랫폼을 구축했다는 것이다.

스마트시티는 플랫폼으로서의 도시라고 할 수 있다. 북미 최대 정보기술 온라인 매체인 테크크런치(TechCrunch, 2015)는 도시를 플랫폼으로 보아야 기술을 활용해 새로운 서비스를 개발하고 핵심적인 도시의 기능을 정의하고 시민과 도시 사이의 가상적 서비스 관계를 만들 수 있다고 설명했다. 황종성(2013)은 스마트시티를 기존 도시에 스마트 플랫폼을 활용하여 신기술로 도시의 효율성을 제고하고 데이터를 활용하여 새로운 가치를 창출하는 도시로 정의했다.

앞서 한국정보화진흥원(NIA, 2013)의 스마트시티 개념 정의에서도 살펴보았듯이, 스마트시티란 도시의 효율성을 높이고 새로운 가치를 창출하기 위해 기존 도시에 ICT 기반의 '스마트 플랫폼'을 적용한 도시이다. 스마트시티의 과거와 현재를 비교하면서 스마트 플랫폼을 제시한 것이다.

전 세계적으로 4차 산업혁명이 본격적으로 대두되면서 새로운 산업의 융합기술 플랫폼으로서의 스마트시티가 주목받는 것이다. 스마트시티는 미래의 신성장산업으로 한국 정부도 2016년 9대 국가전략 프로젝트의 하나로 스마트시티를 선정하고 육성에 본격적으로 나서고 있다.

소프트웨어 산업인력이 필요하다고 코딩 교육만을 시키는 것이 직접적인 해결책이 아니다. 인공지능이 뜬다고 인공지능 기술에 투자를 늘린다고 기술이 발전하지 않는다. 4차 산업혁명의 선두에 있는 독일의 경우, 전략적 돌파구로 제조업을 선정했다. 세계 최고 수준의 자동차와 기계, 공구 등의 제조업을 가지고 있는 독일은 제조업의 선진화를 위해 인더스트리 4.0이라는 플랫폼을 만들었다.

참고로 인더스트리 4.0의 최초 명칭은 사이버 물리 생산체계라는 다소 딱딱한 이름이었고, 개념도 복잡했다. 그런데 이를 보고 받은 독일의 메르켈 총리가 대중들이 이해하기에는 너무 복잡한 개념이라고 말하면서 단순하면서도 상징적으로 표현한 인더스트리 4.0이란 용어로 의견이 모아졌다. 인더스트리 4.0 전략의 창시자로 알려져 있는 테트레프 휼케 박사는 ”지멘스는 독일이 앞으로 나가고자 하는 생각과 방향을 충실히 이행하고 있다. 비록 느린 공룡처럼 보일 수 있으나 그 파괴력은 새로운 산업혁명을 만들어 내기에 충분한 속도다“ 라고 말했다.

이전에는 아날로그로 대표되는 제조업의 모습이었으나 이제는 사물인터넷, 빅데이터, 인공지능 기술 등 데이터 기술을 적극적으로 받아들이고 스마트 팩토리를 실현하여 새로운 4차 산업혁명 모델을 만들 수 있는 저력이 있다. 즉 독일은 제조업 선진화를 위해 4차 산업혁명의 기술을 모두 모은 인더스트리 4.0이라는 플랫폼을 만들었다. 일본은 세계 최고의 로봇기술을 선도하고 있으며 유럽의 작은 국가 에스토니아는 블록체인을 활용해 국적을 관리하는 신개념 행정을 주도한다. 아프리카의 르완다는 드론 비행에 필요한 규제를 없애 전국을 드론 유통망으로 개조하고 있다.

도시의 발달은 플랫폼과 연동된다. 첨단 ICT의 발전으로 기존 인프라 중심의 스마트시티는 데이터 중심을 지나 시민 중심으로 변하고 있다. 더불어 오프라인과 온라인이 융합되는 도시로 확장된다.

7. 스마트시티의 확산, 유니콘 기업 탄생과 유사

스마트시티는 2010년을 전후하여 크게 성장했다. 이는 유니콘(unicorn) 기업이 등장한 시점과 유사하다. 유니콘 기업이란 기업 가치가 1조원 이상인 비상장 스타트업 기업을 말한다. 원래 유니콘이란 뿔이 하나 달린 말처럼 생긴 전설상의 동물을 말한다. 스타트업 기업이 상장하기도 전에 기업 가치가 1조원 이상이 되는 것은 마치 유니콘처럼 상상 속에서나 존재할 수 있다는 의미로 사용되었다. 2013년 여성 벤처 투자자인 에일린 리(Aileen Lee)가 처음 사용한 용어이다. 유니콘 기업에는 미국의 우버, 에어비앤비, 핀터레스트, 깃허브, 몽고DB, 슬랙, 에버노트, 중국의 샤오미, 디디추싱, DJI, 한국의 빗썸, 쿠팡 등이 있다(한경 경제용어사전, 위키백과).

기업 가치 1조원의 열배인 10조원 이상인 비상장 스타트업은 데카콘(decacorn) 기업이라 칭한다. 원래 데카콘(decacorn)이란 머리에 10개의 뿔을 가진 상상 속의 동물을 말한다. 기업 가치가 1조원 이상인 비상장 스타트업 기업을 머리에 뿔이 1개인 상상 속의 동물인 유니콘(unicorn)에 비유했듯이, 기업 가치가 10조원 이상인 비상장 스타트업 기업을 머리에 뿔이 10개인 상상 속의 동물인 데카콘에 비유하였다. 미국의 경제통신사인 블룸버그가 처음 사용한 용어이다. 데카콘 기업에는 미국의 우버, 에어비앤비, 중국의 샤오미, 디디추싱 등이 있다(한경 경제용어사전, 위키백과).

전 세계 GDP의 70% 이상이 도시에서 창출된다. 이들의 생산성이 증가하면 할수록 그 부가가치는 더욱 커질 것으로 전망된다. Frost & Sullivan(2018)은 2025년까지 2조 달러 이상의 시장을 형성하여 거대한 기회를 창출할 것으로 전망했다. 그 구성요소로 인공지능, 맞춤형 헬스케어, 로봇, 첨단 운전자 보조 시스템, 분산 에너지 생산기 등을 핵심기술을 들었다.

글로벌 시장조사업체 IDC(2017)는 스마트시티 구축을 위한 첨단 기술 시장이 2018년 800억 달러에서 2021년 1,350억 달러로 크게 성장할 것으로 전망했다. Research & Market(2017)은 2021년 스마트시티 시장을 2조 달러로 예측했으며, Navigant Research(2017)은 2026년 스마트시티 시장 규모를 980억 달러로 예측했다. 시장 규모는 다소 차이가 있으나 스마트시티 시장 규모가 증가할 것임은 분명해 보인다.

8. 스마트시티의 핵심은 시민 중심, 휴머니즘

스마트시티는 사람을 중심으로 해야 한다. 도시 인프라를 형성하여 일방적으로 서비스를 제공하는 것이 아닌 시민이 참여하는 양방향 소통이 되는 지속가능한 도시이다. 4차 산업혁명의 전도사 클라우스 슈밥 역시 4차 산업혁명의 핵심으로 사람이 중심이 되는 휴머니즘이라 강조한 바 있다. 스마트시티도 마찬가지다.

스마트시티는 도시 공간을 단순히 거주하고 생활하기 위한 물리적 공간으로만 보는 것이 아니라 시민이 하나의 구성원으로서 주인 의식을 가질 수 있는 형태로 발전해야 한다. 스마트시티를 살아가는 사람, 즉 시민은 스마트시티를 형성한 첨단 ICT을 정확히 이해하기 보다 일상 속에서 자연스럽게 사용법을 익히고 익숙해진다. 끊임없이 도시의 공간과 상호적으로 연결하고 교류하며 진화한다. 도시의 물리적 공간과 시민의 상호 교류는 시민들의 지속적인 참여로 가능하다.

스마트시티의 생태계에서 가장 중요한 것은 시민이다. 시민이 주인이 되어 함께 만들어 가는 개념이다. 리빙랩(Living lab)은 MIT 교수가 처음 제시한 개념으로 '살아있는 실험실', '일상생활 실험실', '우리마을 실험실' 등으로 해석되며, 사용자가 직접 나서 문제를 해결해 나가는 사용자 참여형 혁신공간을 말한다. MIT 교수는 2004년 처음으로 특정 아파트를 대상으로 해당 아파트 거주민 행동을 자세히 살펴볼 수 있는 '플레이스 랩(Place Lab)'이란 이름의 리빙랩 프로젝트를 시연했다.

• 리빙랩 프로젝트

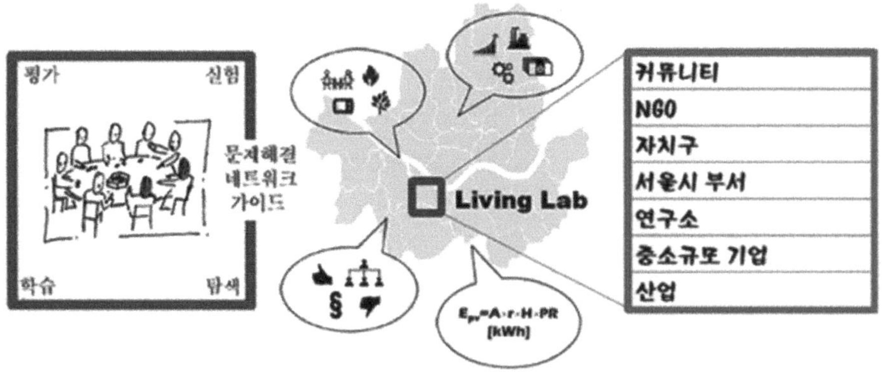

* 출처: 과학기술정책연구원 '국내 리빙랩의 현황과 과제', 자료 : Marc Wolfram(2015)

리빙랩은 이를 해결할 수 있는 방법으로 기술을 다시 강조한다. 클라우드, 빅데이터, 사물인터넷(IoT), 모바일 등을 생활 영역에 접목해 다양한 사회 문제를 해결한다는 기획이다. 사용자로부터 직접 의견을 받기 때문에, 리빙랩 개발 과정마다 사용자 반응을 즉시 수집해 문제 해결에 반영할 수 있다(네이버 지식백과). 즉, 해당 프로젝트에 참여하는 참여자 간 협력이 중요하다.

3장

스마트시티 미래전략 수립

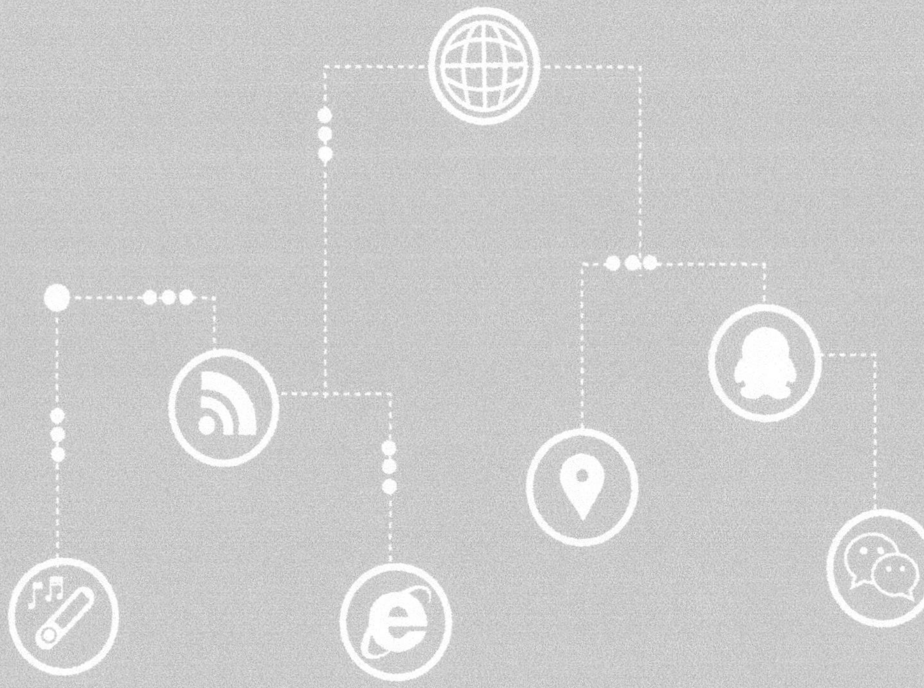

3장. 스마트시티 미래전략 수립

1. 미래 예측과 메가 트렌드

4차 산업혁명이라는 화두 속에 오늘날 우리 사회를 '뷰카(VUCA)'의 시대라 할 수 있다. 뷰카(VUCA)란, 변동성(Volatility), 불확실성(Uncertainty), 복잡성(Complexity), 모호성(Ambiguity)의 첫 스펠링을 조합한 단어로 불확실한 미래를 의미한다.

미래를 예측하는 것은 단순히 앞으로 무슨 일이 생겨날까에 대한 호기심이 아니라 급변하는 불확실하고 모호한 미래에 대한 대비이다. 미래를 만드는 것은 인간이며, 인간의 노력으로 미래는 변할 수 있기 때문이다. 경영학자이자 미래학자인 피터 드러커(Peter Drucker)는 "미래를 예측하는 가장 좋은 방법은 미래를 창조하는 것이다"라고 말했다. 미래 예측으로 끝나는 것이 아니라 예측으로부터 구체적인 전략과 계획, 과제가 나오고 이를 실천해야 미래 예측이 의미 있는 것이다.

제3의 물결로 잘 알려진 세계적인 미래학자 앨빈 토플러(Alvin Toffler)는 "미래는 예측하는 것이 아니라 상상하는 것이다."라는 명언을 남겼다. 아인슈타인 역시 다가올 삶을 미리 보고 싶다면 미래를 상상하라고 했다. 즉 현실은 상상의 결과물인 것이다.

미래를 예측하고 상상하기 위해서는 현대 사회의 트렌드를 파악해야 한다. 트렌드(trend)의 사전적 의미는 사상이나 행동 또는 어떤 현상에서 나타나는 일정한 방향이다(한국어대사전). 즉, 일정한 기간 동안에 일정한 흐름으로 나타나는 변화에 대해 다수가 동조하는 현상을 의미한다. 여기서 일정한 기간은 현재를 의미하기 때문에 트렌드의 의미에는 현재의 특징이 내재되어 있다. 또한 일시적인 현상이라기 보다 일정한 기간 동안 진행되기 때문에 과거와 현재 그리고 미래를 포함한다. 즉, 현재의 연장선 상에서 미래는 예측 가능하다.

메가 트렌드(megatrend)란, 현대 사회에서 발생하는 거대한 조류를 의미한다. 미국의 미래학자 네이스빗(Naisbitt, J.)의 저서 〈메가 트렌드〉에서 유래했는데, 글로벌 경제, 탈공업화 사회, 분권화, 네트워크형 조직 등을 주요 특징으로 한다.

변화에는 원인이 있다. 트렌드가 생겨난 배경이나 원인, 구조를 파악한다면 메가 트렌드를 예측하기 쉬워진다. 트렌드를 도출하기 위해서는 그것이 발생한 원인을 알아야 한다. 트렌드에 영향을 미치는 요소로는 불변과 패러다임에 대해 알고 있는 것이 필요하다. 쿤(Kuhn)은 사회적으로 인정받던 학설이 어느 순간 사람들에게 동의를 받지 못할 때까지의 기간을 패러다임의 존속기간으로 정의했다. 패러다임은 일상생활에서 소통할 때 미리 정하지 않아도 공통적으로 전제하는 일종의 토대라 할 수 있다.

4. 트렌드에 영향을 미치는 요소

미래요소	내용
불변과 패러다임	확실하다고 여겨지는 지식과 안정적인 상태
트렌드	부분적으로 사실에, 부분적으로는 확신과 주관적 견해에 근거한 방향성 있는 변화
불확실성	발전의 가능성을 지닌 새로운 현상과 환경에 대한 불확실성 추측이나 직관이 특성
상반성	변화의 모든 단계에서 나타날 수 있는 반대의 관점이나 생각
카오스와 와일드카드	미래요소는 가정의 대상이 아니며 갑작스런 변화로 이어질 수 있는데 어림짐작의 범주에 포함

*자료: 울프 필칸(2009). 트렌드와 시나리오

이 밖에 트렌드에 영향을 미치는 요소로 트렌드(변화), 불확실성, 상반성, 카오스와 와일드카드 등을 들 수 있는데, 미래를 예측할 때는 불확실성에 근거하여 카오스와 와일드카드와 같은 불명확한 요소들에 대해서도 고려해야 한다. 모든 사례를 빠짐없이 관찰하기는 불가능하기 때문에 다루기 어려운 와일드카드 등을 포함하는 것이 좋다.

2. 4차 산업혁명 시대의 ICT 트렌드

국내외 주요 기관들이 발표한 2018 ~ 2019년 기술과 이슈 전망을 종합하면, 인공지능(AI), 차세대 보안과 블록체인, 사물인터넷(IoT) 및 지능형 사물, 자율주행차(스마트

카), 5G 이동통신 등이 주된 이슈로 지속되고 있음을 알 수 있다.

5. 주요 기관의 2018-2019 ICT 10대 기술 트렌드

구분	2019년 10대 전략기술 (Gartner, 2018. 10)	2019년 ICT 10대 이슈 (IITP, 2018. 11)	2018년 10대 기술 트렌드 (Huffpost, 2017. 12)	2018년 SW산업 10대 이슈 (SPRi, 2017. 11)	2018년 ICT표준화 10대 이슈(TTA, 2017. 12)	2018년 한국을 바꾸는 ICT 트렌드(KT, 2017. 12)
1	자율 사물	5G	증강현실 라이프 스타일	인공지능	인공지능(AI)	5G
2	증강 분석	ICT 규제개혁	지능형 사물	스마트카 (자율주행차)	사물인터넷 (IoT)	스마트시티·스마트그리드
3	인공지능 주도 개발	에지컴퓨팅·AI반도체	클라우드에서 엣지(컴퓨팅)	빅데이터	클라우드 컴퓨팅	스마트카
4	디지털 트윈	차세대 모빌리티	퀀텀 컴퓨팅	보안 (블록체인)	블록체인	블록체인
5	자율권을 가진 에지	남북 ICT 교류협력	블록체인 확산	사물인터넷	5G 이동통신	스마트 농업
6	몰입 경험	블록체인	상황인식 플랫폼	클라우드	차세대 보안	실감형 미디어
7	블록체인	자동화·지능화	몰입형 증강 공동체 경험	핀테크 (모바일결제)	스마트시티	양자기술
8	스마트 공간	친환경 ICT	소비자 친화 인터렉션	AR/VR	자율주행차	인공지능 어시스턴트

9	디지털 윤리와 개인정보보호	차세대 디바이스	개인화된 헬스	네트워크 (차세대)	실감방송·미디어	디지털 트윈
10	양자 컴퓨팅	중국 굴기	컨셔스니스 (의식) 해킹	로봇(지능형)	공공안전·재해예방 IC	O4O(Online for Offline)

* 자료 : 2018년 ICT 기술·산업 10대 이슈를 중심으로 재구성(ICT Spot Issue 2018.11.20., IITP정보통신기술진흥센터)

다양한 국내외 주요 기관 중 가트너(Gartner)가 제시한 트렌드를 살펴보자. 가트너는 기업들이 주목해야 할 2019년 주요 전략 기술 트렌드로 ▲자율 사물(Autonomous Things) ▲증강 분석(Augmented Analytics) ▲인공지능 주도 개발(AI-Driven Development) ▲디지털 트윈(Digital Twins) ▲자율권을 가진 에지(Empowered Edge) ▲몰입 경험(Immersive Experience) ▲블록체인(Blockchain) ▲스마트 공간(Smart Spaces) ▲디지털 윤리와 개인정보보호(Digital Ethics and Privacy) ▲양자 컴퓨팅(Quantum Computing)을 선정했다.

첫째, 로봇, 드론, 자율주행차 등과 같은 자율 사물(Autonomous Things)은 AI를 이용해 인간이 수행하던 기능들을 자동화한다. 이들이 제공하는 자동화는 엄격한 프로그래밍 모델을 통한 자동화의 수준을 뛰어넘고, AI를 활용하여 주변 환경 및 사람들과 자연스럽게 상호작용하는 고급 행동을 선보인다.

둘째, 증강 분석(Augmented Analytics)은 분석 콘텐츠가 개발, 소비 및 공유되는 방식을 혁신하기 위해 머신러닝을 이용하여 증강 지능의 특정 영역에 초점을 맞춘다. 증강 분석 기능은 데이터 준비, 데이터 관리, 최신 분석, 비즈니스 프로세스 관리, 프로세스 마이닝 및 데이터 사이언스 플랫폼의 주요 기능으로 빠르게 발전할 것이다. 증강 분석으로부터 얻은 자동화된 통찰력은 HR, 재무, 영업, 마케팅, 고객 서비스, 구매조달 및 자산관리 부서 등의 기업 활동에 적용되어, 애널리스트나 데이터 과학자를 포함한 모든 직원들의 결정과 행동을 최적화할 것이다. 증강 분석은 데이터 준비, 통찰력 생성 및 통찰력의 시각화 프로세스를 자동화하여 많은 상황에서 전문 데이터 과학자가 필요하지 않게 된다.

셋째, 인공지능 주도 개발(AI-Driven Development)은 그간 대부분의 AI 강화 솔루션을 만들기 위해 전문 데이터 과학자들이 애플리케이션 개발자와 협력해야만 했던 접근 방식에서 벗어나, 전문 개발자들이 서비스형 사전 정의 모델을 사용하여 단독으로 운영할 수 있는 모델로 시장이 빠르게 변화하고 있다. 이는 개발자에게 AI 알고리즘 및 모델 생태계는 물론, 모델 및 AI 역량을 솔루션에 통합하도록 설계된 개발 툴을 제공한다. 다양한 데이터 과학, 애플리케이션 개발, 테스트 기능을 자동화하기 위해 AI가 개발 프로세스 자체에 적용되면서, 또 다른 수준의 전문 애플리케이션 개발 기회가 발생한다. 2022년에 이르면 새로운 애플리케이션 개발 프로젝트 중 최소 40%가 해당 팀에 AI 공동개발자가 소속되어 있을 것으로 예상된다.

넷째, 디지털 트윈(Digital Twin)은 현실 세계에 존재하는 대상이나 시스템의 디지털 버전을 말한다. 가트너는 2020년까지 200억 개 이상의 커넥티드 센서 및 엔드포인트가 생성될 것으로 예상하며, 잠재적으로 수십억 개에 달하는 사물에 디지털 트윈이 존재할 것으로 내다봤다. 조직들은 처음에는 간단한 방식으로 디지털 트윈을 적용할 것이다. 시간이 지나면서 이들은 올바른 데이터를 수집 및 시각화하고, 올바른 분석과 규칙을 적용하며, 비즈니스 목표에 효과적으로 대응할 수 있는 역량을 향상시키면서 진화할 것이다.

다섯째, 자율권을 가진 에지(Empowered Edge)이다. 에지는 사람들이 사용하거나 우리 주변에 내장된 엔드포인트 디바이스를 지칭한다. 에지 컴퓨팅(Edge Computing)은 정보 처리, 콘텐츠 수집 및 전달이 엔드포인트와 인접한 곳에서 처리되는 컴퓨팅 토폴로지(topology)다. 에지 컴퓨팅은 트래픽 및 지연 시간을 줄이기 위해 트래픽과 프로세싱을 로컬에서 처리하려고 한다. 머지않아 에지는 IoT에 의해 주도되고, 필요에 의해 프로세싱은 중앙화된 클라우드 서버가 아닌 끝 부분 가까이에서 유지될 것이다. 하지만 새로운 아키텍처를 만드는 것 대신, 클라우드 컴퓨팅과 에지 컴퓨팅은 중앙 서버 뿐만 아니라 분산화 된 온프레미스 및 에지 디바이스 자체에서 중앙 서비스로서 관리되는 클라우드 서비스를 보완하는 모델로 진화할 것이다.

여섯째, 몰입 경험(Immersive Experience)이다. 대화형 플랫폼은 사람들이 디지털 세상과 상호작용하는 방식을 변화시키고 있다. 가상현실(VR), 증강현실(AR) 및 혼합현실(MR)은 사람들이 디지털 세상을 인식하는 방식을 바꾸고 있다. 이러한 인식과 상호작용 모델의 통합된 변화는 미래 몰입형 사용자 경험을 이끌어 낸다.

일곱째, 블록체인(Blockchain)은 분산 원장(distributed ledger)의 한 종류로, 신뢰 구축, 투명성 제공, 비즈니스 생태계 간의 마찰 감소로 인한 잠재적 비용 절감, 거래

합의 시간 단축, 현금 흐름 개선 등을 통해 산업을 재구성할 것이다. 오늘날 신뢰는 은행, 어음 교환소, 정부, 그리고 중앙당국 역할을 하는 기타 기관들에 구축되어 있고, "단일 버전의 진실"은 이들의 데이터베이스에 안전하게 저장된다. 이러한 중앙화 된 신뢰 모델은 거래에 지연 및 마찰 비용(커미션, 수수료 및 화폐의 시간가치)을 추가한다. 반면, 블록체인은 대안적 신뢰 모드를 제공하고 중재 거래에서 중앙당국의 필요성을 없앤다.

여덟째, 스마트 공간은 인간과 기술 시스템이 더욱 개방되고, 연결되며, 조율되고, 지능적인 생태계에서 상호작용하는 물리적 혹은 디지털 환경을 말한다. 사람, 프로세스, 서비스 그리고 사물 등 여러 요소들은 스마트 공간에 모여 타겟 사용자 및 산업 시나리오를 겨냥한 보다 몰입적이고 상호적이며 자동화된 경험을 창출한다.

아홉째, 디지털 윤리와 개인정보보호(Digital Ethics and Privacy)다. 디지털 윤리와 개인정보보호는 개인, 조직 및 정부 모두가 우려하는 부분이다. 사람들은 자신의 개인정보가 공공 및 민간부문에서 조직에 의해 어떻게 사용되는지에 대해 점점 더 우려하고 있고, 이러한 우려에 대해 적극적인 조치를 취하지 않는 조직들에 대한 반발도 증가하고 있다.

열째, 양자 컴퓨팅(Quantum Computing, QC)은 정보를 양자 비트(큐비트) 요소로 나타내는 전자와 이온과 같은 아원자 입자의 양자 상태에서 작동하는 비고전적인 컴퓨팅의 한 유형이다. 양자 컴퓨터의 병렬 , 실행과 기하급수적인 확장성은 전통적인 접근 방식으로는 너무 복잡하거나 전통적인 알고리즘으로 해결책을 찾기에 시간이 매우 오래 걸리는 문제들을 해결하기에 탁월하다는 것을 의미한다. 자동차, 금융, 보험, 제약, 군사 및 연구 기관과 같은 업계들은 양자 컴퓨팅의 발전으로부터 가장 큰 혜택을 누리고 있다. 예를 들어, 제약 업계에서는 양자 컴퓨팅이 새로운 암 치료 약물을 시장에 내놓는 시간을 가속화하기 위해 아원자 수준에서 분자의 상호작용을 모델링하는 데 이용될 수 있다. 또는 양자 컴퓨팅을 이용해 새로운 제약 방법론으로 이어지는 단백질의 상호작용을 더 정확하게 예측할 수도 있다.

이번엔 국내 정보통신기획평가원(IITP)에서 발표한 2019년 ICT 10대 이슈를 살펴보자. IITP는 2019 ICT 10대 이슈로 ▲5G 서비스 상용화와 신융합 서비스 대두 ▲4차 산업혁명 앞당기는 ICT 규제개혁 추진 ▲에지컴퓨팅·지능형(AI)반도체 도입 확대 ▲상상에서 현실로 다가오는 차세대 모빌리티 ▲남북 ICT 교류협력 확대 ▲블록체인, 非금융 분야로 확산 ▲산업 전 분야로 자동화/지능화 기술 도입 증가 ▲기후변화와 환경오염에 대응하는 친환경 ICT ▲차세대 스마트 디바이스 혁신 ▲중국몽(中國夢)을 꿈꾸며 부상하는 중을 ICT 10대 이슈로 선정했다.

그간 4차 산업혁명의 핵심으로 미국의 디지털 트랜스포메이션이 전 세계를 휩쓸면서 관련 혁신 기술인 ▲인공지능 ▲사물인터넷 ▲디지털헬스케어 ▲스마트 팩토리 ▲핀테크 ▲블록체인 등이 대거 10대 이슈에 선정된 바 있는데, 국내에서는 최근 들어 ▲규제 ▲관련 기술 미성숙 등으로 인해 이러한 4차 산업혁명 혁신 기술들에 대한 막연하면서 과도한 기대감이 감소하고 있으며, 대신 실질적으로 도입될 수 있거나 상용화가 가능한 현실적인 이슈들이 새롭게 부각되는 추세로 나타났다. 2019 ICT 10대 이슈에서는 특히 ▲규제개혁 ▲에지 컴퓨팅 ▲남북 ICT 교류협력 ▲친환경 ICT ▲중국 ICT 등 최근 국내 정치, 경제, 사회, 기술적으로 중요하게 부각된 이슈들이 새로 추가되었다는 특징이 있다.

• ICT 10대 이슈 비교

2018 ICT 10대 이슈	2019 ICT 10대 이슈
인공지능	5G 서비스 상용화 신융합 서비스 대두
자율주행차	4차 산업혁명 앞당기는 ICT 규제개혁 추진
사물인터넷	예지 컴퓨팅·지능형(AI) 반도체 도입 확대
사이버보안	상상에서 현실로 다가오는 차세대 모빌리티
디지털 헬스케어	남북 ICT 교류협력 확대
증강현실	블록체인, 비금융 분야로 확산
스마트 팩토리	사업 금 분야로 자동화/지능화 기술 도입 증가
핀테크	기후변화와 환경오염에 대응하는 친관경 ICT
블록체인	차세대 스마트 디바이스 혁신
5G	중국몽을 꿈꾸며 부상하는 중국 ICT

* 자료 : 2019 ICT 10대 이슈(2018.11.7, IITP 정보통신기술진흥센터)

3. 스마트시티 미래전략 수립을 위한 분석틀

전 세계적으로 기후변화, 에너지 및 자원고갈, 환경오염 등 도시화에 따른 문제들을 해결하기 위하여 스마트시티를 계획하고 개발하는 추세다. 스마트시티를 통해 현재의 도시 문제를 해결하고 경쟁력을 높이고 궁극적으로는 도시에 사는 시민의 삶의 질을 향상시키는 것이 목표다.

스마트시티는 사회적, 경제적, 환경적으로 도시가 감당해야 하는 전통적인 부분과 함께 지속가능한 도시의 생태계를 조성하기 위한 근본적인 문제를 다뤄야 한다. 도시는 도시 문제를 해결하는 과정에서 진화되고 그 과정에서 새로운 첨단 기술이 도입되고 도시는 그 기술을 수용해야 하기 때문이다. 도시 시민에 의한 요구가 지속적으로 변하면서 새로운 수요가 나타나면서 성장하는 것이 도시다. 도시는 사람에게 보다 나은 공간을 제공하는 의미에서 '사람을 위한 장소를 만드는 일'이라는 것으로 도시의 설계를 이해할 수 있다(Matthew Carmona, Tim Heath, Taner Oc, Steve Tiesdell, 2009).

경제와 사회의 패러다임이 급격히 변하는 불확실성 시대에서 미래의 스마트시티를 그려내기 위해서는 메가 트렌드와 기존 산업과 기술에 대한 분석이 요구된다. 최신 이슈와 글로벌 트렌드를 파악하고 사회와 산업, 기술에 대한 분석 후 기존의 산업과 신성장산업을 분석하여 핵심산업과 기술을 도출해야 한다. 이러한 프로세스를 통해 미래 성장엔진이 될 기회 아이템을 도출하여 중장기 로드맵을 구축할 수 있다.

• 모델링 프로세스

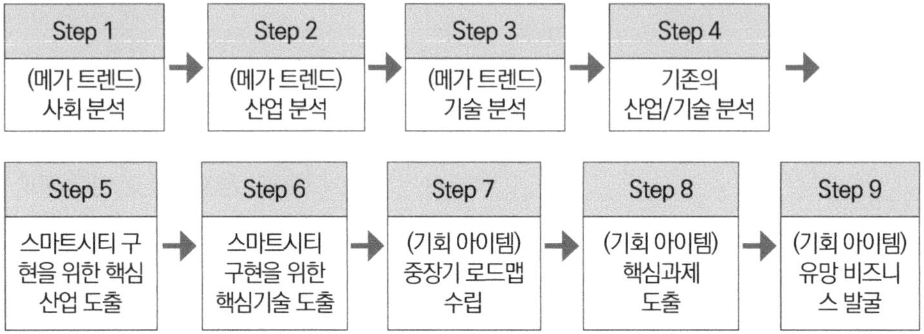

• 전략 모델

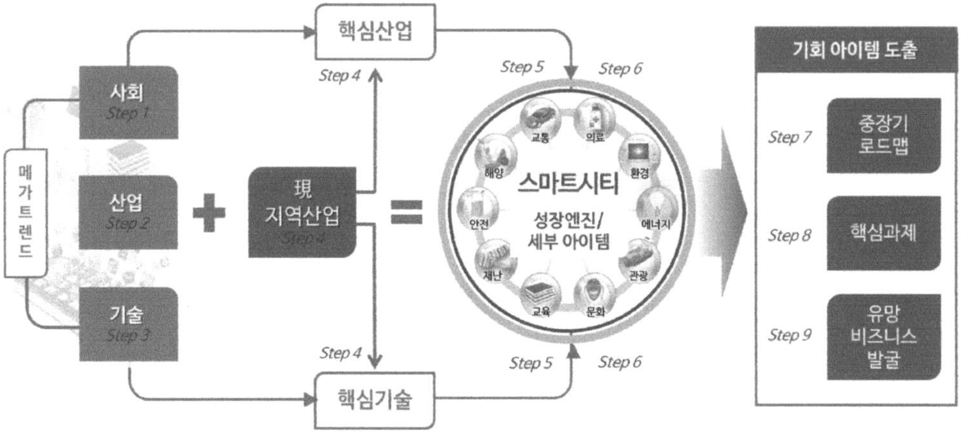

* 트렌드 분석을 통해 아이템 후보군 도출 후 필터링하여 기회 아이템 발굴

4. 인간중심사회 분석

4.1. 오감반응사회의 도래

오감이 반응하는 사회가 도래했다. 인간은 오감 등의 자극을 감지함으로써 주변 환경 정보를 취득한다. 감각이란 외부의 물리 화학적인 자극에 대한 신체 기관의 감지를 의미한다. 오감은 시각(빛 자극), 청각(소리 자극), 촉각(기계적 자극, 열 자극), 후각(기화성 화학물질), 미각(가용성 화학물질)을 통해 자극을 감지하는 것이다. 인간은 주로 오감에 의존하는 데 오감이 사람의 의사 결저엥 미치는 영향은 시각 87%, 청각 7%, 촉각 3%, 후각 2%, 미각 1%로 구성된다, 특수, 체성, 내부감각을 포함하여 전체를 놓고 보면 시각은 70%의 영향력이 있다(디자인포장센터, 1990). 따라서, 보는 것이 믿는 것이며(Seeing is believing), 대부분의 디바이스들은 시각에 영향을 미치는 디스플레이와 밝기에 집중하고 있음을 알 수 있다.

오감이 우리의 생활을 바꿀 것이라는 오감 컴퓨팅에 가장 발 빠르게 움직이는 기업이 IBM이다. IBM은 2012년 센서 및 소프트웨어 프로그램의 발달로 2017년까지 오감 컴퓨팅이 인간의 오감 감지 능력과 같거나 월등히 뛰어넘는 고도의 오감 감지 능력을 갖게 될 것이며, 2020년 컴퓨터가 진리를 센싱하여 인간을 지원하면 인간은 수행능력을 향상시킬 것이라 예상했다.

IBM은 2017년, 2012년 발표한 오감 컴퓨팅을 업데이트한 우리의 삶을 바꿀

5가지 혁신기술인 '5 in 5'를 발표했다. 오감 컴퓨팅이 인지 컴퓨팅(Cognitive Computing)으로 바뀌며 "눈에 보이지 않는 것을 보게 된다(Making the invisible visible)"는 것이다. 즉, 눈으로 인지할 수 없는 것을 각종 센서, 소프트웨어, 인공지능 등이 디바이스들에 융합되고 내장되어 인간을 지원한다는 것이다.

6. IBM이 전망한 5년 후 우리의 생활을 바꿀 오감 혁신(IBM, 2012)

오감	컴퓨팅의 능력	컴퓨팅의 진화 및 인간 지원 활동
시각 (87%)	인간의 시각 감지 능력을 넘음	인간의 눈은 가시광선(Visible Light)만 감지, 향후 컴퓨터는 라디오 (Radio), 극초단파(Microwave), 적외선(IR), 극자외선(UV), X-선, 알파선, 감마선, 베타선까지 감지하여, 인간이 감지할 수 없는 시각정보(이미지), 예술(artwork) 정보, X-선 이미지, MRI 이미지를 분석하여 인간에게 제공
청각 (7%)	인간의 청각 감지 능력을 넘음	인간의 귀는 16Hz~20kHz의 소리만 감지, 향후 컴퓨터는 20,000Hz 이상의 초음파를 모두 감지하여, 인간이 감지할 수 없는 소리나 진동을 감지, 어린아이의 우는 소리를 인식 분석하여 건강상태나 분위기 파악하여 치료법 제공, 미세한 소리까지 감지하여 산사태(avalanches)나 다리의 붕괴를 예측하여 인간에게 제공
촉각 (3%)	인간의 촉각 감지 능력을 넘음	인간의 손/피부는 사물의 표면만을 감지하고 미묘한 촉감을 감지할 수 없으나, 향후 컴퓨터는 인간이 감지할 수 없는 사물의 표면과 속의 촉감을 감지하여 스마트 화면에서 물체의 질감을 느낄 수 있도록 해줌. 스마트폰의 진동장치를 이용해 원거리에 있는 사물의 고유한 진동패턴(빠르고 짧은 진동, 길고 강한 진동)을 재현하여 촉감도 인간에게 전달

후각 (2%)	인간의 후각 감지 능력을 넘음	인간의 코는 10,000개의 냄새 분자(화학 분자)만 감지, 향후 컴퓨터는 개의 100,000개 냄새 분자를 감지할 수 있는 능력을 가져 인간이 감지할 수 없는 냄새를 감지하여 인간에게 위험 정도를 제공, 인간의 호흡(날숨, respiration)으로 건강상태를 분석하고 실내의 병원균이나 바이러스를 감지하여 인간에게 제공. 호흡에 아세톤 분자(가스)가 2배 이상 포함되면 당뇨병, 톨루엔은 폐암, 일산화질소는 천식, 암모니아는 신장병
미각 (1%)	인간의 미각 감지 능력을 넘음	인간이 감지할 수 없는 미각을 감지하여 개인의 건강상태와 미각 선호도를 고려해 식단을 구성. 인간의 맛을 결정하는 것은 시각이 87%임, 보는 것으로 이미 침이 나오고 먹고 싶다는 생각이 나게 하는 것임

※ 이 '컴퓨터/디바이스 → 인간'의 기술에 가장 발 빠르게 움직이는 기업이 IBM임.
IBM은 2012년 센서 및 소프트웨어 프로그램의 발달로 5년 안에(2017년) 컴퓨터가 인간과 같거나 월등히 높은 오감 능력을 갖게 될 것이라 예측함

※ IBM(2012) - The 5 in 5 - Innovations that will change our lives in the next five years.
http://research.ibm.com/5-in-5/, https://www.ibm.com/news/ca/en/2012/12/17/I621228e80146v42.html

※ 디자인포장센터, "오감이 구매의사 결정에 미치는 정도", 1990

4.2. 감성 및 감정 표현사회의 도래

오감이 증강되면 감수성이 풍부해져 감정을 잘 표현할 수 있는데, 문제는 앞으로 저출산 고령화로 인한 1인 가구 솔로 경제(Solo Economy)가 도래한다는 점이다. 한국건설산업연구원(2017)은 한국의 1인 가구 비중이 2017년 556만 가구(28.5%)에서 2025년이면 670만 가구로 전체 가구 수의 31%에 달할 것이며, 2035년이면 763만 가구로 34%를 넘어설 것이라고 전망했다. 따라서 나 홀로 솔로 경제 시대에 돈을 창출하려면 나 홀로는 작업할 수 없으며 반드시 외부와 연결하고 협력해야 된다. 연결과 협력이 중요한 핵심역량으로 등장하면서 감성과 감정을 표현하는 나만의 분신 3D 아바타가 출현한다.

애플은 2011년 '사용자의 상태(감성/감정)를 반영하는 아바타(Avatars Reflecting User States, 20110296324)'와 '자동 아바타 생성(Automatic Avatar Creation, 20110292051, 2011)'이란 디자인 특허출원서를 공개한 바 있다. 아바타 서버 내의 개인화 아바타 생성기를 이용하여 사용자가 원하는 감성과 감정 상태의 3D 아바타를 수정하고 편집, 생성하여 사용자의 감정(happy, angry, sad, etc)을 텍스트나 채팅 또는 이메일 등의 커뮤니케이션에 활용하는 것이다. 디자이너와 아티스트들은 "Avatars + Virtual" 을 통해 다양한 옷들과 모자들과 안경들을 입혀 미래의 3D AR/VR 콘텐츠를 연구하고 제작했다.

• 애플 특허출원서(20110296324 & 20110292051, 2011)의 3D 아바타. Image: USPTO

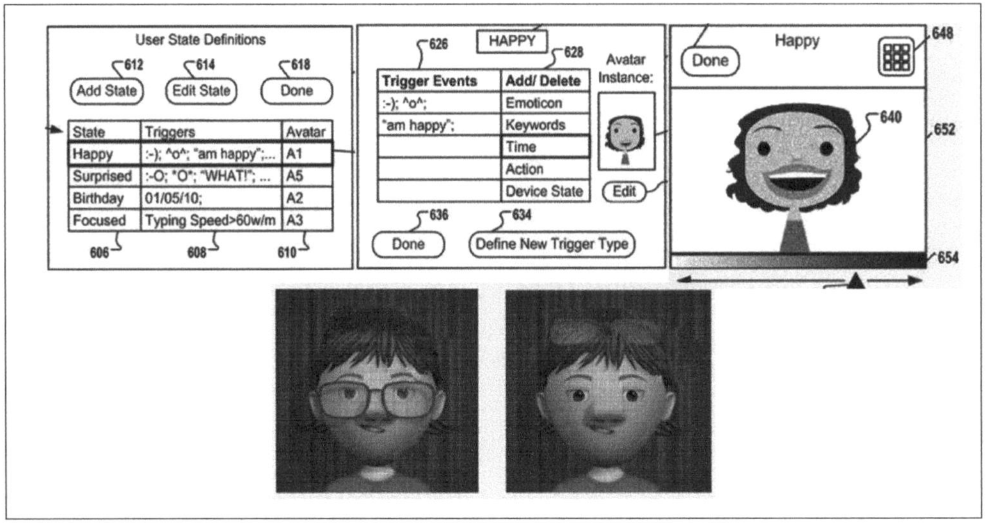

애플은 2017년 9월에 아이폰X를 공개하면서 3D 아바타를 현실화하기 시작했다. 얼굴을 인식하는 페이스ID를 이용한 3D 애니모지(Animoji)로 본인의 얼굴을 등록할 때 트루뎁스(TrueDepth) 카메라는 50개 이상의 각기 다른 근육의 움직임을 분석하여 사용자의 세밀한 표정을 애니모티콘에 투영해 자신의 얼굴 표정을 기반으로 맞춤형 3D 이모티콘을 생성해 해는 것이다.

• 애플 아이폰 X의 3D 애니모지(Animoji) (2017.9)

• 애플 아이폰 XS(iOS12)의 얼굴 인식 및 메모지(Memoji) (2018)

* 출처 : https://www.apple.com/iphone-xs/a12-bionic

이는 향후 새로운 형태의 커뮤니케이션 수단으로 활용될 것으로 기대되며, 사용자들은 수정과 편집, 생성을 통해 다양한 3D 애니모지를 만들어, 1인 가구 시대의 생산성을 높이기 위해 맞춤식 3D 애니모지를 보낼 수 있을 것으로 전망된다.

4.3. 생각하는대로 움직이는 사회

사람의 두뇌와 컴퓨터를 연결하는 '뇌-컴퓨터 인터페이스(BCI, Brain-Computer Interface)' 기술이 발달하고 있다. BCI는 뇌 신호 분석을 통해 신체의 움직임 없이 사용자의 의도를 기기 제어 신호로 변환하는 기술로 마음과 생각을 센싱하고 전달하는 역할을 한다. 즉, 두뇌와 컴퓨터를 연결해서 쌍방향 통신을 가능하게 하는 수단으로, 음성, 영상 등 기존 입출력 장치를 거치지 않고 두뇌와 컴퓨터가 직접 연결되도록 하는 것을 의미한다. 예를 들면, 뇌의 활동 과정에서 나오는 뇌파를 실시간으로 분석하여 어떤 임의의 장치를 제어하는 것이 이에 해당한다(TTA).

마음과 생각은 독특한 5개의 뇌파로 발현하는데, 깊은 수면의 델타파, 꿈꾸는 얕은 잠의 세타파, 명상할 때의 알파파, 활동할 때의 베타파, 새로운 사실을 해마나 대뇌피질에 전달하고 기억할 때의 감마파로 구성된다. 이 중 뇌파기록장치(EEG)를 이용하는 비이식(Non-invasive) 방식의 BCI/BMI는 사람이 긴장하고 집중하고 있을 때의 베타파를 감지하여 디바이스들과 기계들과 인터페이스 시키는 것이다.

• F8 2017 프로젝트(18~19 Apr 2017)

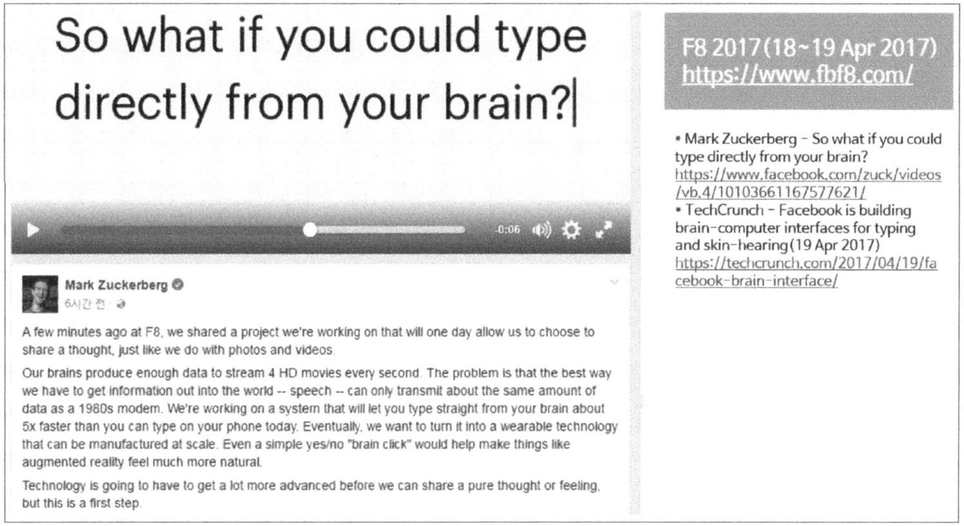

* 출처 : https://www.fbf8.com

뇌파로 의사 전달을 가능케 하는 텔레파시 기술인 BCI 개발 추진 사례로 페이스북 비밀 연구소 '빌딩 8(Building 8)'이 있다. 페이스북 CEO 마크 저커버그(Mark Elliot Zuckerberg)는 뇌와 컴퓨터를 연결해 인간의 한계를 넘어서겠다며 뇌 신호를 추출하여 생각만으로 자동 입력하는 프로젝트 진행한 바 있다. 2016년 연구소 설립 당시 그는 "세계를 연결하는 사명을 추진하기 위해 앞으로 수년 동안 빌딩 8에 수억 달러를 투입한다"고 밝혔다.

2017년 4월 페이스북이 주최한 개발자 컨퍼런스인 F8에서 "만약 뇌에서 직접 타이핑할 수 있게 된다면 어떨까?"라고 청중에서 질문을 던지며 "향후 2년 안에 우리는 언어를 담당하는 신경 활동을 해독해 생각을 입력하는 기능을 시연하는 시스템을 구축할 것이다"라고 발표했다. 이렇듯 뇌 신호를 읽어 들이는 센서 기술이 발달하면서 두뇌의 뇌파를 센싱하는 BCI에 의해 생각하는 대로 이루어지는 세상이 도래할 것이다.

4.4. 인간중심사회 분석결과

인간중심사회 분석을 통해 스마트 지능사회(2018) - 오감반응사회(2022) - 감성표현/감성사회(2026) - 생각하는 대로 이루어지는 세상(2030)의 메가 트렌드를 도출했다. 스마트 지능사회(2018)에 이어, 감각이 디지털화되어 인터넷으로 공유되는 오감반응사회(2022)가 곧 도래할 것이며, 그다음 감성과 감정이 디지털화되어 인터넷으로 공유되어 큐레이션할 수 있고, 3D 아바타를 온라인 회의에 보내는 감성표현의 감성사회(2026)가 도래할 것이다(차원용, 2018).

이어 두뇌의 뇌파를 센싱하는 BCI/BMI에 의해 고령자들이 일터에서 일을 할 수 있고, 정상인들도 수행능력을 향상시킬 수 있는 생각하는 대로 이루어지는 세상(2030)인 이른바 두뇌인터넷 시대(Internet of Brain)가 도래하는 데 이는 인간의 감각(오감) - 감정 - 생각과 인간의 감지능력 밖에 있는 영역들을 각종 센서들이 감지하고 이를 소프트웨어와 인공지능이 디지털로 증강시켜 인간의 수행능력(Human Performance Capability)을 지원하는 것이다. 즉 인공지능 기반 브레인 컴퓨팅(AI Based Brain-Computing)을 의미한다. 이를 바탕으로 [그림]과 같이 스마트 지능사회(2018) - 오감반응사회(2022) - 감성표현/감성사회(2026) - 생각하는 대로 이루어지는 세상(2030)이라는 메가트렌드를 도출했다.

• 인간중심사회 메가트렌드 분석결과

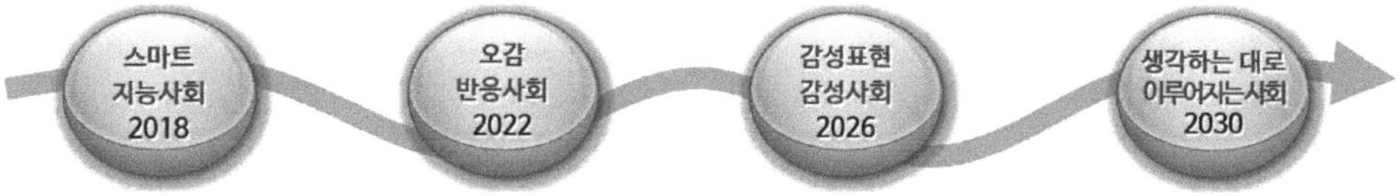

* 차원용, "인공지능 기반 브레인 컴퓨팅(두뇌인터넷) 기술", 한국통신학회지『정보와 통신』, 2017.10.

인간중심사회 분석을 통해 2022년 오감반응사회가 도래한다고 도출했다. 오감반응사회가 도래함에 따라 선택과 집중 전략이 요구된다. 2019년 현재는 연결과 지능을 기반으로 하는 스마트 지능사회로 2022년을 전후로 오감을 통해 현실 세계를 데이터화하는 오감반응사회가 도래할 것이다.

스마트 지능사회는 초연결, 초지능, 공유경제, 노령화, 증강/가상화, 지능화/

전문화, 플랫폼/서비스화, 스마트 제조/서비스, 스마트 모빌리티가 특징이며, 핵심기술로 자율차, 드론, 로봇, 사물인터넷, 3D 프린팅, 가상/증강현실을 들 수 있다. 오감반응사회는 감지/반응, 노령화, 친환경, 에너지효율화, 초소형/경량화, 스마트 에코, 인체공학 디자인, 원격의료, 재활의료, 오감경험 등을 트렌드로 하며 자연어처리, 오감컴퓨팅, 가상/증강현실, 생체인터넷, 로봇 슈트, 케어 로봇 등이 핵심 기술이다. 스마트 지능사회과 오감반응사회는 센서, 데이터, 인공지능, 에너지, 클라우드(Cloud) ↔ 에지(Edge)가 공통기술로 핵심기술을 집중적으로 발전시키는 전략이 필요한 데 이를 위해서는 클라우드(Cloud) 기반의 인프라를 조성하고 스마트폰(Edge)을 통해 언제 어디서나 실시간으로 그리고 양방향으로 소통하는 체계를 갖춘 데이터 기반의 플랫폼이 마련되어야 한다.

• 메가 트렌드 분석에 따른 선택과 집중 전략 구조도

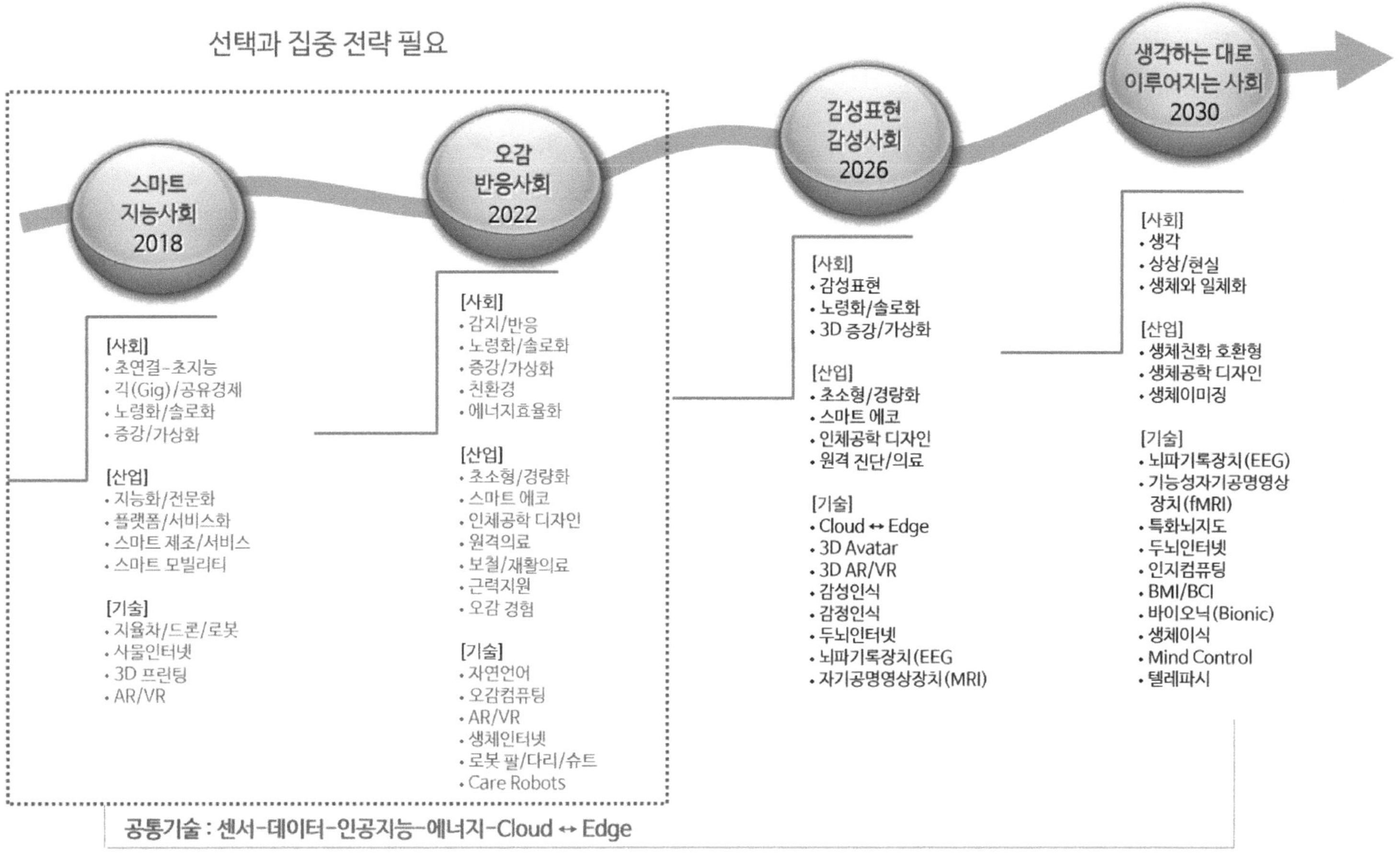

5. STEE 분석

5.1. 거시적 외부 환경 분석법

현대 사회는 급속한 기술의 발전과 기술과 사회의 공진화로 인해 상호 의존성과 복잡성이 커지고 불확실성이 증가하고 있다. 이러한 변화의 폭과 속도가 커짐에 따라 트렌드를 분석하고 미래를 예측하는 것은 더 힘들어졌으나 중요성 역시 증가하고 있다. 특히 4차 산업혁명 시대가 도래함에 따라 첨단 ICT는 많은 기회를 제공하면서도 그 영향력이 파괴적이다.

거시적인 관점에서 메가 트렌드를 분석하는 기법으로 STEEPV 분석, PEST 분석, STEP 분석, PESTEL 분석 등이 있다. STEEPV 분석은 거시적인 외부 환경을 분석할 때 사용하는 분석법으로 사회문화적(Socio culture), 기술적(Technological), 경제적(Economic), 생태학적(Ecological), 정책 법률적(Political & legal), 가치(Value) 트렌드 등 거시적 환경 변수에 대한 분석법이다. PEST 분석은 정치/정책(Political), 경제(Economic), 사회문화(Social), 기술(Technological)로 구분하여 환경을 분석하는 기법이며, STEP 분석은 사회(Society), 기술(Technology), 경제(Economic), 정치/정책적(Politics) 환경을 분석한다. PESTEL 분석은 정치/정책(Political), 경제(Economic), 사회문화(Sociocultural), 기술(Technological), 환경(Environment), 법률적(Legal) 환경을 분석하는 데 순서만 조금씩 다를 뿐 핵심은 유사하다.

STEEPV, PEST, STEP, PESTEL 분석 모두 어느 일정한 현상을 사회적, 기술적, 경제적, 환경적, 정치 및 정책적 영역에서 살펴보고 앞으로 펼치질 미래를 예측하거나 이해하는 데 그 목적이 있다. STEEP 범위 내에서 주요한 동향을 파악하고 근거가 데이터를 확보하며 환경에 대해 이해하고 이슈를 도출하고 경쟁력에 미치는 영향과 발생 가능성 등을 고려하여 순위화한다. 이후 세부 원인을 파악하고 이슈에 대한 다양한 예측 및 시나리오 수집을 통해 도출해 내는 기법이다.

STEEPV 분석의 주요 변수 및 요소로는 사회문화적(Socio culture) 요소로 인구 증가율, 인구 연령분포, 출생률 등 인구 구조의 변화, 문화의 다양화, 가치관의 변화, 네트워크 사회 도래, 소비자의 행동주의 등이 있고, 기술적(Technological) 요소로 IT(네트워크), BT(바이오 경제), NT(신소재), ET(녹색 성장) 등 첨단 융합기술의 등장과 기술의 변화 속도, 연구개발 비용 등을 들 수 있다. 경제적(Economic) 요소로는 경제 다극화, 글로벌화, 지식기반의 경제, 노동환경의 변화, 경제인구 변화, 주택 수요의 다양화, 경제 성장률, 환율과 국제 지수, 인플레이션 등으로 다양하며 생태학적(Ecological) 요소로는 기후변화, 자원고갈, 에너지 위기, 환경 보호 규제, 공기 및 수질, 재활용 시설의 규모 등이 있다. 정치/정책/법률적(Political & legal)으로는 소프트파워, 네트워크 권력, 세계 정치의 변화, 북한 통일 문제, 안보 이슈의 등장, 종교와 문명의 충돌, 정당별 정책과 규제 법안을, 가치(Value)요소로는 소비자가 중시하는 가치 등의 트렌드를 들 수 있다.

이번 장에서는 STEEPV 분석 중 정치적 트렌드와 소비자의 가치 트렌드를 제외한 STEE를 분석하고자 한다. 정치 및 정책 트렌드와 가치 트렌드는 사회문화적, 경제적 트렌드에 일부 반영하는 것으로 하고 대분류에서 제외했다.

참고로 가치 트렌드는 한국의 소비트렌드를 분석한 김난도 외(2018)의 〈트렌드 코리아 2019〉를 통해 확인할 수 있는데, 그 세부내용은 다음과 같다. 2019년의 10대 소비트렌드로는 컨셉의 연출, 셀슈머가 등장을 촉진한 새로운 유통의 판인 세포마켓, 새로운 과거 뉴트로, 필환경, 감정대리인의 등장, 데이터에 따라 결정하는 데이터지능, 공간이 재탄생하는 의미의 카멜레존, 밀레니얼 가족의 탄생, 모든 것의 기준이 내가 되는 세상, 매너 소비자 등이 있다.

STEE 분석방법은 메가 트렌드별 서브 트렌드를 도출하고 마이크로 트렌드의 속성별 그룹핑을 지어 공통 속성을 찾아 네이밍하는 방식이다. 예를 들어, 사회적(Social) 변화와 문화적(Cultural) 변화의 흐름에 대한 트렌드 도출할 경우, 노령화, 저출산, 여성 파워 등 다양한 마이크로 트렌드를 문헌조사, 브레인스토밍, 토론을 통해 도출하고 이들을 그룹핑하여 상위 개념인 서브 트렌드와 그 상위 개념인 메가 트렌드를 도출하는 방식이다.

• 트렌드 도출 예시

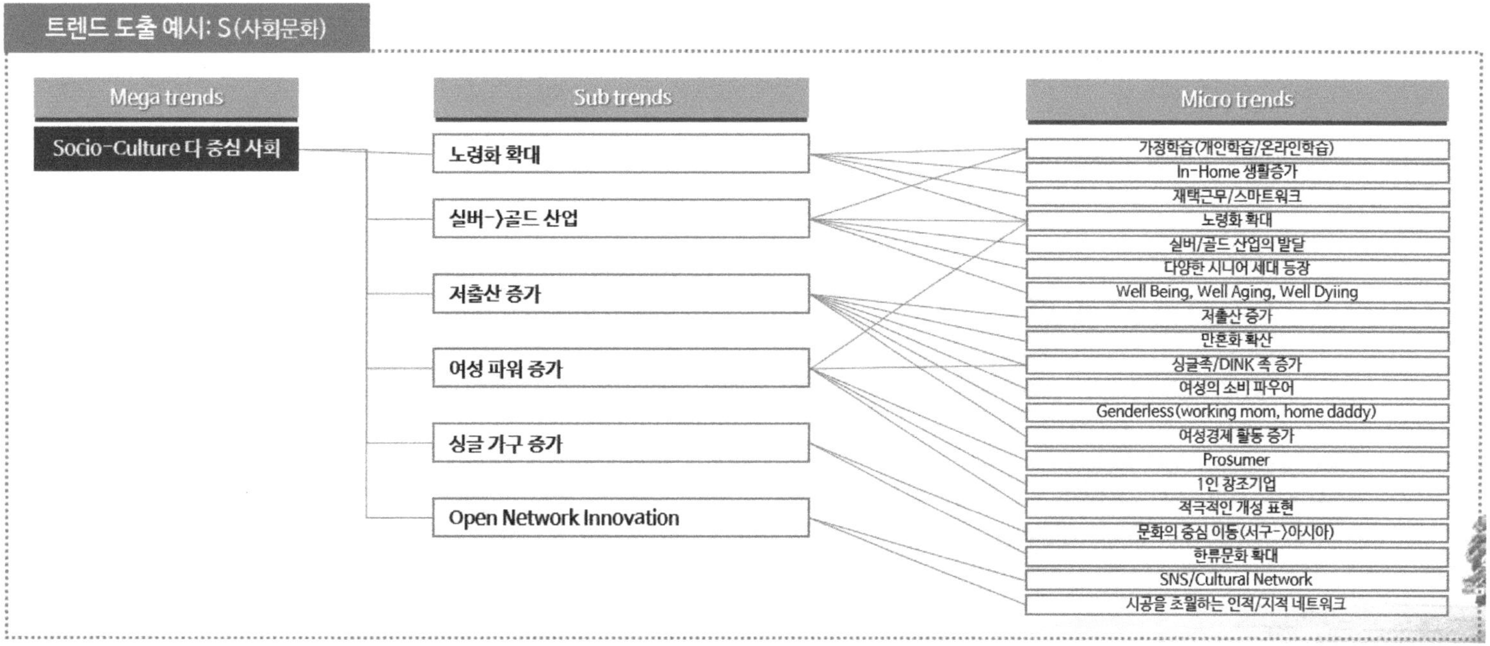

5.2. STEE 분석 결과

사회(S)-기술(T)-경제(E)-환경 및 에너지(E) 변화의 트렌드 분석 결과, 사회적(Social) 변화와 문화적(Cultural) 변화의 트렌드로 다중심사회, 기술(Technology)로는 인간 역량의 강화, 경제적(Economic) 변화로는 현재에 충실한 생활, 환경(Environment, Ecology)과 에너지(Energy) 트렌드로는 환경과 공진이라는 메가트렌드를 도출했다.

- STEE 트렌드 도출 결과

STEE 트렌드 도출 종합

STEE 분석 결과 도출

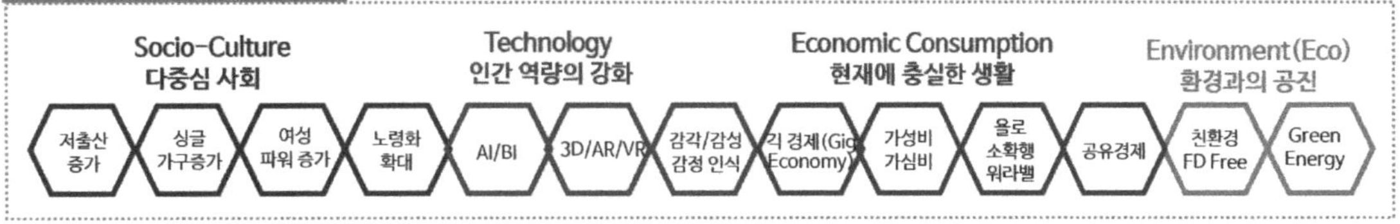

[S(Socio-Culture) : 다중심 사회]

사회-문화적으로 다중심 사회라는 큰 흐름 하에 노령화 확대, 실버 산업에서 골드 산업으로 변화, 저출산 증가, 여성의 파워 증가, 싱글 가구 증가, 공개 네트워크 혁신(Open Network Innovation) 등의 하위 트렌드를 도출했다.

STEE	메가 트렌드	서브 트렌드	일반적 의미	도시에 주는 의미
S 사회	다중심 사회	저출산 증가	생산인구 감소, 국가 경쟁력 감소, 싱글 가구 증가, 핵가족 증가, 학교의 감소	사람×연결×기회×돈×결혼×출산할 수 있는 능력 있는 스마트 도시 개발 제공
		싱글 가구 증가	솔로 경제의 도래	홀로 사는 사람들을 위한 스마트 경험 솔루션 및 스마트 키친 솔루션 제공
		노령화 확대	한국 고령사회 진입(14%), 복지의 증가, 기대-건강수명 갭 증가, 독거노인 증가	홀몸 어르신 돌봄/안심 서비스로 건강 수명 늘려 어린이들을 돌보는 서비스로 연결 필요
		다문화 가정	다문화 가정의 증가	AR/VR 거리 구축, 국제마을, 다문화 교육 강화

※ 기대수명(Life Expectancy) - 2030년이면 100~120세, 건강수명(Healthy Life Expectancy, HALE)은 '15년 현재 73세이고 '25년 목표가 76세, EIU - 2015 Quality of Death Index(1위 영국, 한국 32위), http://www.eiuperspectives.economist.com/healthcare/2015-quality-death-index

[T(Technology) : 인간 역량의 강화]

기술적으로 인간 역량의 강화라는 큰 흐름 하에 인공지능(AI), 바이오지능(BI), 3D, AR(증강현실), VR(가상현실), 감각·감성·감정 인식·표현이라는 트렌드를 도출했다.

STEE	메가 트렌드	서브 트렌드	일반적 의미	도시에 주는 의미
T 기술	인간 역량의 강화 (Human Performance Improvement)	AI/BI	지능정보화, 감성지능의 개발 및 사용 보편화	인공지능과 감성지능을 활용한 스마트 의료, 스마트 모빌리티 및 스마트 경험 제공
		3D/AR/VR	2차원에서 3차원으로 전환, 가상공간과 현실공간의 고도로 융합, 현실세계에 가상정보가 겹치는 증강현실로 협업/협동 오픈/공유하는 시대가 도래, 예를 들어 자율차 안에서 일을 하고 밥을 짓고 잠을 자는 시대 도래	드론을 활용한 3차원 3D AR/VR 관광, 레저, 교육, 콘텐츠(영화/음악/홀로그래피) 제공
		감각/감성/감정 인식/표현	각종 센서들이 인간이 감지할 수 없는 오감의 능력을 감지하여 인간에게 제공하는 감지와 반응의 시대 도래. 내 감정을 3차원으로 큐레이션하여 음성/얼굴 메시지를 보낼 수 있는 3D 아바타 도래. 3D 아바타는 나의 Personal Identity. 꽃을 보내고 이메일 답장을 받아오는 개인별 15개 이상의 3D 아바타. 감각과 감정을 교정할 수 있는 유전자 가위 등장 → 개성/감성 수정하는 인간 디자인 도래	성을 자극할 수 있는 체험공간 구축 . 3D 아바타의 SNS 활용. 위험 지역에 오감 감지와 반응 시스템 구축 적용

※ AI=Artificial Intelligence, BI=Bio Intelligence
※ AR=Augmented Reality, VR=Virtual Reality

[E(Economic) : 현실에 충실한 생활]

경제적으로 긱 경제(Gig Economy, 필요에 따라 임시직으로 고용하는 경향), 가성비/가심비, 욜로, 소확행, 워라밸, 공유경제 등의 하위 트렌드를 도출했다.

STEE	메가 트렌드	서브 트렌드	일반적 의미	도시에 주는 의미
E 경제	현실에 충실한 생활 카르페디엠 (carpe diem)	긱 경제 (Gig Economy)	그때 그때 임시직을 섭외해 일을 맡기는 경제 형태. 1920년대 미국 재즈공연장에서 필요에 따라 연주자를 단기 섭외하던 방식을 의미하는 gig 에서 유래. 온라인을 통해 고객의 수요를 해결해주는 '온디맨드 (On-demand) 서비스'와 관련이 있음	수요-공급자를 연결하는 긱 경제 도시로 개발
		가성비/ 가심비	가격 대비 성능과 가격대비 심리적 만족감을 추구하는 소비형태	가성비/가심비 전략으로 구축하여 많은 소비자(고객)를 끌어들이는 전략 필요
		욜로, 소확행, 워라밸	'인생은 한 번뿐'이라며 현재의 행복을 위해 시간과 돈을 우선 투자하는 욜로(YOLO: You Only Live Once) 열풍 . 내 집 마련, 노후 준비보다 당장의 삶의 질을 높여줄 취미생활, 자기계발 등에 아낌없이 투자하는 게 욜로족의 특징 . 삶의 거창한 목표보다는 작지만 확실한 행복을 누리겠다는 '소확행(小確幸)'. 일과 삶의 균형을 중시하는 '워라밸(work-life-balance)'	욜로, 소확행, 워라밸 족들을 유치할 수 있는 전략 개발 필요. 젊은이들이 창업할 수 있는 스타트업, (예: 서울 winnerchef.com) 개발
		공유경제	2013년(임대 $240bn vs 공유경제 $15bn) → 2015년(임대 $335bn vs 공유경제 $335bn)	공유경제의 수단 연구개발 필요

[E(Environment, Ecology) : 환경과 공진]

환경 및 에너지 차원에서 신재생 에너지라고 할 수 있는 그린 에너지, 친환경, 미세먼지 없는 환경을 트렌드로 도출했다.

STEE	메가 트렌드	서브 트렌드	일반적 의미	도시에 주는 의미
E 환경	환경과 공진	그린 에너지	신재생 에너지 (조력, 풍력, 태양광 등)의 확충 및 확대	Energy Free 도시로 개발, 모든 에너지를 VPP(Virtual Power Plant)로 구축하여 Smart Grid 및 V2G 구축
		친환경 FD Free	쓰레기 없고 미세먼지 없는 도시 건설	쓰레기를 에너지로 생산하는 합성가스 시스템(OGS)을 구축하여 미세먼지 없는 도시 구현
			첨단식량 산업/생태관광	해양환경 체험 생태관광 조성

※ OG System(유기물 가스화/수소화 장치) 개요 – 새로운 개념의 한국만의 최신 가스화기 공해 없는 Syngas(H_2 + CO) = 수소전지와 메탄올 및 암모니아의 원료
※ VPP(Virtual Power Plant) – 실제 발전소를 가상 발전소로 만들어 Digital Twin(Physical ↔ Digital)으로 실시간으로 관리통제시스템
※ V2G(Vehicle to Grid) – 전기자동차 혹은 전기자율차가 충전 또는 남는 전기를 그리드에 방전하는 양방향 실시간 거래 시스템
※ FD Free – Fine Dust Free(미세먼지 없는)

이상과 같이 STEE 분석결과, 도출한 메가 트렌드와 주요내용은 [그림]과 같다. 사회문화적으로 다중심사회가 도래함에 따라 저출산, 고령화가 심화되고 싱글가구가 증가함에 따라 솔로 경제로, 다문화 가정으로 변화했다. 기술적으로 인간의 역량이 강화되면서 지능정보화 되고 감성 지능의 개발과 사용이 보편화되면서 3차원 증강현실과 가상현실 등이 접목되어 건강, 보건,의료 분야에 증강현실이 적용될 것으로 분석됐다. 경제적으로는 현실에 충

실하다는 트렌드로 필요에 따라 임시직으로 고용하는 긱 경제가 도래하고 가성비와 가심비를 중시하는 욜로족, 소확행, 워라밸 등이 트렌드로 부상했다. 환경적 측면에서는 환경과의 공진화 현상으로 친환경, 미세먼지 없는 도시, 물과 빛과 자연이 넘치는 도시가 트렌드로 도출됐다.

• 〈그림〉 STEE 분석 결과

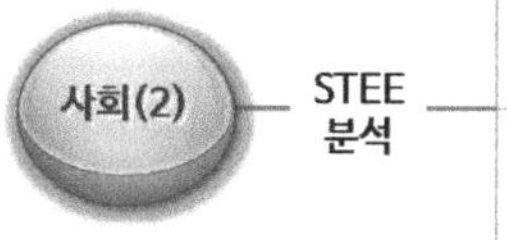

트렌드	주요내용
사회(S)-다 중심사회	저출산 증가/노령화/싱글가구(솔로경제), 다문화 가정
기술(T)-인간역량강화	지능정보, 3차원 증강가상, 감각/감성/생각의 인식/표현, 100세 문제, 건강/보건/의료에 의한 증강
경제(E)-현재에 충실	긱 경제(일자리/온디맨드 서비스), 가성비/가심비, 욜로/소확행/워라밸, 공유경제
환경(E)-환경과 공진	친환경, 미세먼지 없는 도시, 물과 빛과 자연이 넘치는 도시, 안전/재해/재난

6. 주요국의 혁신전략 분석

6.1. 미국의 선진 제조업 파트너십, 산업인터넷

미국은 제조 경쟁력 약화에 따른 혁신전략으로 선진 제조업 파트너십과 산업 인터넷을 민간과 정부가 추진한 민관 파트너십과 상향식 정책을 추진했다. 미국이 시장 지향적인 상향식 정책을 추진한 것은 GE, IBM, Google 등 글로벌 민간 기업들이 컨소시엄을 구성하여 산업을 주도하고 있으며 실리콘밸리를 중심으로 세계 최고의 창업생태계와 벤처 투자 시스템을 갖추고 있기 때문이다. 미국 기업들이 인공지능, 빅데이터, 산업인터넷, 자율주행차, 디지털 제조(digital manufacturing) 등 4차 산업혁명 관련 기술 및 산업 분야를 주도하기에 미국 정부는 민간과 역할 구분을 통한 정책의 실행 가능성 제고에 중점을 두었다.

미국의 혁신전략은 미국이 국제적 혁신 선도자의 위상을 유지하면서 미래 산업을 육성하고, 국가적 당면과제 해결을 목표로 제시했다. 제조업 자체의 발전뿐 아니라, 빅데이터와 인공지능 알고리즘을 기반으로 제조업과 데이터 기반 서비스 결합을 추구했으며, 기업의 가치와 경쟁력 향상하기 위한 선진 제조업 파트너십과 에너지, 공장시설, 헬스케어, 제조업, 공공부문, 수송 등의 영역을 인터넷(생각하는 기계, 첨단분석기술)을 통해 서로 연동하여 새로운 가치를 창출했다.

미국 기술혁신전략의 특징으로는 군·산·학의 첨단 기술 개발 선도와 민간의 산업 형성을 지원했다는 것을 들 수 있다. 그랜드 챌린지(DARPA 무인자동차 챌린지, 로봇 챌린지, DOE 선샷 그랜드 챌린지, NASA 소행성 그랜드 챌린지, 그랜드 챌린지 학자 프로그램 등), 정밀의료, 브레인 이니셔티브, 혁신적 헬스케어, 첨단자동차, 스마트시티, 클린에너지 및 에너지 효율성, 교육기술, 우주기술, 차세대 컴퓨팅, 글로벌 최극빈 종식 등 11개 전략 분야로 구분하여 추진했다.

• 〈그림〉 미국의 사회-산업-기술 혁신전략

미국의 선진 제조업 파트너십, 산업 인터넷

목표 — **미국의 경쟁력 유지** (아메리카 퍼스트)

프로그램
미국 혁신 전략
선진 **제조업** 파트너십
산업 인터넷

추진 배경
미국의 **제조 경쟁력** 약화
동부/중서부의 제조업
서부 실리콘밸리의 **IT 기업**

추진 체제
민간 ☞ **산업 인터넷 컨소시엄**(2014. 3)
정부 ☞ **미국기술위원회**(American Technology Council, ATC) (2017. 6)

추진 경과	주요 내용 및 특징
민간 *(2012)* GE의 산업 인터넷(Industrial Internet) 주창 **정부** *(2009, 2011, 2015)* 미국 혁신전략 (Strategy for American Innovation) *(2011, 2013)* 선진 제조업 파트너십 (Advanced Manufacturing Partnership)	**[미국 혁신 전략]** 미국이 **국제적 혁신 선도자의 위상**을 유지하면서 미래 산업을 육성하고, 국가적 당면과제를 해결 **[선진 제조업 파트너십] 제조업 자체의 발전뿐 아니라,** 빅데이터와 인공지능 알고리즘을 기반으로 제조업과 데이터 기반 **서비스 결합 추구**, 기업의 가치 향상과 경쟁력 향상 도모 **[산업 인터넷]** 에너지, 공장시설, 헬스케어, 제조업, 공공부문, 수송 등의 영역을 인터넷(생각하는 기계, 첨단분석기술)을 통해 **서로 연동하여 새로운 가치 창출**, 리스크 관리

기술 혁신 전략 — 군산학의 첨단 기술 개발 선도와 민간의 산업 형성 지원 ☞ 미국 혁신전략 11개 전략 분야 ①그랜드 챌린지 ②정밀의료 ③브레인 이니셔티브 ④혁신적 헬스케어 ⑤첨단자동차 ⑥스마트시티 ⑦클린에너지 및 에너지 효율성 ⑧교육기술 ⑨우주기술 ⑩차세대 컴퓨팅 ⑪글로벌 최극빈 종식 ** 그랜드 챌린지: DARPA 무인자동차 챌린지, 로봇 챌린지, DOE 선샷 그랜드 챌린지, NASA 소행성 그랜드 챌린지, 그랜드 챌린지 학자 프로그램 등*

* 국회 4차 산업혁명 특별위원회, '4차 산업혁명 국가 로드맵 작성을 위한 정책연구', 창조경제연구회/아스팩미래기술경영연구소, '18.05

6.2. 독일의 인더스트리 4.0과 노동 4.0

독일은 4차 산업혁명이라는 개념을 처음으로 제기한 국가로 제조업과 산업의 디지털화에 의한 새로운 제조 혁명으로 인더스트리 4.0 주장했다. 독일의 인더스트리 4.0은 전체 4차 산업혁명 기술을 포괄하지 않으며, 오히려 이들을 자신들이 강점을 갖고 있는 제조업의 디지털화에 초점을 두었다.

민간 기업과 연구기관 중심으로 논의되던 인더스트리 4.0은 연방 정부가 참여하면서 강한 동력을 얻었는데, 기본 특징은 독일의 전통적 강점 분야인 부품 및 기계 산업 부흥전략을 민간이 주도하도록 하고, 현장에서 만들어진 사례들을 모아서 인더스트리 4.0이라는 틀 내에서 여러 실천 과제를 수행하며 지속적으로 정책을 개선한다는 점이다. 독일의 산업화 전략은 저성장 및 생산가능한 인구 감소에 따른 스마트 공장화를 추진하여 산업경쟁력 유지에 관점을 둔 인더스트리 4.0과 노동 4.0으로 요약할 수 있다.

독일은 2010년 인더스트리 4.0을 통해 고령화에 따른 노동 생산성 문제를 해결하고 2014년 뉴하이테크 전략, 2016년 노동 4.0을 통해 기후, 보건, 식량, 정보통신, 이동성, 안전, 노동 등 분야별 혁신을 추구하고 2025년 디지털전략으로 자동화를 통해 인간의 전문성과 유연성을 경쟁력으로 전환했다.

인더스트리 4.0은 공장 단위에서 제조 공정의 유연한 자동화, 제조라인 원격·자동 제어, 위험·고장 예측 가능의 실현 등 제조 혁신을 목표로 하였는데, 스마트공장을 위한 9개 기술혁신전략 분야는 센서-빅데이터 분석, 자율적인 로봇, 시뮬레이션, 수평/수직 통합형 시스템, 사물인터넷, 사이버 보안, 클라우드, 3D 프린팅, 가상현실 등이 있다.

• 〈그림〉 독일의 사회-산업-기술 혁신전략

독일의 인더스트리 4.0, 노동4.0

목표	2035년 모든 공장을 스마트 공장화 (단일의 가상 공장화)

프로그램	**하이테크** 전략 인더스트리 4.0 **노동 4.0**	추진 배경	저성장 및 글로벌 경쟁심화 저출산·고령화 → **생산 가능 인구 감소**	추진 체제	**조정시장경제** (coordinated market economy) 기업/산업 중심에서 **기업·노동·정부로 확대** 플랫폼 인더스트리 4.0 : 정부 주도 민관학 참여

추진 경과	주요 내용 및 특징
인더스트리 4.0 *(2010)* 하이테크전략 2020, *(2012)* 하이테크전략2020 액션플랜 **뉴하이테크전략(2014)** *(2015)* 플랫폼 인더스트리 4.0, *(2016)* 노동 4.0, *(2016)* 미텔슈탄트 4.0 **디지털전략 2025**(2016. 4), **스마트서비스 사회 2025**(2015), **10대 디지털전략(데이터 보호)**(2017. 6)	**[사회문제 해결 전략]** 17대 중점기술 육성 중심(2006)에서 **사회 문제 해결** 중심(2014)으로 변화 **[5대 혁신 수요 분야]** **기후/에너지, 보건.식량, 정보통신, 이동성, 안전** **[자동화와 인간의 협력]** **전문성과 유연성을 경쟁력으로 전환**

기술 혁신 전략	혁신 시스템의 효과성과 중소기업 혁신역량 제고, **산학협력과 기술이전** 촉진, R&D 글로벌 환경 및 네트워크 확대, ☞ 독일 스마트공장을 위한 기술혁신전략 9개 전략 분야 ①센서-빅데이터 분석 ②자율적인 로봇 ③시뮬레이션 ④수평/수직 통합 시스템 ⑤IoT ⑥사이버 보안 ⑦클라우드 ⑧3D 프린팅 ⑨가상현실

* 국회 4차 산업혁명 특별위원회, '4차 산업혁명 국가 로드맵 작성을 위한 정책연구', 창조경제연구회/아스팩미래기술경영연구소, '18.05

6.3. 프랑스 : 디지털공화국, 미래산업

프랑스는 세계 최고 수준의 서비스 산업 국가이나, 전체 산업에서 제조업이 취약하여 뒤쳐진 혁신과 스타트업 생태계 활성화 전략으로 추진해 나갔다. 프랑스는 디지털 전환과 혁신에 중소기업 육성의 중요성을 인식하여 프렌치테크라는 적극적인 스타트업 생태계 강화를 추진하였다. 후발 주자로서 프랑스는 정부가 중앙집중적 시스템을 갖고 있음에도 불구하고 민간의 참여와 지역을 기반으로 범정부적인 혁신정책을 추진했는데 자국의 스타트업이 뒤쳐진 것을 보완하기 위하여 국내 역량만이 아니라 해외의 스타트업 역량을 활용하는 적극적인 문호개방 정책을 취한 것이다.

즉, 프랑스는 스타트업을 육성하고 미래 산업을 강화하고자 지식경제 중심의 혁신을 추진한 것이다. 미래산업으로 의료, 경제, 미래식품, 미래교통수단, 친환경 도시, 에너지 등 추구하고 있으며, 데이터 기반 지식경제사회로 전환을 위한 법적 토대를 마련해 나갔다.

프랑스는 스타트업과 혁신 기업을 위한 프렌치테크 정책이 의료기술, 녹색기술, 바이오기술, 핀테크, 빅데이터 분야에 한정하여 지원하였다면, 새로운 프랑스 제조업과 미래산업 정책은 광범위한 제조 산업과 기술을 새롭게 재편했다. 핵심 산업을 기반으로 신재생 에너지, 친환경 도시, 친환경 이동수단, 미래형 교통수단, 미래형 의료, 데이터 경제, 스마트 디바이스, 디지털, 미래형 식품 등 9개의 미래 산업 솔루션을 제시했다.

공공연구소의 기술을 이전하여 혁신적 창업을 촉진하기 위해 설립된 공공 기술인큐베이터도 프렌치테크와 연계하여 스타트업의 발굴과 성장을 지원한 것이다. 공공인큐베이터는 하나의 단일한 조직이 아니라 고등교육기관, 산업 및 창업 관련 조직 및 기관들과의 협력에 기반하여 사업을 추진하는 혁신 연합체를 의미한다.

• 〈그림〉 프랑스의 사회-산업-기술 혁신전략

디지털공화국, 프랑스의 미래산업

목표: **디지털 공화국**

프로그램		추진배경		추진체제	
프로그램	프렌치테크 미래산업전략 디지털공화국법	추진배경	**뒤쳐진 혁신**과 스타트업 환경 **디지털 전환**과 혁신 **중소기업 육성의 중요성** 인식	추진체제	**미래산업연합** : 국가, 지방정부, 연구기관, 교육기관 산업 조직 및 노동조합 등과 연합

추진 경과	주요 내용 및 특징
디지털 프랑스 2012-2020 *(2013. 09)* 새로운 프랑스 제조업, *(2013. 11)* 프렌치테크 *(2015)* 미래산업 **디지털공화국법(2016.10)** 세계 최초 온라인 크라우드 소싱을 활용한 입법 사례	**[프렌치 테크]** 혁신 기업과 스타트업 지원 (자본 재원조달, 지적 재산권과 특허 보호, 표준화 등), 취약한 스타트업 생태계를 보완하기 위해 **외국의 스타트업과 투자 유치** **[미래 산업]** **신재생에너지, 친환경 도시, 친환경 이동수단, 미래형 교통수단,** **미래형 의료, 데이터 경제, 스마트 디바이스, 디지털, 미래형 식품** **[디지털 공화국법] 데이터 및 지식기반 경제**로의 전환, 디지털 사회 전환을 위한 **법적 토대** 마련, 데이터 및 지식의 확산**(자유)**, 디지털 사회에서의 개인 보호 지원**(평등)**, 디지털 기술에의 보편적 접근 확대를 강화**(박애)**

기술 혁신 전략: 공공 기술인큐베이터, 새로운 제품과 서비스를 보여주는 시범 센터, 미래의 공장

* 국회 4차 산업혁명 특별위원회, '4차 산업혁명 국가 로드맵 작성을 위한 정책연구', 창조경제연구회/아스팩미래기술경영연구소, '18.05

6.4. 일본 : 소사이어티 5.0, 미래투자전략

일본은 생산 연령의 감소에 따라 초스마트 사회전략을 수립했다. 총리실 산하 미래투자를 향한 관민대화와 산업 경쟁력회의 통합으로 고령화에 따른 생산인구 감소, 의료 간병 이슈에 대응 전략으로 추진한 것이다. '소사이어트 5.0(Society 5.0)'이란 '필요한 재화 및 서비스를 필요한 사람들에게 적시에 적절하게 제공하여 다양한 사회적 니즈에 면밀히 대응함으로써 모두에게 양질의 서비스를 제공하고, 나이·성별·지역·언어 등 격차를 초월한 즐겁고 활기찬 삶을 누릴 수 있는 사회'로 정의할 수 있다. 소사이어티 5.0은 4차 산업혁명 기술(IoT, 빅데이터, 인공지능, 로봇 등)을 통하여 실현되며 구체적으로 'Connected Industries'는 일본의 4차 산업혁명 방법이며 전환하고자 하는 일본 '산업'의 목표라 할 수 있다.

일본이 추진하고 있는 4차 산업혁명 전략의 특징은 제조 경쟁력이 강한 일본의 장점을 살려 물건(제조물)에서 생성되는 데이터를 활용한다는 것이다. 건강수명연장, 이동혁명실현, 공급망 첨단화, 쾌적한 인프라 도시만들기, 핀테크를 5대 신성장 전략으로 육성하겠다는 계획을 추진한 것이다.

일본 기술혁신전략의 특징으로 공통기반기술과 부분별 기술 및 연계데이터가 결합하여 가치를 창출했다는 점을 들 수 있다. 공통기반 기술인 인공지능, 사물인터넷, 로봇 등으로 기반 기술을 강화하고, 부문별 기술인 운전 제어, 생산 관리, 바이오 인포메틱스, 게놈 편집, 의료품 개발, 에너지 수요 설비 제어, 금융 등의 결합을 통해 부가가치를 높인 것이다.

일본은 2014년부터 제조시스템 혁신을 위한 과학기술 이노베이션 종합전략을 발표했다. 세부내용은 정부 차원의 인공지능, 사물인터넷, 로봇, 빅데이터 등을 활용한 새로운 제조 시스템을 구축한다는 것이다. 이는 일본의 로봇강국으로서의 우위를 앞세운 전략으로 IoT 기술과의 연계를 통해 노동력 부족이라는 사회 문제를 해결하는 방안으로 전략을 구상했다.

• 〈그림〉 일본의 사회-산업-기술 혁신전략

일본의 소사이어티 5.0, 미래투자전략

목표	소사이어티 5.0(초스마트사회 → AR/VR 사회)

프로그램	신산업구조 비전 (2017. 5) 미래투자전략 2017(2017.6)	추진 배경	**장기침체**, 생산 연령 인구 감소 에너지·환경 문제 등 사회 문제 의료 간병 부담 증가	추진 체제	**미래투자위원회(2016. 09)** 총리실 산하의 '미래투자를 향한 관민대화'와 '산업경쟁력회의' 통합

추진 경과	주요 내용 및 특징
(2013, 2016) **일본재흥전략** *(2017. 05)* **신산업구조 비전** *(2017. 06)* **미래투자전략**	**[가치 원천 변화]** 가치의 원천이 물건과 돈에서 **사람(인재)과 데이터**로 이전 → 인간중심의 과제 해결 → 새로운 사회 형성 **[물건의 실제 데이터 사용]** 일본의 제조(물건) 경쟁력을 바탕으로 물건의 **실제 데이터 활용** **[5대 신성장 전략 분야]** **① 건강 수명 연장 ② 이동 혁명 실현 ③ 공급망 첨단화 ④ 쾌적한 인프라 도시 만들기 ⑤ 핀테크**

기술 혁신 전략	**공통기반기술과 부분별 기술 및 연계 데이터가 결합하여 가치 창출** - 공통 기반 기술 : **인공지능, IoT, 로봇** - 부분별 기술 : 운전 제어, 생산 관리, 바이오 인포메틱스, 게놈 편집, 의료품 개발, 에너지 수요 설비 제어, 금융 등

* 국회 4차 산업혁명 특별위원회, '4차 산업혁명 국가 로드맵 작성을 위한 정책연구', 창조경제연구회/아스팩미래기술경영연구소, '18.05

6.5. 중국 : 중국제조 2025, 인터넷 플러스, 중국몽

중국은 제조업 경쟁의 부활과 산업 구조 혁신을 핵심적으로 추진했다. 신창타이(新常態, New Normal) 상태에서 4차 산업혁명을 산업 구조의 고도화와 새로운 성장 동력을 마련하기 위한 전략적 기회로 인식한 것이다.

중국의 4차 산업혁명 전략의 두 축은 정보화와 공업화(工業化, 산업화의 의미)를 동시에 추진하면서 둘을 융합시킨다는 양화융합(两化融合) 전략이다. 다른 국가의 4차 산업혁명 전략은 사회문제와 기술의 융합에 초점을 두고 있으나 아직까지 중국의 4차 산업혁명 정책은 기술이 주도하는 정책이다. 중국의 4차 산업혁명 추진체계는 중국 공산당이 전략적 방향을 수립하고, 정부가 정책과 제도를 만들고, 민간과 시장이 주도한다는 '시장주도, 정부인도' 원칙이다.

중국은 중국제조 2025와 인터넷+ 전략을 위한 핵심 기술로 인공지능, 사물인터넷, 빅데이터에 집중적으로 투자했다. 또한 2030년까지 인공지능 분야의 세계 최고 수준을 달성하겠다는 국가전략을 제시했다. 중국은 2016년을 기점으로 세계 최대의 인공지능 논문 생산국이 되었으며, 특허 보유 수는 15,ㅗ000여 건으로 미국에 이어 2위를 기록하고 있다.

중국제조 2025 전략산업으로 인공지능, 사물인터넷, 빅데이터를 제조업과 서비스 등이 있으며 실물경제에 결합시키는 전략으로 추진하고 있다. 전략산업으로 차세대 정보기술 산업, 첨단 로봇, 컴퓨터 제어, 항공우주산업, 고급 기술 선박, 해양 공정 장비, 선진적 교통 설비, 에너지 절약, 신에너지 자동차, 전력 장비, 농기계 장비, 고성능 의료 기계, 신재료, 바이오 의약품 등이 있다.

• 〈그림〉 중국의 사회-산업-기술 혁신전략

중국제조 2025, 인터넷 플러스, 중국몽

목표	**중국몽 2049** (건국 100년) **, 세계 1위 대국** (제조강국 + 인터넷 강국)

프로그램	중국제조 2025 인터넷 플러스 **중국몽**	추진 배경	**신창타이 (New Normal)** 제조업 경쟁의 부활 산업구조 혁신 필요	추진 체제	**중국 공산당 지도** **글로벌 협력: 독인 인더스트리 4.0**

추진 경과	주요 내용 및 특징
(2015) 중국제조2025 *(2015)* 인터넷플러스(互联网+) *(2017.07)* 신시대 인공지능발전계획 *(2017.11)* '인터넷+선진제조업, 산업인터넷 지도의견'	**[중국제조 2025]** 중국특색의 새로운 공업화 모델 견지, **자주발전** **[양화융합(两化融合)] 정보화(情報化)+공업화(工業化)** **인터넷, 빅데이터, 인공지능** 등 3가지를 **제조업과 서비스** 등 실물경제에 결합시키는 축으로 전략화

기술 혁신 전략	정산학연용(政产学研用) 구축 **중국 제조 2025의 전략산업 ▶** 차세대 정보기술 산업, 첨단 로봇과 컴퓨터 제어 기계, 항공 우주 산업, 해양 공정 장비 및 고급 기술 선박, 선진적 교통 설비, 에너지 절약 및 신에너지 자동차, 전력 장비, 농기계 장비, 신재료, 바이오 의약품 고성능 의료 기계

* 국회 4차 산업혁명 특별위원회, '4차 산업혁명 국가 로드맵 작성을 위한 정책연구', 창조경제연구회/아스팩미래기술경영연구소, '18.05

6.6. 한국 : 사람 중심의 4차 산업혁명

한국은 다양한 협의체를 구성하여 정책을 도출하고 있으며, 특히 대통령 직속 4차 산업혁명 위원회는 2017년 11월, 4차 산업혁명 기본 정책을 발표했다. 모두가 참여하고 모두가 누리는 "사람중심 4차 산업혁명" 구현이라는 비전을 수립했다.

지능화 혁신 프로젝트는 기본방향은 ①지능화 혁신으로 다양한 신산업 창출, 튼튼한 주력산업 육성, ②고질적 사회문제를 해결하여 국민 삶의 질 제고, ③ 양질의 새로운 일자리 창출, 일자리 변화 대응 사회안전망 강화, ④누구나 이용할 수 있는 세계 최고 수준의 지능화 기술·데이터·네트워크 확보이다.

지능화 혁신 프로젝트는 성장동력 기술력 확보를 통한 산업 혁신과 산업 인프라 및 생태계 조성, 미래사회 변화대응을 통해 사회문제를 해결하는 것이다. 민간이 주도하고 정부는 민간 혁신의 파트너로서 총력 지원하는 민·관 협력을 통한 범국가적 대응체계 구축 추진하고 있으며 4차 산업혁명 위원회는 국가적 정책방향의 설정·이행촉진을 위해 부처간 정책 조정과 사회적 합의를 유도하는 역할을 한다.

• 〈그림〉 한국의 사회-산업-기술 혁신전략

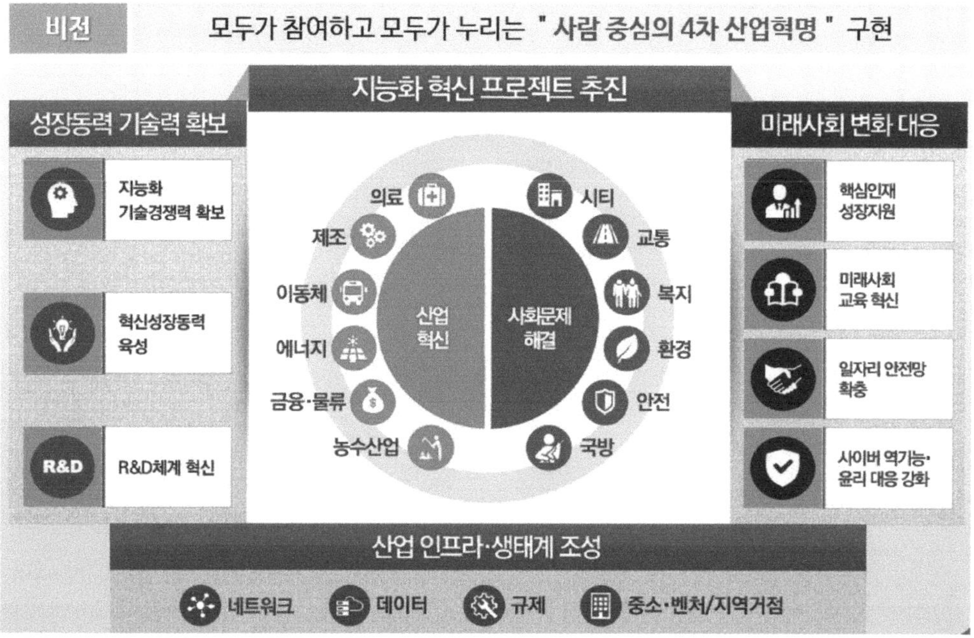

* 제4차 산업혁명위원회 2차 회의, 혁신성장을 위한 사람 중심의 4차 산업혁명 대응 계획(2017. 11. 29.), 관계부처 합동

정부가 4차 산업혁명의 잠재력을 조기에 가시화하기 위해 의료부터 복지까지 산업·사회 전반에 걸친 12개 부문에 대한 '지능화 혁신 프로젝트'를 추진하는 것으로 2022년까지 실현하겠다는 장기 계획이다.

'의료'는 예방부터 치료까지 '스마트 의료' 산업을 창출해 '바이오 경제'를 선도할 수 있는 초석을 만들겠다는 구상이다. 진료 정보 전자교류를 2022년까지 전국으로 확대하여 더 이상 환자들이 검사결과를 직접 가지고 다닐 필요가 없어지게 만드는 것이다. 인공지능 기반의 개인 맞춤형 정밀진단·치료구현을 2020년까지 이루고 신약 개발주기와 비용을 단축해 후보물질을 2022년 129개로 늘릴 방침이다. 세계 첫 외부조종 캡슐내시경 개발 및 상용화를 2018년까지 완료하고 이를 바탕으로 현재 73세인 국민의 건강수명을 76세로 3세 연장하겠다는 목표다.

'제조' 부문은 '스마트공장' 고도화가 키워드다. 근로자와 협업이 가능한 지능형 제조 로봇을 2019년 상용화하고 이를 통해 해외 생산기지의 국내 복귀(리쇼어링)의 전기를 마련하겠다는 전략이다. 드론 등으로 대표되는 '이동체' 활성화를 위해 '무인이동체 기술혁신과 성장 10개년 로드맵'을 마련한다. 육 · 해 · 공 무인이동체에 모두 적용되는 6대 공통원천기술 및 차세대 플랫폼 개발 · 공급을 내년부터 추진하고 2020년에는 돌발 상황 시에만 운전자가 개입하는 준자율차를 고속도로에 달릴 수 있도록 상용화하겠다는 계획이다.

'에너지' 부문에서는 일반주택에 지능형 전력계량기를 2022년까지 100% 보급하고 소규모 전력 중개시장 등 제도개선을 통해 스마트그리드를 전국으로 확산한다는 계획이다. '금융·물류' 부문의 경쟁력 확보를 위해 '금융혁신지원 특별법'(가칭)을 제정한다. 혁신적 핀테크 서비스를 규제 부담없이 테스트할 수 있는 금융규제 테스트베드도 확대한다. 로봇 기반으로 화물처리를 자동화한 스마트 물류센터와 항만 장비를 자동화한 스마트 항만 도입도 확산한다.

'농수산업'은 원격제어 기반의 1세대에서 정밀재배 기반의 2세대 스마트팜 · 양식장으로 고도화하고 파종·수확로봇 및 수중건설 로봇 현장보급도 2022년까지 추진한다. 빅데이터로 고추, 마늘 등 5대 채소의 수급예측 시스템을 내년 도입한다. 양식수산물에 대해서는 2022년까지 확대 적용한다. 재해 피해 최소화를 위한 빅데이터 기반 지역별·품목별 재해예측 지도도 구축한다는 목표다.

지금까지 해결하지 못했던 사회문제 해결을 목표로 사회·공공분야에도 '지능화 혁신'을 적극 추진한다. '스마트시티'를 확산, 국민의 삶의 질을 끌어올리고 동시에 신성장 동력으로 삼겠다는 전략이다. 시설관리 중심의 기존 'u-City' 수준에서 벗어나 세계적 수준의 첨단 스마트시티를 조성하겠다는 것을 목표로 도심문제 해결하기 위해 스마트 기술을 접목한 '스마트 도시재생 뉴딜'도 2022년까지 추진한다는 계획이다.

'복지' 문제도 기술혁신으로 대응한다. 고령화 시대에 갈수록 늘어나는 간병 부담 문제에 대응해 노인·장애인 대상 간병·간호 로봇을 내년부터 개발하고 재활병원·요양시설 등에 확산한다. 이동·배변·보행 등 지원 로봇 개발도 내년부터 추진하고 헬스케어 로봇 실증인프라를 구축하고 치매 극복을 위해 저비용·고정밀 진단기술을 개발한다는 계획이다.

'환경' 문제로 심각하게 대두되고 있는 미세먼지에 대응하기 위해 인공지능과 빅데이터 기술을 활용한 미세먼지 원인을 규명하고 IoT 기반 측정 제도화를 추진하며, '안전' 부문에서는 지능형 CCTV 및 인공지능 기반 범죄 분석, 드론 기반 자율순찰·추적 등을 개발해 범죄 발생 취약지역에서 실증한다는 계획이다.

국가과학기술심의회 미래성장동력특별위원회는 2017년 12월, 혁신성장을 견인하고 4차 산업혁명 대응은 선도할 13개 성장동력 분야 확정했다. 지능화인프라, 스마트이동체, 융합서비스, 산업기반의 4가지 분야별로 선정했다. 미래성장동력 기술로 빅데이터, 차세대통신, 인공지능, 자율주행차, 드론, 맞춤형 헬스케어, 스마트시티, 가상/증강현실, 지능형 로봇, 지능형 반도체, 첨단소재, 혁신신약, 신재생에너지 등 13개 기술을 확정했다.

• 〈그림〉 한국의 13개 혁신성장동력 분야

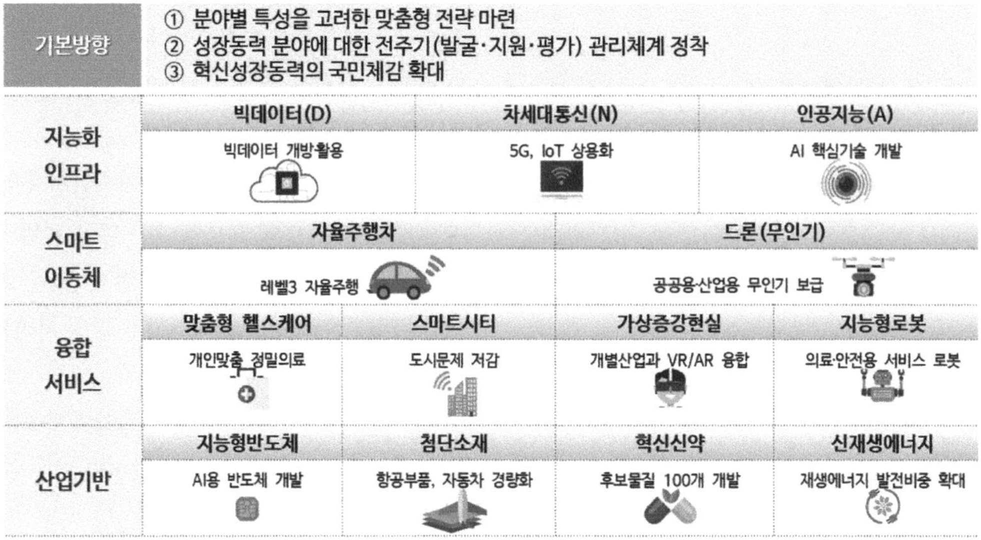

* 과학기술정보통신부, 혁신성장동력 추진계획(2017.12.22.)

6.7. 주요국 전략 분석의 시사점

미국, 독일 등 주요 선진국은 제조업과 기술 융합을 중심으로 혁신을 선도해 나감을 알 수 있다. 미국의 디지털 트랜스폼, 독일의 인더스트리 4.0, 일본의 소사이어티 5.0, 프랑스의 디지털 공화국처럼 자신들만의 고유의 브랜드를 가지고 있다. 국가전략의 핵심 또한 기술과 사회의 융합이라는 공통점을 가지고 있으나 구체적인 전술은 자국의 특성에 따라 다름을 알 수 있다. 또한, 혁신을 위해 국가의 역할과 최우선 과제로서 규제개혁으로 선정하고, 각국의 상황에 따라 각기 다른 규제개혁 정책을 펼치고 있다.

국가별 상황과 여건에 따라 대응 전략이나 특색에 차이가 있는데 특히 자국 기술과 산업의 강점을 직면한 사회 문제에 적용할 때 실행방안에서 차이점이 있다. 미국은 제도 등 기업 생태계가 선진화되어 있어 기업이 변화를 주도하는 가운데 정부는 파트너십 형성, 규제개혁, 문제 발굴 등 기반 강화에 중점을 두고 있다. 기업 중심으로 대응하던 독일은 기업만의 대응으로는 한계를 느끼고 기업과 정부의 공동 대응체제로 변화하고 시장의 갈등(노동 유연성과 안전성)을 조정했다는 특성이 있다. 프랑스는 뒤늦은 혁신과 환경에서 중소기업 육성의 중요성을 인식하고 데이터 및 지식기반 경제로의 전환을 모색했다. 일본은 민관이 공동으로 4차 산업혁명에 대비하여 일본 사회가 직면한 문제를 기술로 해결하고자 정책 로드맵을 계획하고 이를 실현하기 위한 돌파구 프로젝트를 실시하거나 계획 중이었다. 중국은 새로운 기술혁신과 변화의 흐름을 경쟁력 강화의 기회로 활용하기 위해 정부 주도로 적극적으로 대응하고 있다.

다른 국가들보다 뒤늦게 발표한 한국의 4차 산업혁명 전략은 사람을 중심으로 하며, 사회 문제를 기술로 개선하겠다는 방향을 제시했으나, 총론과 각론의 부조화가 있으며, 구체적으로 기존의 창조경제 전략에서 근본적 차별화가 없고, 국가의 미래비전을 제시하는 프로젝트도 부재한다는 문제를 지니고 있다.

특히 한국은 산업사회 문제에 대한 도출이 없어 선택과 집중의 부재라는 문제점을 가지고 있다. 주요 선진국은 산업사회문제인 제조 경쟁력을 강화하는 전략을 수립하고 산업혁신 전략으로 첨단 모빌리티, 스마트시티, 의료, 에너지를 집중적으로 추진하고 있다.

독일의 하이테크 2020, 일본의 소사이어티 5.0 등 주요국의 4차 산업혁명 계획을 살펴보면 기술 중심이 아닌 사회 문제 해결을 목표로 하여 기술 융합을 촉진하고 있는 것에 반해 한국은 산업사회문제 정의조차도 도출하지 않고 있어서 산업혁신을 위한 선택과 집중의 전략이 필요하다고 할 수 있다. 안타깝게도 한국은 주요국들과 비교하여 뒤처져 있는 상황임에도 불구하고 핵심전략이 없고, 사회 문제도 도시, 교통, 복지, 환경, 안전, 국방 등 6개 분야로 너무 광범위하다.

7. [표] 주요 국가의 사회-기술-산업 혁신전략 분석 ①

주요 국가의 사회-산업-기술 혁신전략 분석 ①					
	미래사회	브랜드 사용	산업사회문제 해결 전략	집중 산업혁신 전략	비고
미국	아메리카 퍼스트	디지털 트랜스포메이션/산업인터넷	제조 경쟁력 약화 ☞ 선진 제조업 파트너쉽(동부/중서부 제조업+서부 IT 산업)	11개 전략산업 - ①그랜드 챌린지, ②정밀의료, ③브레인 이니셔티브, ④혁신적 헬스케어, ⑤첨단자동차, ⑥스마트시티, ⑦클린에너지 및 에너지 효율성, ⑧교육, ⑨우주, ⑩차세대 컴퓨팅, ⑪글로벌 최극빈 종식	
독일	스마트 서비스	인더스트리 4.0	숙련 노동자의 은퇴에 따른 노하우 상실 위기 ☞ 스마트 팩토리	9개 전략산업 - ①센서-빅데이터 분석, ②자율적인 로봇, ③시뮬레이션, ④수평/수직 통합 시스템, ⑤IoT, ⑥사이버 보안, ⑦클라우드, ⑧3D 프린팅, ⑨가상현실	
프랑스	디지털 사회	디지털 공화국	뒤처진 혁신과 스타트업 생태계 보완 ☞ 외국 투자 유입	8개 전략산업 - ①신재생에너지, ②친환경 도시, ③친환경 이동수단, ④미래형 교통수단, ⑤미래형 의료, ⑥데이터 경제, ⑦스마트 디바이스, ⑧디지털, ⑨미래형 식품	
일본	사람과 데이터	소사이어티 5.0	노령화라는 선진국이 직면한 과제 ☞ 자동화, 로봇	5개 전략산업 - ①건강 수명 연장, ②이동 혁명 실현, ③공급망 첨단화, ④쾌적한 인프라 도시 만들기, ⑤핀테크	
중국	중국몽 2049	중국제조 2025	요소투입 경제의 한계 ☞ 정보화(인터넷플러스) & 공업화(중국제조 2025) 동시 추진	10개 전략산업 - ①차세대 정보기술 산업, ②첨단 로봇과 컴퓨터 제어 기계, ③항공 우주 산업, ④해양 공정 장비 및 고급 기술 선박, ⑤선진적 교통 설비, ⑥에너지 절약 및 신에너지 자동차, ⑦전력 장비, ⑧농기계 장비, ⑨신재료, ⑩바이오 의약품 고성능 의료 기계	
한국	사람중심	4차 산업혁명	사회문제 해결 6개 분야 – 시티, 교통, 복지, 환경, 안전, 국방	6대 산업혁신 - ①의료, ②제조, ③이동체, ④에너지, ⑤금융/물류, ⑥농수산업	선택/집중 부재

또한 한국은 고유한 브랜드가 부재하고 '사람 중심'이란 개념이 추상적이라는 약점을 갖고 있다. 주요 선진국들은 국가전략으로서 차별화된 브랜딩을 구축하고 미래 비전을 제시했으나, 한국은 우리만의 차별화된 국가 브랜드와 전략 형성이 미흡하다. 특히 '사람 중심의 4차 산업혁명 구현'이라는 비전이 불명확하고 모호한 데 이렇게 불분명한 개념 정립 하에 기술과 산업의 변화를 따라가지 못하는 경직된 정부 규제가 신성장산업 발전의 걸림돌이 되고 있다.

8. [표] 주요 국가의 사회-기술-산업 혁신전략 분석 ②

주요 국가의 사회-기술-산업 혁신전략 분석 ②)			
	집중 산업혁신 전략	성장엔진 집중 육성 기술 전략	비고
미국	11개 전략산업 - ①그랜드 챌린지, ②정밀의료, ③브레인 이니셔티브, ④혁신적 헬스케어, ⑤첨단자동차, ⑥스마트시티, ⑦클린에너지 및 에너지 효율성, ⑧교육, ⑨우주, ⑩차세대 컴퓨팅, ⑪글로벌 최극빈 종식	①센서, ②데이터, ③인공지능/분석기술, ④마이크로 컴퓨터(IoT/IIoT), ⑤클라우드, ⑥클린에너지, ⑦전기자율차, ⑧로봇, ⑨드론, ⑩3D 프린팅, ⑪AR/VR, ⑫사이버 보안, ⑬IoB(Internet of Brain), ⑭정밀의료/신약, ⑮슈퍼/양자컴퓨팅	
독일	9개 전략산업 - ①센서-빅데이터 분석, ②자율적인 로봇, ③시뮬레이션, ④수평/수직 통합 시스템, ⑤IoT, ⑥사이버 보안, ⑦클라우드, ⑧3D 프린팅, ⑨가상현실	①센서, ②데이터, ③인공지능/분석기술, ④정보통신, ⑤클라우드, ⑥시뮬레이션, ⑦IoT, ⑧기후/에너지, ⑨모빌리티, ⑩로봇, ⑪3D 프린팅, ⑫AR/VR, ⑬사이버보안, ⑭보건/의료, ⑮식량	
프랑스	8개 전략산업 - ①신재생에너지, ②친환경 도시, ③친환경 이동수단, ④미래형 교통수단, ⑤미래형 의료, ⑥데이터 경제, ⑦스마트 디바이스, ⑧디지털, ⑨미래형 식품	①데이터, ②인공지능, ③슈퍼컴퓨팅, ④신재생에너지/스마트그리드, ⑤전기자율차, ⑥로봇, ⑦드론, ⑧보건/의료, ⑨IoT, ⑩AR/VR, ⑪사이버보안, ⑫관광/와인	
일본	5개 전략산업 - ①건강 수명 연장, ②이동 혁명 실현, ③공급망 첨단화, ④쾌적한 인프라 도시 만들기, ⑤핀테크	①센서, ②데이터, ③인공지능/분석기술, ④IoT, ⑤모빌리티, ⑥에너지, ⑦로봇, ⑧생산관리, ⑨핀테크, ⑩바이오인포메틱스/게놈 편집, ⑩보건/의료	
중국	10개 전략산업 - ①차세대 정보기술 산업, ②첨단 로봇과 컴퓨터 제어 기계, ③항공 우주 산업, ④해양 공정 장비 및 고급 기술 선박, ⑤선진적 교통 설비, ⑥에너지 절약 및 신에너지 자동차, ⑦전력 장비, ⑧농기계 장비, ⑨신재료, ⑩바이오 의약품 고성능 의료 기계	①초고속인터넷, ②데이터, ③인공지능, ④슈퍼/양자컴퓨팅, ⑤반도체, ⑥로봇, ⑦우주발사체/차세대 로켓, ⑧해저정거장, ⑨자동차/교통, ⑩신재생에너지/에너지저장장치, ⑪농기계, ⑫, 신소재/재료 ⑬바이오 의약/정밀의료/신약	
한국	6대 산업혁신 - ①의료, ②제조, ③이동체, ④에너지, ⑤금융/물류, ⑥농수산업	①데이터, ②네트워크, ③인공지능, ④지능형반도체, ⑤자율주행차, ⑥드론, ⑦지능형로봇, ⑧AR/VR, ⑨신재생에너지, ⑩첨단소재, ⑪헬스케어, ⑫혁신신약	

주요국은 산업혁신을 견인하는 성장엔진으로 데이터, 인공지능, 에너지, 자율차, 로봇, 드론, AR/VR 등을 선정하고 집중 육성하고 있다. 미국, 독일, 프랑스, 일본, 독일 등 주요국의 산업사회 전략의 분석결과, 공통 산업혁신전략으로, ①제조서비스/스마트팩토리, ②첨단이동/교통혁명, ③건강수명 연장을 위한 헬스케어/정밀의료/신약, ④클린에너지 및 효율성, ⑤친환경 도시, ⑥미래 식품 및 농수산 등을 들 수 있다.

주요국이 집중적으로 육성한 기술전략을 분석한 결과, 공통 집중육성 기술전략으로, ①센서, ②데이터, ③인공지능, ④클라우드, ⑤IoT(사물인터넷), ⑥에너지, ⑦자율주행차, ⑧로봇/Human-Robot-Interface, ⑨드론, ⑩3D Printing ⑪AR/VR/MR 및 Hologram, ⑫보건/의료, ⑬Brain-Computer/Machine-Interface 등을 도출할 수 있다.

7. 메가 트렌드 도출

메가 트렌드란, 미국의 미래학자 존 네이스비츠(John Naisbitt)의 저서 '메가 트렌드'에서 유래한 용어로 현대 사회에서 일어나고 있는 거대한 시대적 조류를 의미한다. 즉, 우리 사회의 장기적인 발전 추세를 이해하고 통찰력을 얻는 중요한 기준이 된다.

시대와 사회가 빠르게 변화하고 불확실성이 커지는 가운데 미래 예측의 중요성은 커지고 있다. 앞으로 펼쳐질 미래를 예측하기 위한 메가 트렌드를 도출하고자 사회와 산업, 기술에 대해 분석했다. 사회 변화로 인간중심사회를 분석했다. 2018년 스마트 지능사회에서 오감반응사회, 감성표현, 감성사회를 거쳐 2030년 생각하는 대로 이루어지는 사회로의 전환을 도출했다. STEE 분석을 통해 저출산 노령화 등 다중심사회, 지능정보 등 인간역량의 강화, 긱경제, 공유경제의 현재에 충실함, 미세먼지 없는 환경과의 공진이란 트렌드를 도출했다.

산업과 기술 메가트렌드를 도출하기 위해 주요국의 산업사회를 분석했다. 그 결과 산업혁신 전략으로 제조서비스/스마트팩토리, 첨단이동/교통혁명, 건강수명 연장을 위한 헬스케어/정밀의료/신약, 클린에너지 및 효율성, 친환경 도시, 미래 식품 및 농수산 등의 6가지 송통산업 혁신전략을 도출했다. 집중육성 기술전략으로 센서, 데이터, 인공지능, 클라우드, 사물인터넷, 에너지, 자율주행차, 로봇, 드론, 3D 프린팅, AR/VR, 보건의료, BCI/BMI 등 13가지를 도출했다.

• 〈그림〉 메가트렌드 요약

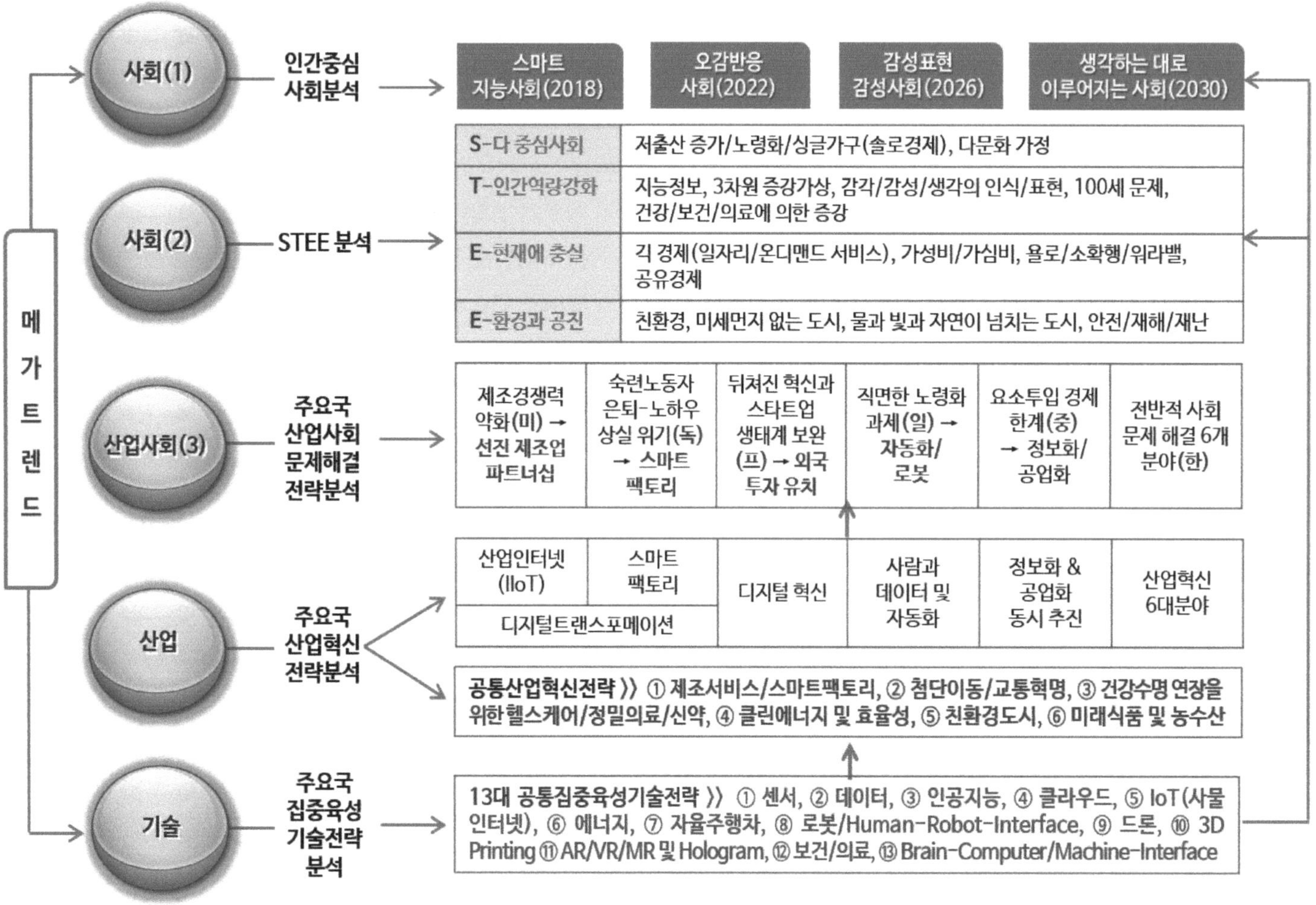
메가트렌드
사회(1)
인간중심 사회분석
스마트 지능사회(2018)
오감반응 사회(2022)
감성표현 감성사회(2026)
생각하는 대로 이루어지는 사회(2030)
사회(2)
STEE 분석
S-다 중심사회
저출산 증가/노령화/싱글가구(솔로경제), 다문화 가정
T-인간역량강화
지능정보, 3차원 증강가상, 감각/감성/생각의 인식/표현, 100세 문제, 건강/보건/의료에 의한 증강
E-현재에 충실
긱 경제(일자리/온디맨드 서비스), 가성비/가심비, 욜로/소확행/워라밸, 공유경제
E-환경과 공진
친환경, 미세먼지 없는 도시, 물과 빛과 자연이 넘치는 도시, 안전/재해/재난
산업사회(3)
주요국 산업사회 문제해결 전략분석
제조경쟁력 약화(미) → 선진 제조업 파트너십
숙련노동자 은퇴-노하우 상실 위기(독) → 스마트 팩토리
뒤쳐진 혁신과 스타트업 생태계 보완(프) → 외국 투자 유치
직면한 노령화 과제(일) → 자동화/로봇
요소투입 경제 한계(중) → 정보화/공업화
전반적 사회 문제 해결 6개 분야(한)
산업
주요국 산업혁신 전략분석
산업인터넷 (IIoT)
스마트 팩토리
디지털트랜스포메이션
디지털 혁신
사람과 데이터 및 자동화
정보화 & 공업화 동시 추진
산업혁신 6대분야
공통산업혁신전략 〉〉 ① 제조서비스/스마트팩토리, ② 첨단이동/교통혁명, ③ 건강수명 연장을 위한 헬스케어/정밀의료/신약, ④ 클린에너지 및 효율성, ⑤ 친환경도시, ⑥ 미래식품 및 농수산
기술
주요국 집중육성 기술전략 분석
13대 공통집중육성기술전략 〉〉 ① 센서, ② 데이터, ③ 인공지능, ④ 클라우드, ⑤ IoT(사물인터넷), ⑥ 에너지, ⑦ 자율주행차, ⑧ 로봇/Human-Robot-Interface, ⑨ 드론, ⑩ 3D Printing ⑪ AR/VR/MR 및 Hologram, ⑫ 보건/의료, ⑬ Brain-Computer/Machine-Interface

8. 비즈니스 모델: CPNDUX 메가 트렌드

미래의 스마트시티 모델을 예측하기 위해서는 지식과 사용자 인터페이스 또는 경험 인터페이스(UI/UX)가 미래에 어떻게 진화되고 발전할 것인가를 도출해야 한다. 차원용·조영환 외(2010)는 지식이 정보(2010) → 지식(2015) → 집단지성(2020) → 감성(2025) → 마인드(2030)로 진화될 것으로 예측했다.

UI/UX는 멀티터치(2010) → 3D 멀티모달(2015) → 생체(오감)인식(2020) → 감정인식(2025) → 마인드/두뇌 뇌파인식(2030)으로 진화될 것으로 예측했다. 멀티터치(Multi-Touch)는 다양한 촉각 즉 만짐, 터치, 누름, 비빔, 진동 등의 기술이 융합된 UI(User Interface) & UX 기술을 의미하며, 3D 멀티모달(Multi-Modal)은 멀티터치에 다양한 음성인식, 제스쳐인식, 모션인식, 바람인식, 눈빛인식, 얼굴표정인식 등의 기술이 융합된 UI & UX 기술이다. 2020년 도래할 것으로 예측되는 생체(오감)인식은 멀티모달에 지문인식, 땀 인식, 호흡인식, 맥박(혈압)인식, 체열인식, 유전자인식, 홍채(동공)인식 등의 기술이 융합된 UI & UX 기술이며 2025년 도래할 것으로 예측되는 감정인식은 다양한 UI 기술에 의해 사람의 감정 즉 기쁨(즐거움)인식, 노여움인식, 슬픔인식, 사랑인식 등의 기술이 융합된 UI & UX 기술이다. 2030년 도래할 마인드/두뇌 뇌파인식은 생각인식이라 말할 있는데, 뇌파 즉 델타파(비렘수면), 세타파(렘수면), 알파파(안정, 명상), 베타파(활동), 감마파(정보처리, 기억저장), 시냅스가 융합된 생각의 UI & UX 기술을 의미한다(차원용·조영환).

9. [표] 지식 & UI(UX)의 진화/발전 예측

미래상	2010	2015	2020	2025	2030
서비스 시나리오	정보의 융복합화	상황/의미/추론을 통한 지식의 융복합화	집단지성(지능)의 증강현실화	집단지성(지능)의 감성하향작용 증강현실화	생각하는 대로 작동되고 표현되는 생각의 가상현실화
경제모델 예측	디지털+지식(I)	디지털+지식 (K)	디지털+지식 (CI)	디지털+지식 (E)+분자	디지털+지식 (M)+분자
지식(재산)의 종류 예측	I=Information	K=Knowledge	CI=Collective Intelligence	E=Emotion	M=Mind
지식의 생산 주체 예측	생산자(70%)	생산자(60%)	소비자(50%)	소비자(60%)	소비자(70%)
UI(UX)	멀티 터치 (Multi-touch)	3D 멀티모달 (3D Multi-modal)	생체(오감)인식	감정인식	두뇌 뇌파 생각인식

* 자료: 차원용·조영환 외, 2010[1)]

비즈니스 모델링에서 가장 중요한 CPND(Contents-Platform-Mobile Network-Device) 메가트렌드를 전문가 자문그룹 회의와 랭킹을 통해 도출했다. 주요 사용자 인터페이스 혹은 경험 인터페이스(UI/UX)를 통합해 매트릭스(Final Matrix)에 삽입하였는데, 그 결과표는 다음과 같다.

1) 차원용, 조영환, 김문구, 박종현, 김대원, 손형수, "융합IT기술의 발전방향과 글로벌 융합미디어 비즈니스 전략(Roadmap of Converging IT and Business Strategy of Global Converging Media)", Telecommunications Review, V20, N1, 2010년 2월 호

10. 〈그림〉 CPND-UX 진화 모델

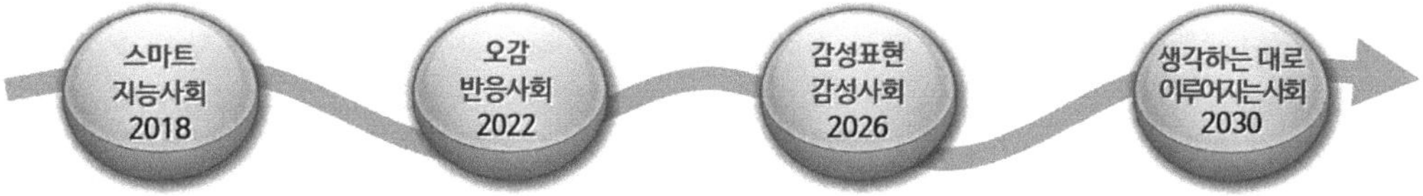

C	추천과 예측 (Prediction & Recommendation)	감지와 반응 (Sensing & Responding)	감성과 협력 (Emotion & Collaboration)	의사결정지원 (Decision Support)
P	2D OS/Edge → Cloud	3D OS(1.0)/Cloud → Edge	3D OS(2.0)/Cloud ↔ Edge	3D OS(3.0)/Cloud ↔ LC ↔ Edge
MN	4.5G(Mbps)	5G(Gbps)	5.5G	6G(Tbps)
D	LCD/OLED	MOLED/Flexible/Foldable or HMD/Glass	Stretchable/Transparent or HMD/Glass/Ring	Cloud Shell/ Holography
UI/UX	Standalone or One more combination of HMMI(Touch - Voice-Face/Eye-Gesture..)	Five Sensing Fusion(3D GUI) for 3D AR/VR	Emotion/Avatar(3D GUI) for 3D AR/VR	Brain/Mind(3D GUI) for 3D AR/VR

* C=Contents, P=Platform, MN=Mobile Network, D=Device, UI/UX=User Interface/User Experience
* LP=Local Cloud
* MOLED=Micro OLED
* GUI=Graphical User Interface
* HMMI-Human Multi-Modal Interface

9. 미래 핵심산업-핵심기술-성장엔진 도출

앞서 도출한 메가 트렌드 및 산업, 기술전략 분석을 통해 핵심산업과 핵심기술을 정리해 볼 수 있다. 사회-산업-기술 분석을 통해 메가 트렌드를 파악하고, 기존 도시의 산업과 신성장산업을 분석한 다음 13대 핵심산업을 도출하고 미국, 독일 등 주요국 산업과 집중육성 기술전략을 바탕으로 13대 핵심기술을 도출한 것이다.

13대 핵심산업으로 기존산업 6개, 신성장산업 7개를 도출했는데, 도시의 기존 산업으로 ①기계장비, ②전기전자, ③석유화학, ④철강, ⑤섬유의복, ⑥화학물질 등의 6개를 도출하고 신성장산업으로 ⑦ICT융합, ⑧에너지IT, ⑨융복합소재, ⑩로봇, ⑪의료, ⑫해양헬스, ⑬복합문화 등 7개 핵심산업으로 도출했다.

13대 핵심기술로는 공통기술 6개, 육성기술 7개를 도출했는데, 공통기술로, ①클라우드, ②센서, ③데이터, ④인공지능, ⑤IoT(사물인터넷), ⑥에너지 등 6개를 집중적으로 육성해야 하는 핵심기술로는 ⑦자율차, ⑧로봇, ⑨드론, ⑩3D 프린팅, ⑪AR/VR(증강/가상현실), ⑫보건의료, ⑬BMI/ BCI(Brain Machine/ Computer Interface, 뇌-컴퓨터 인터페이스)의 7개 도출했다. 이렇게 도출한 13대 핵심산업과 13대 핵심기술을 토대로 미래형 도시, 스마트시티 구현을 위한 미래 성장엔진과 세부 아이템을 도출할 수 있다.

11. 〈그림〉 핵심산업-핵심기술 도출

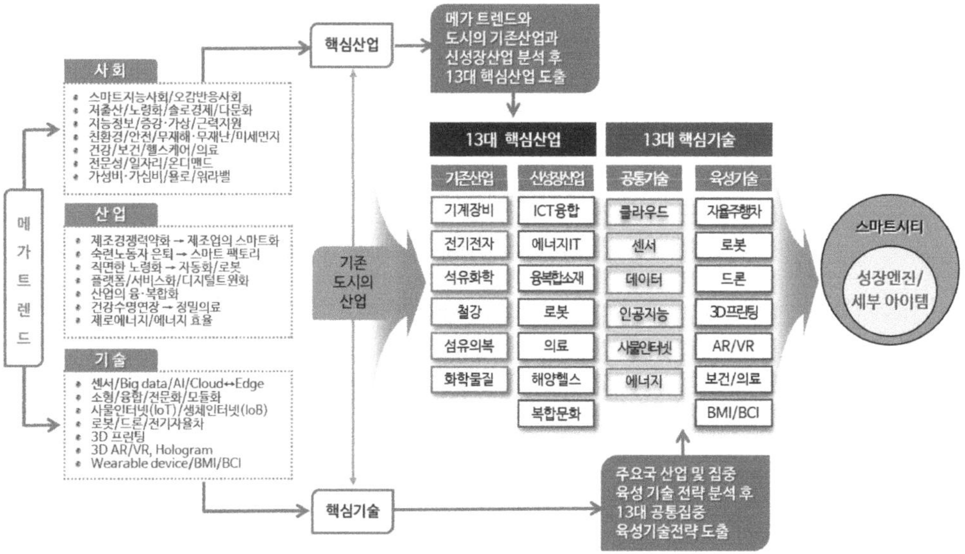

미래형 도시, 스마트시티를 위한 성장엔진 도출으로 ①스마트 모빌리티, ②스마트 공장, ③스마트 에코, ④스마트 의료, ⑤스마트 교육, ⑥스마트 안전, ⑦스마트 행정, ⑧스마트 경험의 8대 성장엔진으로 도출하고, 8대 성장엔진에 필수적인 비즈니스 모델인 Hardware + AI + Software(HAS Business Model) 도출했다. 현재 도시는 공급자 중심의 ICT 요소산업으로 수동적 구조이나, 미래는 온디맨드 공유경제 내에서 시민이 참여하는 창의적 플랫폼 구축으로 개선해야 할 필요가 있다.

• [표] 미래 성장엔진의 주요내용

미래 성장엔진	As-Is	To-Be
스마트 모빌리티	자동차 부품, 스마트카	전기자율차, 드론, 개인형 이동수단
스마트 공장	전자기계, 조립가공	ICT, 3D 프린팅, 로봇활용 제조혁신
스마트 에코	신재생에너지, 스마트그리드	통합 스마트그리드, 친환경생산=소비
스마트 의료	병원 의료 서비스, 의료기기	맞춤의료, 원격의료, 해양의료
스마트 교육	초중고-대학의 전통적 교육	맞춤 교육, AR/VR 교육, 체험/실감
스마트 안전	안전 불감증, 인재사고	센서에 의한 사전 상황 인지 → 대응체계
스마트 행정	시청중심 일방적 행정	시민 ↔ 시청 쌍방향 소통/개발/공유
스마트 경험	전통관광, 공연	AR/VR 기반의 관광, 레저, 콘텐츠
스마트시티	ICT 요소산업, 공급 중심, 수동적	플랫폼, 온디맨드, 시민참여, 창의적
Hardware + AI + Software(HAS Business Model) 도출		

스마트시티의 미래 성장엔진을 도출해 내는 프로세스는 다음의 그림과 같다.

12. 〈그림〉 미래 성장엔진 도출

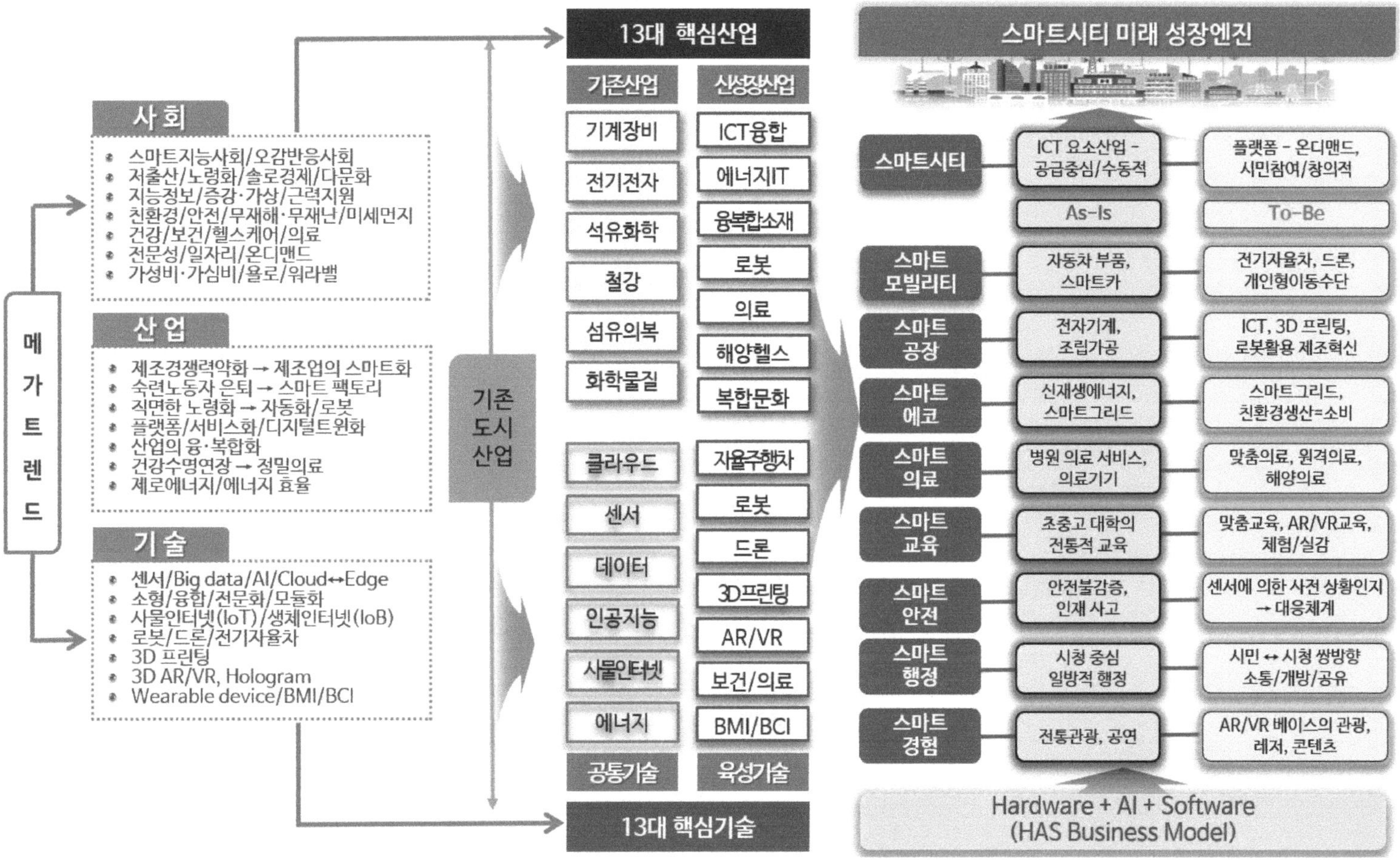

13대 핵심기술과 매칭을 통해 미래 8대 성장엔진별로 세부 아이템을 도출할 수 있는데, 스마트 모빌리티의 아이템으로는 전기자율차, 드론, 로봇을 도출할 수 있으며, 스마트 공장은 ICT, 로봇, 3D프린팅을, 스마트 에코는 스마트 그리드, 친환경생산을 스마트 의료로는 맞춤의료, 원격의료를 스마트 교육으로는 맞춤교육, AR/VR 교육, 체험/실감을 스마트 안전으로는 센서에 의한 상황인지 → 유연한 대응체계를 도출할 수 있다. 스마트 행정은 시민과 행정(관공서)가 쌍방향으로 소통하고 개방, 공유하는 체계를 스마트 경험으로는 AR/VR 관광, 레저, 콘텐츠(영화/음악)을 도출해 냈다. 8대 성장엔진에 필수 비즈니스 모델은 하드웨어, 소프트웨어가 인공지능과 융합된 형태인 HAS 비즈니스 모델이다.

• 〈그림〉 미래 성장엔진-세부 아이템 도출

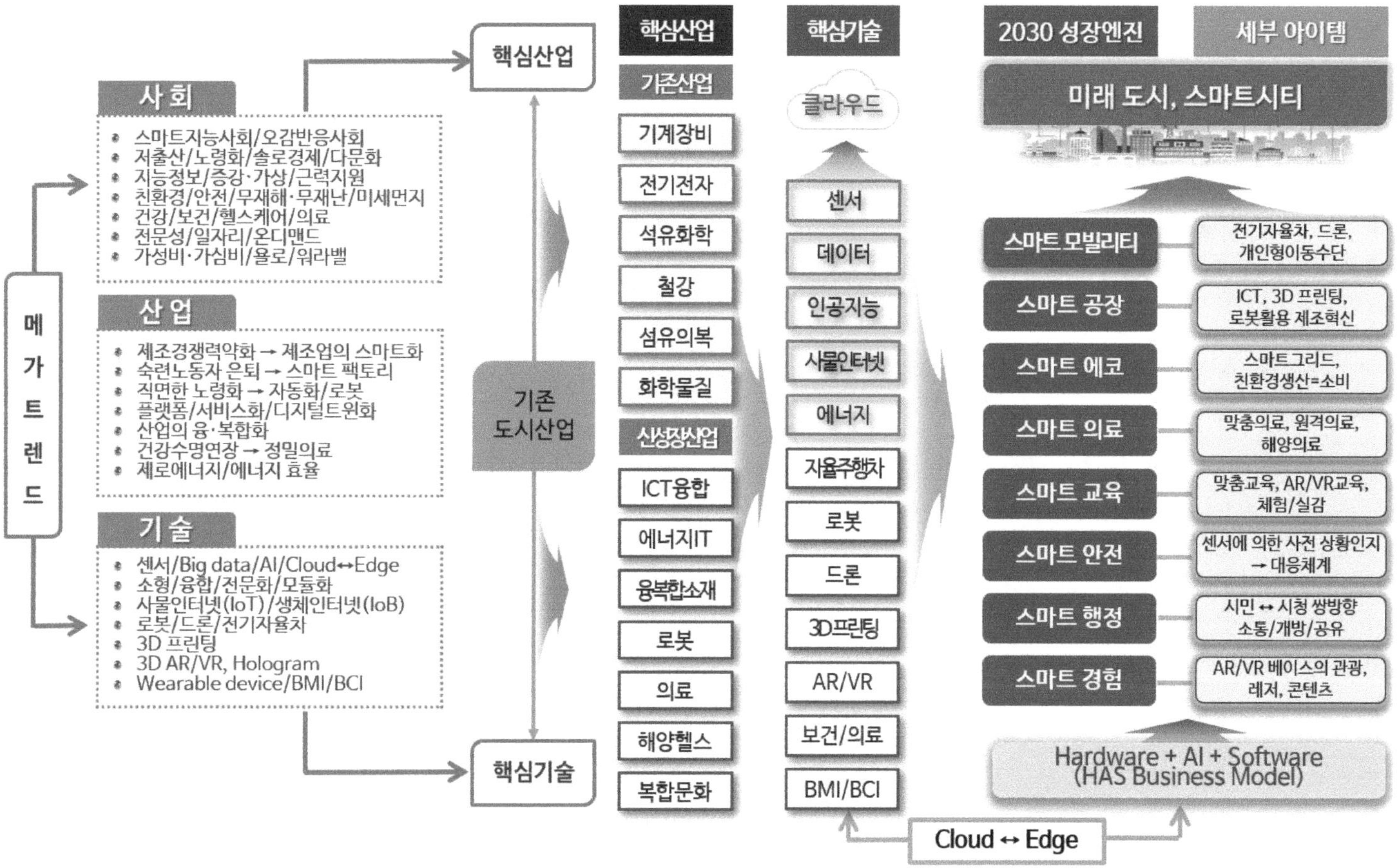

10. 중장기 로드맵 수립

미래 성장엔진과 세부 아이템을 도출했다면 스마트시티의 미래 모델을 수립하기 위한 중장기 로드맵을 구축해 볼 수 있다. 기존 스마트시티 모델과 차별화된 미래를 준비하기 위한 전략방향과 우선과제를 제시해야 한다.

인간중심사회 분석, 비즈니스 모델인 CPND(Contents-Platform-Mobile Network-Device) 분석, 미래 8대 성장엔진과 세부 아이템, 13대 핵심기술과 13대 핵심산업, STEE 분석을 통한 사회(S)-기술(T)-경제(E)-환경 및 에너지(E) 변화의 트렌드를 매트릭스로 정리하면 다음의 그림과 같다.

사회적 요구와 기술 환경의 변화에 따라 미래 스마트시티의 성장엔진을 스마트 모빌리티, 스마트 공장, 스마트 에코, 스마트 의료, 스마트 교육, 스마트 안전, 스마트 행정, 스마트 경험, HAS 비즈니스 모델로 선정하고 성장엔진별 세부 아이템을 도출한 것이다.

핵심기술로 센서, 데이터, 인공지능, 사물인터넷, 에너지, 자율차, 로봇, 드론, 3D 프린팅, AR/VR, 보건/의료, BMI/BCI, 클라우드 등 13개를 도출하고 핵심기술별 융복합을 통해 신사업 및 비즈니스 모델을 발굴하고자 한다.

중장기 로드맵 ①에서 핵심산업과 STEE 분석을 제외하고 인간중심사회분석과 비즈니스모델, 미래 성장엔진과 핵심기술을 중심으로 요약한 그림은 다음과 같이 나타낼 수 있다.

• [그림 29] 중장기 로드맵 ①

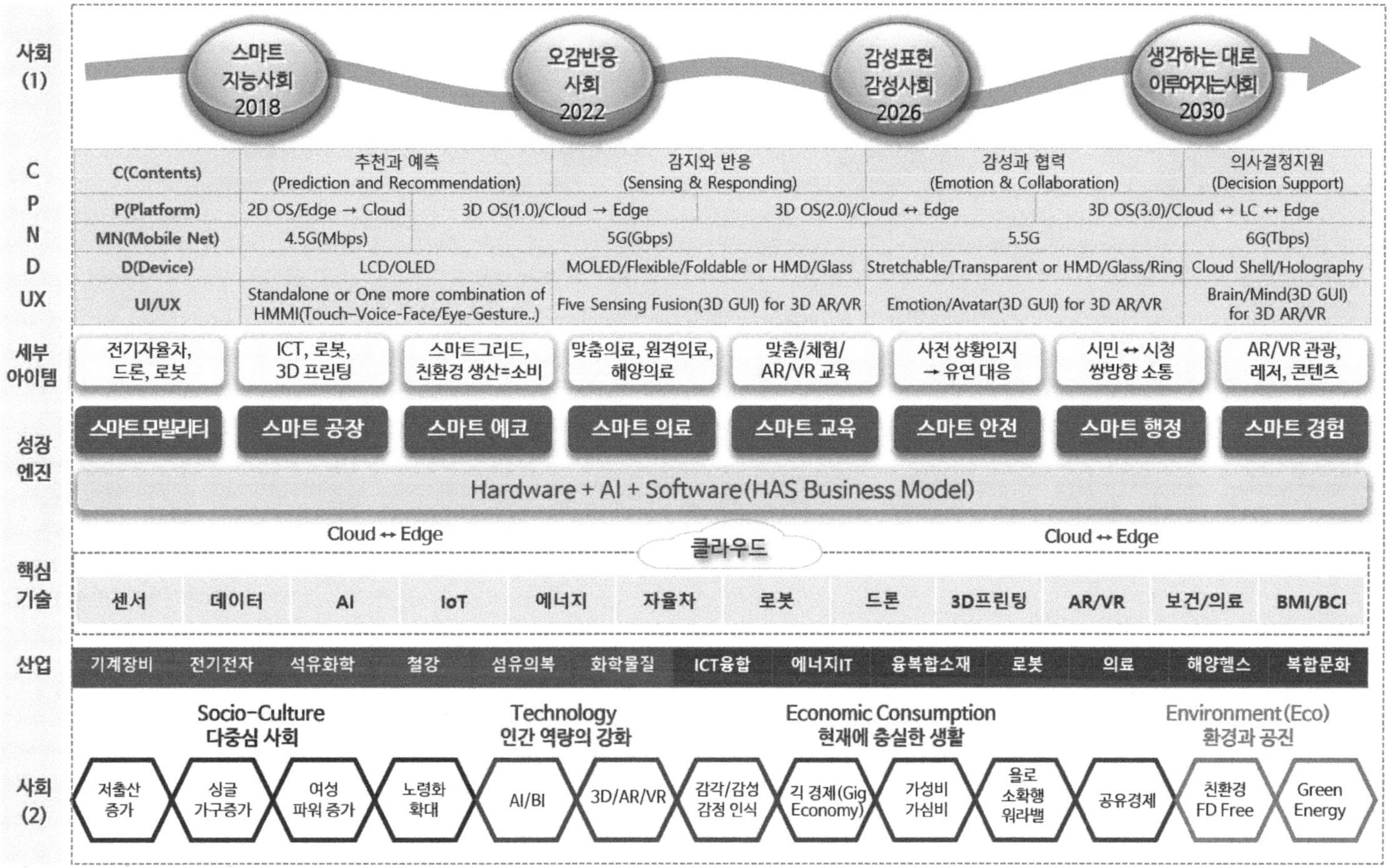

• [그림 30] 중장기 로드맵 ②

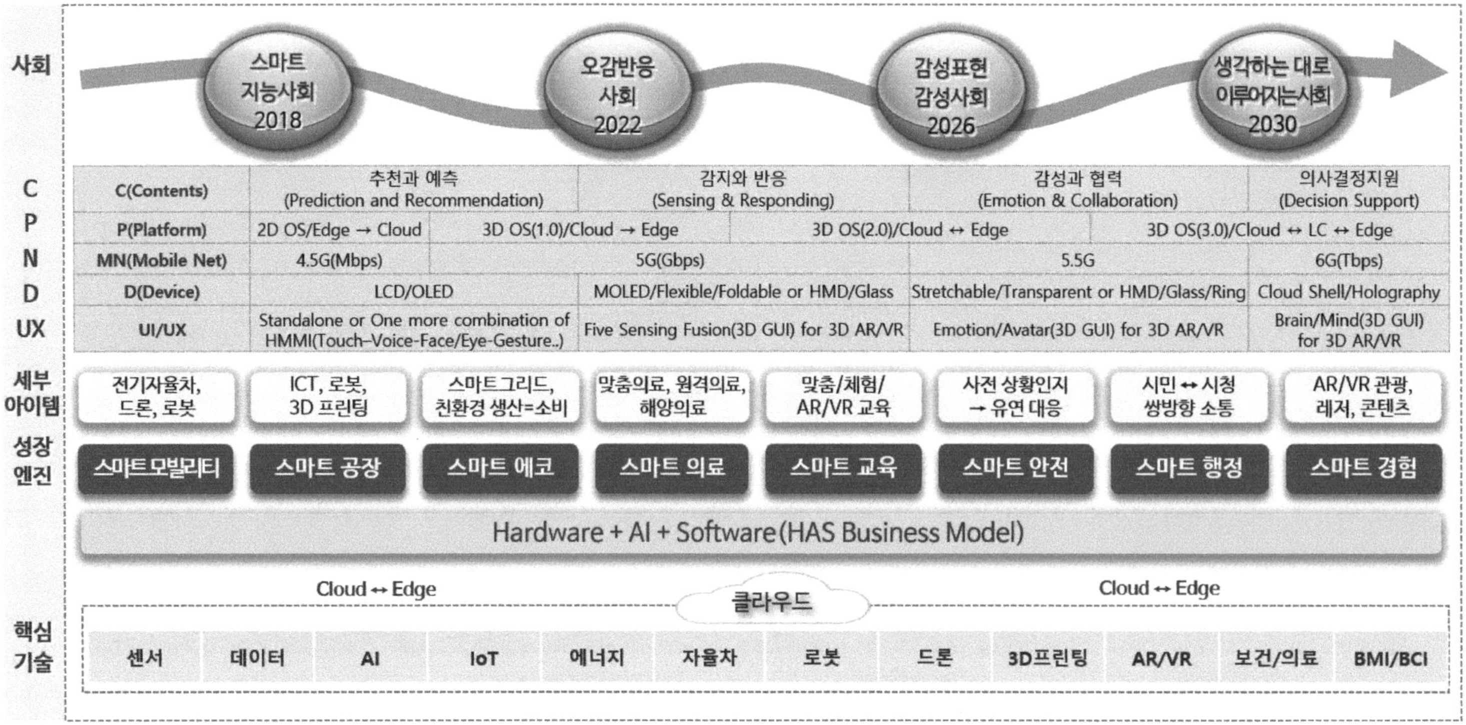

4장

인간 중심의 행복지표

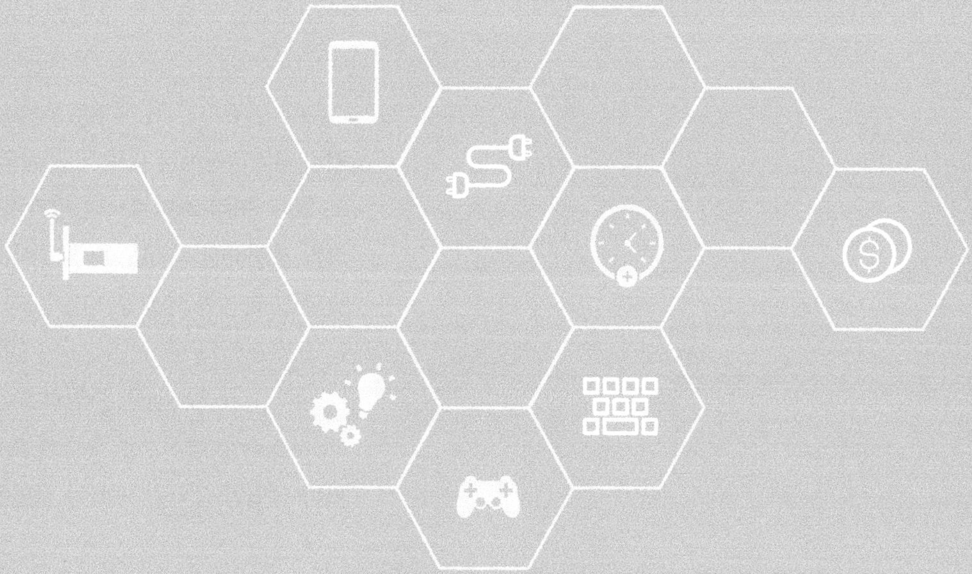

4장. 인간 중심의 행복지표

1. 인간이 행복한 도시

스마트시티는 말 그대로 똑똑한 도시다. 인간이 살아가는 도시에 ICT를 도입해 똑똑한 도시로 진화하고 있으나 그 궁극적 목표는 인간의 삶을 행복하게 만드는 것이다. 행복하다는 것은 인간의 삶의 질(Quality of Life)이 높은 상태를 의미한다. 단순히 정보시스템의 구축이나 연결에서 도시 인프라의 지능화와 시민 삶의 질 향상이란 목표로 바뀌고 있다. 저비용 고효율의 도시를 구축하여 시민 삶의 질을 가치있게 하고 일자리를 창출해 내는 것이다.

전 세계적으로 스마트시티를 평가하는 스마트시티 지표가 있다. 물론 지표 역시 평가기관마다 다르다. 한국의 서울이 30위권으로 나오는 평가도 있고 상위권인 평가결과도 있다. 여러 스마트시티 평가지표에서 스페인의 바르셀로나, 네덜란드의 암스테르담, 덴마크의 코펜하겐 등 유럽 도시들이 순위가 높으며, 아시아 도시 중에는 싱가포르의 순위가 가장 높고 그 다음이 서울 순이다.

높은 순위의 도시들은 시민 참여 부문에서 높이 평가받는다. 한국은 하향식(Top-Down) 방식으로 공급자 또는 전문가가 서비스를 제안하고 시민이 이용하는 형태다. 그러나 유럽의 상위권 도시는 시민들이 직접 아이디어를 제시하고 서비스를 제공한다. 즉 시민이 체감하는 서비스를 만들어내고 이를 통해 행복하고 가치있는 삶을 살아가는 것이다. 단순하게 ICT 기술의 발달 뿐만 아니라 새로운 거버넌스 등 시민의 참여가 활발해야 한다.

한국은 2019년 1인당 국민소득 3만 달러 시대를 열었다. 세계 6위 수출국이 되었고, 세계에서 일곱 번째로 경제 강국 '30-50클럽'에 가입한 세계 10위권 경제대국이다. 그럼에도 불구하고 국민들의 행복도는 경제협력개발기구(OECD) 회원국 중 최하위 수준이다. 한국의 경제성장 중심주의로 인해 불평등이 심화되었다. 경제적 풍요가 아닌 가치있는 삶을 살아가기 위해서는 한국사회의 패러다임을 국민소득이 아닌 국민총행복의 증대로 전환할 필요가 있다.

2. 시민 행복지표, 한국형 국민총행복(GNH)

행복(happy)라는 단어의 어원은 '행운' 또는 '기회'를 뜻하는 아이슬란드어 'happ'로 haphazard(우연), happenstance(우연한 일)와 어원이 같다(Tal Ben Shahar, 2007). 국립국어원의 사전적 정의도 "복된 좋은 운수", "생활에서 충분한 만족과 기쁨을 느끼어 흐뭇함 또는 그러한 상태"로 정의된다(국립국어원, 2016). 이렇듯 행복은 긍정적인 정서나 감정상태와 같은 의미로 표현되고 있으나 실제 행복의 측정은 그동안 웰빙(well-being), 주관적 웰빙(Subjective well-being), 삶의 만족도(Life Satisfaction) 등과 같은 다양한 용어와 동

일시되어 사용되어 온 경향이 있다(Donnelly, 2004). 실제 행복이 무엇인지, 어떻게 해야 행복해질 수 있는지, 어떤 사람이 행복한지 등에 대한 논의는 인류의 오랜 고민이다.

행복은 개인의 전체 삶에 대한 주관적인 감정과 평가로 정의되기도 하였고(Diener, 2007), 객관적인 환경요인들이 강조되는 웰빙이나 삶의 질과 유사한 의미로 사용되어온 경향이 있었다(Veenhoven, 2007). UN, OECD 등에서 개발한 행복과 관련된 지표에서 행복은 '삶의 질' 또는 '삶의 만족도' 또는 '주관적 안녕감' 등의 용어로 대체되어 측정되었고 이후 국내외 수많은 연구에서 이러한 행복의 개념이 정립되어 사용 중이다.

시민의 행복지표는 최대 다수의 최대의 행복을 의미하며 이는 국민총행복(GNH : Gross National Happiness) 개념과 직결된다. 가장 불행한 사람들을 행복하게 만드는 것이 정책의 궁극적 목표가 되어야 한다. 국민총행복지표는 부탄에서 1970년대에 만들어낸 행복 개념이다. 점차 관심이 높아져 2007년 4월, OECD는 국민총행복을 목적에 따라 평균행복(Average Happiness), 행복수명(Happy Life Years), 행복불평등(Inequality of Happiness), 불평등조정행복(Inequality-Adjusted Happiness)의 4개의 세부 행복지표로 구분하고 각 국가의 GNH 정도를 측정하였다. UN, OECD, 신경제학재단 등 국제기구에서도 행복 관련 연구를 발표했으며, 부탄, 영국, 캐나다, 호주, 일본 등 많은 나라에서 행복 측정지표를 개발했다. 국내는 지자체 단위로 서울시, 대전시, 경기도, 제주도, 천안시, 충청남도, 강원도 등에서 행복지표 및 지수를 연구개발 중이다.

2012년 UN의 '세계행복보고서(The World Happiness Report)' 발표 이후, 사회 발전과 공공정책의 목표가 경제 성장 자체보다는 시민 행복 증진에 있다는 인식이 전 세계적으로 확산되면서 행복지표를 구축하여 행복을 측정하고 결과를 정책에 활용하고자 하는 움직임이 활발하게 나타나고 있다.

13. **[표] 해외의 행복지표 개발 사례**

	지표 명칭	주제어
OECD	Better Life Index	더 나은 삶
UNDP	Human Development Index	인간개발
UN	World Happiness Report	행복
영국	National Well-being in the UK	안녕감
부탄	Gross National Happiness	행복
캐나다	Canadian Index of Wellbeing	안녕감
뉴질랜드	Quality of Life survey	삶의 질
네덜란드	Life Situation Index	생활상태
일본	People's Life Indicators	생활

* 자료: 전주시·전북대학교(2016.12) "전주형 행복지표 개발 조사연구"

한국 정부도 행복지표 개발을 위해 노력하고 있다. 이명박 정부가 최초로 행복지표를 개발하겠다는 계획을 수립했고 2009년 8.15 경축사에서 소득, 고용, 교육, 주거, 안전 등 '민생 5대 지표'를 새로 개발하고 국민들의 삶의 질과 행복도를 챙기겠다고 천명했다. 통계청과 경제인문사회연구회 등에서 행복지표 개발을 추진했으나 무산되었다.

박근혜 정부는 대통령 후보 시절 선거캠프를 '내 꿈이 이루어지는 나라, 국민행복캠프'라 이름 짓고 국민행복시대를 열겠다고 공언했다. 매년 UN이 발간하는 세계행복보고서는 행복정책에 관심 갖는 세계 지도자 중 한명으로 거론되었다. 이에 2013년 지역발전위원회는 '지역행복도 지표개발' 및 시범 적용에 나섰고 2015년 행정자치부는 '지역공동체 행복지표'를 개발했다. 그럼에도 불구하고 정부의 한국형 행복지표 개발은 결국 무산되었다.

2011년, 통계청은 삶의 질 기본틀(framework) 및 지표를 개발하여 2014년 6월 '국민 삶의 지표'에 관한 서비스를 개시했다. '국민 삶의 질' 측정 체계는 12개 영역 80종의 지표로 구성(2017년 기준)되어 있다. 12개 영역은 물질부문(4개 영역)과 비물질부문(8개 영역)으로 구분되어 객관지표 56종, 주관지표 24종이 선정되었다. 그런데 이러한 통계청의 국민 삶의 지표가 지표 나열 방식으로 서비스되고 있어, 전체 삶의 질 측정결과를 요약한 종합지수 작성이 필요하다는 요청에 따라 한국 삶의 질 학회는 통계청에서 구축한 지표를 활용하여 종합지수를 작성하였다. 그 결과 2015년 삶의 질 종합지수는 111.8(2006년=100)로 2006년 대비 11.8% 상승하였으며, 전반적으로 완만한 상승세를 보이고 있다.

문재인 대통령은 2016년 후보시절, 부탄에 머무르며 행복 정책에 깊은 인상을 받았다고 표명하며 민주당이 집권하면 부탄의 행복정책을 도입하겠다고 밝혔다. 2017년 문재인 정부는 부탄처럼 국민행복지수 개발에 나선다고 했으며, 실제 한국개발연구원(KDI)은 한국형 국민총행복 지수를 개발 중이다. 2018년 11월 28일, 인천 송도에서 열린 제6차 경제협력개발기구(OECD) 세계포럼 중 '한국인의 삶의 질 측정 : 지표와 정책 활용' 세션에서 "한국 국민 삶의 질이 소득 수준에 비교해 낮다"는 해외 전문가들의 지적에 대해 정부가 국민 삶의 질을 정확히 측정하고 그 결과를 정책으로 이어가는 노력을 기울이기로 했다고 밝혔다.

14. **[표] 행복지표에 관한 국내연구**

저자(출판년도)	제목	내용
이현송(1997)	한국인의 삶의 질	삶의 질의 객관적 차원에 초점을 맞추어 소득, 보건,교육,노동,문화/정보/형평 등 6개 영역의 삶의 질 측정 척도를 구성
한국보건사회연구원(2008)	한국인의 행복결정요인과 행복지수에 관한 연구	심리적 안정, 가족결혼, 개인적 관계, 지역사회, 일상생활, 경제적 안정, 일, 건강, 주거에 대한 주관적·객관적 지표로 구성
서울연구원(2015)	메가시티 삶의 질과 서울형 행복지표	12개 영역, 주관적·객관적 지표로 구성
서울시정개발연구원(2006)	서울시민 행복지수 측정지표	8개 분야의 21개 문항의 주관적 지표로 구성
국가미래연구원(2013)	한국의 국민행복지수에 관한 연구	경제성과 및 지속가능성, 삶의 질, 경제/사회 안정 및 안전 등의 객관적 지표로 구성

황명진·심수진 (2008)	한국의 행복지수 개발	10개 영역 객관적·주관적 지표로 구성
한국지방행정연구원 (2015)	지역공동체 행복지표(특성) 개발 연구	마을자원, 공동체역량, 삶의 질 영역에서 주관적·객관적 지표 구성
충남발전연구원 (2013)	충남도민의 행복지표 측정과 정책연계 방안	9개 영역 주관적·객관적 지표 구성
김명소·한영석 (2006)	한국인의 행복지수 공식개발	행복에 대한 주관적인 평가로 척도 구성
김신영·백혜정 (2008)	한국청소년 행복지수 개발연구	6개 영역의 객관적·주관적 지표로 구성

* 자료: 전주시·전북대학교(2016.12) "전주형 행복지표 개발 조사연구"

3. 풀뿌리에서 출발한 행복지표

스마트시티의 궁극적 목표인 인간이 중심이 되는 행복한 삶은 시민이 살아가는 현장에서 출발한다. 행복과 삶의 질 수준은 동일 국가의 국민이라도 국민들이 거주하는 지역에 따라 차이가 나타난다. 따라서 최근에는 국가 수준뿐 아니라 지역 수준의 행복과 삶의 질에 대한 논의가 활발하게 진행되고 있다. 지역의 행복은 국가 수준의 행복지표와 유사하나 개인의 일상생활이 이루어지는 지역의 특성을 적극적으로 반영하는 것이 특징이다. OECD가 2014년 지역 웰빙(Regional Well-being)을 측정하는 지표를 구축하여 그 결과를 공표함에 따라 국가 내 지역별 비교는 물론 국제 비교도 가능하다. 영국은 2017년 로컬 웰빙 지표(Local Wellbeing Indicators)를 구축하여 지역별 웰빙 수준을 비교하고 있다. 호주의 경우, 커뮤니티 웰빙(Community Wellbeing)을 측정하여 지역사회에 소속된 개인들의 웰빙뿐 아니라 개인들 간의 관계와 상호작용을 중요하게 반영한다.

한국의 행복지표 개발은 지방정부, 즉, 지역에서 시작됐다. 2012년 전국 최초로 경남 하동군을 시작으로 행복지표가 개발되었다. 지역공동체 행복 수준을 나타내는 행복지표는 거주하는 마을 또는 도시의 역사·관광자원, 지역공동체 일자리 수, 시민 체감 소득·복지 만족도 등 시민들의 행복 수준에 영향을 미치는 요인들에 관한 정보를 단계적으로 알 수 있게 한다.

행정자치부와 한국지방행정연구원은 2015년 마을 단위의 자원, 지역공동체 역량, 주민의 삶의 질 현황을 담은 지역공동체행복지표를 개발했다. 지역공동체행복지표는 모든 지역에 공통적으로 적용되는 '공통지표'와 도시·농촌·도농복합 지역별로 적용되는 '특성화 지표'로 구성되며, 2015년 개발이 완료된 공동지표는 마을자원, 공동체 역량, 삶의 질 영역으로 구성된다.

행복지표는 지역의 선천적 특성인 자원과 후천적 특성인 인적·조직적 공동체역량이 시민 행복에 모두 영향을 미칠 수 있다는 점을 고려하고, OECD의 비엘아이(BLI·Better Life Index), 일본의 '국민행복지수', 통계청의 '국민 삶의 질 지표' 등 국내외 다양한 행복 관련 통계를 참고해 삶의 질을 나타내는 요소들을 지표화했다.

지역공동체행복지표는 모든 지역에 공통적으로 적용되는 '공통지표'와 도시·농촌·도농복합 지역별로 적용되는 '특성화지표'로 구성된다. 공통지표는 ▲경제·교육·교통·문화·복지·안전·의료·일자리·임금·주거·환경 등 11개 분야 주민 삶의 질 ▲공동체기반·과정·인력·조직·관계·성과·활용 등 7개 분야의 공동체 역량 ▲자원활용·자원기반(무형·환경·공간·역사·관광·이미지·기업·노동·인물·경제자원) 등 2개 분야의 마을자원 등 총 3개 영역, 88개 세부지표로 구성됐다. 공통지표의 구성은 아래 표와 같다.

• [표] 지역공동체 행복지표(공통, 2015)

대분류	중분류	세부지표	특성	비고
	자원 활용	마을자원의 필요와 문제해결과의 부합 정도	정성	
		지역자원의 활용 정도	정성	
		지역자원과의 스토리 연계성	정성	
	자원 기반	무형 자원수	정량	
		환경 자원수	정량	어메니티 자원, 자연경관, 특이 지형, 동식물, 기후
		공간 자원수	정량	건축물, 가로경관, 광장, 전통시장

대분류	중분류	세부지표	특성	비고
		역사 자원수	정량	문화재, 역사문화유산(유무형), 산업유산
마을 자원 영역	자원			
		이미지 자원수	정량	지역 내 정체성, 지역의 상징성(브랜드, 특산품, 향토음식)
		기업 자원수	정량	향토기업, 산업단지, 마을기업, 사회적 기업, 협동조합
		노동 자원수	정량	고용프로그램, 직업훈련, 전문지식, 명인, 기능
		인물 자원수	정량	지역내 유명 인물
		경제 자원수	정량	사회적 공헌을 전개하고 있는 기업수
공동체 역량 영역	공동체 기반	공동체 사업 계획 수립 여부	정량	
		공동체 사업 진행 만족도	정성	
		중간지원조직의 유무 인지 여부	정량	
		중간지원조직 이용 만족도	정성	
		주민 의지 및 관심정도	정성	
		마을 모임 장소 개소수	정량	
		공동체 교육 참여 정도	정량	
		지역내 공동체 행사 개최	정량	

대분류	중분류	세부지표	특성	비고
		지역내 공동체 홍보	정량	
		마을 회관 등 활용 시설 수	정성	마을학교, 회관, 도서관 등
공동체 역량 영역	공 동 체 기 반	주민 편의 시설 수	정성	주민모임 후 여가활동이 가능한 시설수
		지역사회 소속감 정도	정성	
		시정 및 도정에 대한 참여 정도	정성	
	공 동 체 과 정	공동체내 교육 프로그램 수	정량	
		공동체 프로그램 참여도	정량	
	공 동 체 인 력	지역내 공동체 리더수	정량	
		인력풀 구성 여부	정량	
		공동체내 참여인원 및 구성원수	정성	
		공동체 인력 필수교육 이수율	정성	
		공동체내 교육 불만족도 반영	정성	
	공 동 체 조 직	공동체내 주민 회의 건수	정성	
		지역주민 및 단체와의 협동적 관계망 형성 정도	정성	
		전반적 가족관계	정성	노후 생계 보장

대분류	중분류	세부지표	특성	비고
	공동체 관계	배우자 관계	정성	
		자녀 관계	정성	
		친부모 관계	정성	
공동체 역량 영역		배우자 부모 관계	정성	
		형제 관계	정성	
	공동체관계	배우자 형제관계	정성	
	공동체성과	공동체 활용을 통한 일자리 창출수	정량	
		공동체 활용을 통한 소득 창출 정도	정량	
		지역사회에 대한 전반적인 기여정도	정성	
	공동체활용	지역내 공동체 리더 활동 실적	정량	
		전문가 활용 정도	정량	
		공동체로 인한 타부문 기여도(교육)	정성	공동체의 기여 분야 1개로 종합 조사
삶의 질 영역		공동체로 인한 타부문 기여도(의료)	정성	
		공동체로 인한 타부문 기여도(복지)	정성	
		공동체로 인한 타부문 기여도(주거)	정성	
		공동체로 인한 타부문 기여도(교통)	정성	
		공동체로 인한 타부문 기여도(편의시설)	정성	
		공동체로 인한 타부문 기여도(환경)	정성	

대분류	중분류	세부지표	특성	비고
		공동체로 인한 타부문 기여도(안전)	정성	
		공동체로 인한 타부문 기여도 (문화및여가)	정성	
삶의 질 영역	경제 부문	유통시설 접근성	정량	
	경제 부문	청년고용	정량	
		소득 만족도	정성	
		소비 만족도	정성	
	교육 부문	대학진학률	정량	
		취업률	정량	
		평생교육기관수(이용률)	정량	
		교육 만족도	정성	
	교통 부문	대중교통 접근성	정량	
		교통 만족도	정성	
	문화 부문	국공립보육시설수(이용률)	정량	
		문화기반시설수	정량	
		문화기반시설 이용률	정량	
	복지 부문	예산대비 사회복지비 비중	정량	
		복지 만족도(복지시설)	정성	

대분류	중분류	세부지표	특성	비고
안전 부문	범죄 발생률	정량		
	살인률	정량		
	교통사고 발생건수	정량		
삶의 질 영역	안전 부문	안전 만족도	정성	
		교통사고 사망수+부상자수	정량	
	의료 부문	1인당 병상수	정량	
		1인당 의료인수	정량	
		의료 만족도	정성	
		의료시설수	정량	
	일자리 부문	일자리 만족도	정성	관리자~단순노무자
		직업안정성	정성	시간제, 전일제, 기타
		고용률	정성	거주 시군, 거주 시군 외
	임금 부문	임금 만족도	정성	
	주거 부문	누후주택비율	정량	
		최저주거기준 미달가구	정량	

대분류	중분류	세부지표	특성	비고
	환경 부문	주거 만족도	정성	
		환경 만족도	정성	

* 자료: 행정자치부·한국지방행정연구원(2015.12) "지역공동체행복지표(특성) 개발연구"

스마트시티 평가결과, 전세계적으로 상위권에 있는 한국의 서울시 또한 서울형 행복지표를 구축했다. 서울시는 2014년「메가시티의 삶의 질과 서울형 행복지수 구축 연구」를 통해 11개 영역, 24개 지표를 선정하고, 이러한 기본 틀 위해 서울시민의 행복에 영향을 미치는 요인을 분석하고 서울시민 의견을 반영하여 2017년 12월, 서울형 행복지표를 재구축했다. '2016년 서울서베이' 자료를 활용하여 서울시민의 행복 영향요인 분석 결과, 사회적 요인 영향력을 확인하고 2014년 행복지표에 사회연결망(사회적 약자)과 공동체 영역을 추가했다. 그리고 서울시민을 대상으로 한 조사를 통해 지표들의 중요도를 측정했으며 결과를 근거로 8개 영역, 13개 세부영역, 41개 지표를 도출했다. 기존 지표 중 공유기업, 실업률, 예술 활동 참여도, 투표율, 공원 등 5개 지표는 대체 또는 삭제할 필요가 있는 것으로 나타났다(서울연구원, 2017). 서울형 행복지표는 다음의 표와 같다.

• [표] 서울형 행복지표 체계(2017)

영역	세부영역	지표	설명
경제	경제활동	소득 만족도	자신의 소득에 만족하는 정도
		평균 소득	월평균 소득
		경제활동인구	전 인구에서 경제활동을 하는 인구 비율
	경제적 다양성	사업 다양성	사회적 기업 고용자 수
		공유기업	공유기업 수
일자리	일자리	직업 안정성	지난 6개월간 고용되어 있는 지 여부
		실업률	15~64세의 실업률(연간)
		직업만족	직업 만족도
인적역량	교육	교육능력	정규교육을 받은 기간
		교육정도	25~64세 중 고등교육 이수율
		교육만족도	교육환경에 만족하는 정도
건강/안전	건강	주관적 건강상태	자신의 건강상태를 좋다/나쁘다로 평가
		기대여명	어느 연령에 도달한 사람이 그 이후 몇 년 동안이나 생존할 수 있는가를 계산한 평균 생존연수
		정신건강	스트레스 정도
	안전	살인율	인구 100,000명당 살인건수
		폭행률	폭행 및 강도로 인한 피해경험
		야간안전	밤거리 안전도

문화/ 시간	문화/여가	문화환경 만족도	서울의 문화환경에 대한 전반적인 만족도
		문화생활 참여정도	문화생활 참여율
		예술활동 참여도	예술활동 참여율
	시간 활용	근로시간	하루 평균 근무시간
	연결망	수면시간	하루 평균 수면시간
		일과 여가의 균형정도	장시간 근무 비율
		연결망	필요할 때(어려울 때) 의지할 수 있는 친구 또는 지인이 있는 지 여부
사회관계	연결망	사회적 유대	편안한 사람들(친구, 가족 등)과 식사를 함께 하는 시간
		자원봉사율	자원봉사 참여 비율
		투표율	최근 선거에서의 투표율(투표인 수/등록인 수)
		사회적 약자	사회적 약자(장애인, 노인, 저소득층)에 대한 배려정도
	공동체	가족 신뢰	가족 신뢰도
		이웃 신뢰	이웃 신뢰도
		공공 신뢰	공공기관의 신뢰도
		계층 이동 가능성	계층 이동 가능성
		공동체 의식	살고 있는 지역에 대한 소속감

거주환경	주거환경	주거비	가계 수입에서 주택 관련 비용이 차지하는 비율
		환경오염	미세먼지 농도
	교통	공원	1인당 공원면적
		보행환경	보행환경 만족도
		대중교통 만족도	대중교통(버스, 지하철)의 시민이용 만족도
생활만족	주관적 웰빙	전반적 삶에 대한 만족도	
	긍정적 감정	즐거움/행복 정도	
	부정적 감정	근심/걱정/우울 정도	

* 음영처리된 지표는 시민조사 결과 삭제하거나 대체해야 할 지표임
* 자료: 서울특별시·서울연구원(2017.12) "서울형 행복지표 구축과 제도화 방안"

2019년 현재 기준으로 행복지표를 개발한 광역 지자체는 서울, 충남, 전북, 강원, 제주이며, 기초 지자체는 경남 하동, 전북 전주, 인천 부평, 서울 종로 등이다. 이 중 서울시와 서울 종로구는 행복조례를 제정했고 일부 지자체는 전담조직을 마련하였다. 이렇듯 행복정책 구현을 위해 행복조례 제정, 행복영향평가, 행복위원회 구성, 행복전담기구 설치, 행복 기본계획 수립 등의 과제를 수행하는 로드맵이 구현되어야 할 것이다.

2018년 10월, 40여 개 지자체가 '행복실현지방정부협의회'를 창립했기에 지자체별 행복지표 개발 및 행복조례 제정 등이 크게 증가할 것으로 예상된다. 지역의 주민, 도시

의 시민이 살고 있는 현장, 지역에서 행복의 꽃이 피어날 때 헬조선이란 오명 속의 한국 사회는 행복마을, 행복도시, 행복국가로 변화될 것이다.

4. 미래 스마트시티 평가지수: + 행복지표

스마트시티의 경쟁력은 경제성장뿐만 아니라 도시의 사회문화적 성숙도, 전문인력, 주거 및 생태환경, 교육여건, 기후변화의 적응, 지속가능한 도시 관리 등 도시를 구성하는 다양한 요소가 포괄적으로 결합할 때 향상된다.

전 세계적으로 수 많은 기관과 기업들이 도시의 중요성을 인식하고 도시를 평가하고 관리하기 위해 평가지표를 개발하고 있다. 대표적 지표로 도시의 지속가능성에 대해 평가하는 Environmental Performance Index(EPI, 환경성과지수)가 있다. 이는 정부가 행정적으로 해결할 수 있는 환경문제들에 대해 실제 어느 정도 해결하고 있는지 평가하기 위한 지표다. 이탈리아의 ICT 컨설팅 기업인 비트윈(Between)은 매년 110여 개 지역을 대상으로 100개 이상의 지표로 평가를 하고 지자체와 ICT 기업 등이 활용할 수 있게 보고서를 공개한다. 스마트 도시위원회(Smart Cities Council)는 2013년부터 세계 주요 도시의 사례를 소개하면서 평가기준을 공개하고 주목받는 도시를 평가했다. 2015년부터는 참여를 원하는 도시를 모집하고 해당자료를 공개했다.

EIU(Economist Intelligence Unit)에서 개발한 Green City Index(GCI)는 세계 주요 도시의 지속가능성을 비교 분석하여 각 도시의 현황을 파악하는데, 기후변화에 대응하기 위한 도시의 노력을 평가한다. 일본의 모리기념재단 도시전략연구소가 도시의 경쟁력 확보를 위해 개발한 Global Power City Index(GPCI)는 자국 도시 홍보에 평가지수를 활용한다. 2008년부터 세계 도시의 종합경쟁력을 분석하고 순위를 평가하고 있다. GPCI는 세계 주요 도시의 국제적 경쟁력을 종합적 관점에서 평가하여 세계적으로 경쟁 관계를 보이는 도시에 널리 활용된다.

이렇듯 전 세계의 다양한 스마트시티 평가지표는 추구하는 목적도 다르며, 관점 또한 다양하다. 그러나 첨단 ICT 기술을 중심으로 도시를 구축하는 공통적인 목표를 가진다. 한국은 기존 유시티를 스마트시티로 명칭을 변경하며 스마트시티의 국제적 선점을 위해 노력하고 있다. 국제적 경쟁력을 확보하기 위해서는 스마트시티의 기준인 스마트시티 평가지표 연구개발과 적용이 중요하다. 공통적 목표인 첨단 ICT 기술의 접목과 함께 인간의 행복지표를 적용하고 그 중요도를 높일 필요가 있다. 또한 평가지표가 높은 신뢰도를 갖고 지속적으로 활용되기 위해서는 평가결과로 인한 영향력을 확보해야 한다. 이를 위해서는 스마트시티 조성 과정에서부터 평가지표를 적용하고, 제도와 행정 시스템, 운영관리 프로세스와 연계할 필요가 있다.

5장

스마트시티 성장엔진별 핵심과제 도출

5장. 스마트시티 성장엔진별 핵심과제 도출

4장에서는 앞선 2장에서 도출한 중장기 로드맵을 바탕으로 미래형 스마트시티의 성장엔진별 단기(~2020), 중기(~2022), 장기(~2025) 핵심과제를 도출해 보았다. 미래 스마트시티의 8대 성장엔진인 스마트 모빌리티, 스마트 공장, 스마트 에코, 스마트 의료, 스마트 교육, 스마트 안전, 스마트 행정, 스마트 경험에 대한 디지털 트윈(Digital Twin)과 기간별 핵심과제를 제시했다.

여기서 디지털 트윈은 현실 세계의 기계나 장비, 사물 등을 컴퓨터 속 가상세계에 구현한 것을 의미한다. 제너럴일렉트릭(GE : General Electric)에서 만든 개념으로 알려진 디지털 트윈은 실제 제품을 만들기 전 모의시험을 통해 발생할 수 있는 문제점을 파악하고 이를 개선할 수 있다는 점 때문에 앞으로의 발전이 촉망되는 기술 중 하나이다. 특히 가트너의 2019년 10대 전략기술 트렌드 중 하나로 선정되기도 했는데, 가상공간에 실물과 유사하게 만들어 시뮬레이션을 진행하면서 기술적 결함이나 개선점을 발견할 수 있어 고객 가치를 실현하는 방식의 하나로 급격한 발전이 예상되는 전략기술이다.

스마트시티 성장엔진별 핵심과제를 도출하고자 한국의 도시 중 하나를 선정해 메가 트렌드 분석 및 핵심산업과 핵심기술 도출, 중장기 로드맵 수립 후 핵심과제 도출과 유망 비즈니스 발굴의 9단계 프로세스를 적용해 보았다. 앞선 4장까지 6단계 핵심산업과 기술의 도출 및 7단계 중장기 로드맵이 완료되었기에 이번 장에서는 선정된 도시의 중장기 로드맵을 수립하고 도시의 특성을 바탕으로 핵심과제와 유망 비즈니스를 발굴했다.

• 〈그림〉 모델링 프로세스

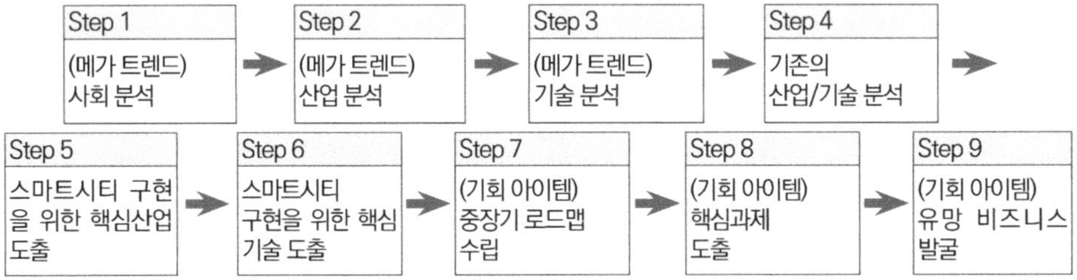

• 〈그림〉 전략 모델

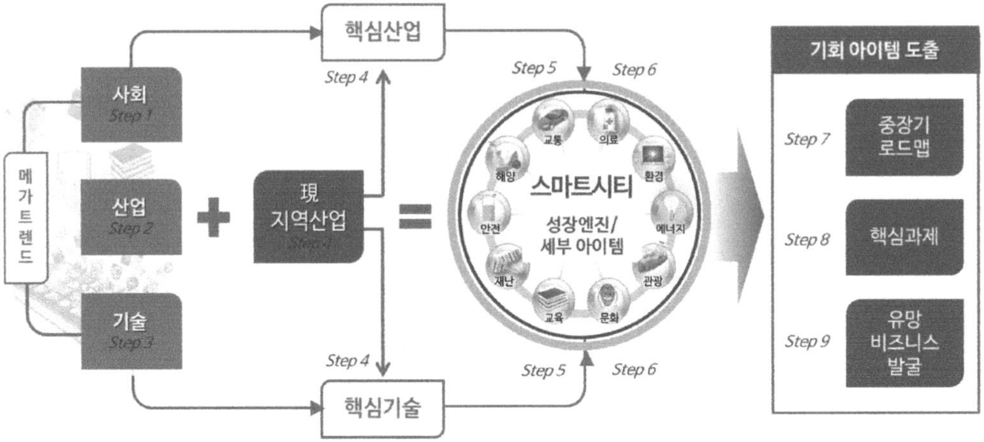

* 트렌드 분석을 통해 아이템 후보군 도출 후 필터링하여 기회 아이템 발굴

미래형 스마트시티 모델링을 위한 대상으로 경기도 안산시를 선정해 시뮬레이션해 보았다. 안산시는 226개 기초 지방자치단체 중 2017년 재정자립도 1위 도시이다. 2018년에도 7위를 기록하며 높은 성장성을 보이고 있다. 재정자립도란, 지방정부가 재정 활동에 필요한 자금을 어느 정도나 자체적으로 조달하고 있는가를 나타내는 지표로 재정자립도가 높을수록 해당 지역의 재정구조가 높다. 즉 재정자립도가 높은 도시일수록 성장성이 좋다고 판단할 수 있다.

경기도의 1.5% 면적을 차지하는 안산시는 서울의 30km 반경 남서부에 위치하여 경기도 남서부 해안가에 위치해 있으며, 동쪽은 군포시와 의왕시, 서쪽은 서해, 남쪽은 화성시, 북쪽은 시흥시에 인접해 있고, 지형은 내륙 쪽으로 비교적 완경사를 이루고 있다.

• 〈그림〉 안산시 위치와 지도

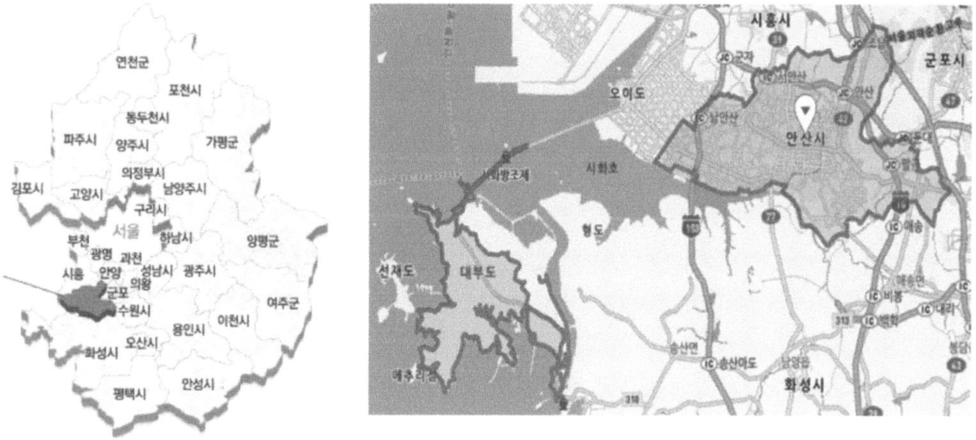

성장 잠재력을 가지고 있는 안산시는 특히 신성장산업의 업종 분석결과 스마트시티를 대표하는 업종과 거의 일치하다는 점에서 의미가 있다. 안산시의 기존 지역산업은 기계, 전기전자, 석유화학이 80% 이상을 차지하며 전통 제조업 중심에 편중된 산업 구조로 구성되어 있다. 융복합을 통한 미래동력 신성장산업 창출과 기존산업의 고부가가치화가 필요하다.

특히 반월 재생사업지구의 신성장산업 업종은 기존산업(34.7%)과 더불어 융합/부품 산업(28.4%), 신성장산업(27.5%), IT융복합 산업(9.4%)으로 구성되어 있다. 융합/부품산업은 IT, 기계장비, 전자부품, 컴퓨터, 의료정밀, 광학기기, 신소재, 나노 등, 신성장산업은 로봇, 정밀기계, 철강, 금속, 기계장비, 전기전자 등으로 구성되며 ICT융복합산업에는 융복합소재, 시스템반도체, 차세대 디스플레이, 센서, 자동차IT, 에너지IT, 의약품, 기능성 첨가제, 정밀화학원제 등이 있다. 반월국가산업단지의 조성 예정인 신성장산업 업종의 경우, 도시문제 해결의 대안으로 부상하고 있는 스마트시티의 주요 산업과 유사하다는 데 의미가 있다. 특히, IT, 의료기기, 신소재, 나노, 로봇, 전기전자, 융복합소재, 센서, 에너지IT 등 신성장산업 업종에 집중하여 대내외 경쟁력을 높일 필요가 있다.

• 〈그림〉 안산시 기존 지역산업과 신성장산업 비교

기존 지역산업 업종

업종	현황(%)
기계	43%
전기전자	30%
석유화학	8%
철강	5%
섬유의복	4%
목재종이	3%
운송장비	3%
비금속	1%
식음료	1%

반월 신성장산업 업종('25)

구분	내용	스마트시티 대표업종
기존 산업육성	기존 전통 제조업 집적화	기존산업
융합/부품 산업	IT, 기계·장비, 전자부품/컴퓨터, 의료·정밀·광학기기 신소재·나노, 자동차 부품	IT, 의료기기, 신소재·나노
신성장 산업	로봇, 정밀기계, 철강·금속, 기계·장비, 전기·전자	로봇, 전기·전자
ICT융복합 산업	융복합소재, 시스템반도체, 차세대 디스플레이, 센서, 자동차IT, 에너지IT, 의약품, 기능성 첨가제, 정밀화학원제	융복합 소재, 센서, 에너지IT

안산시를 대상으로 정하고 미래 성장엔진별 중장기 로드맵을 구상해 보았다. 앞서 도출한 미래 8대 성장엔진인 스마트 모빌리티, 스마트 공장, 스마트 에코, 스마트 의료, 스마트 교육, 스마트 안전, 스마트 행정, 스마트 경험에 대한 디지털 트윈과 단기, 중기, 장기별 핵심과제를 다음 그림과 도출했다. 미래 성장엔진이 될 기회 아이템을 도출하여 핵심과제와 유망한 비즈니스 모델을 발굴했는데, 이는 안산시에 적합한 핵심산업과 핵심기술을 자유롭게 실증 · 접목하여 창의적 비즈니스 모델을 구현하는 새로운 산업 생태계를 제시한 것이다.

• 〈그림〉 성장엔진별 핵심과제

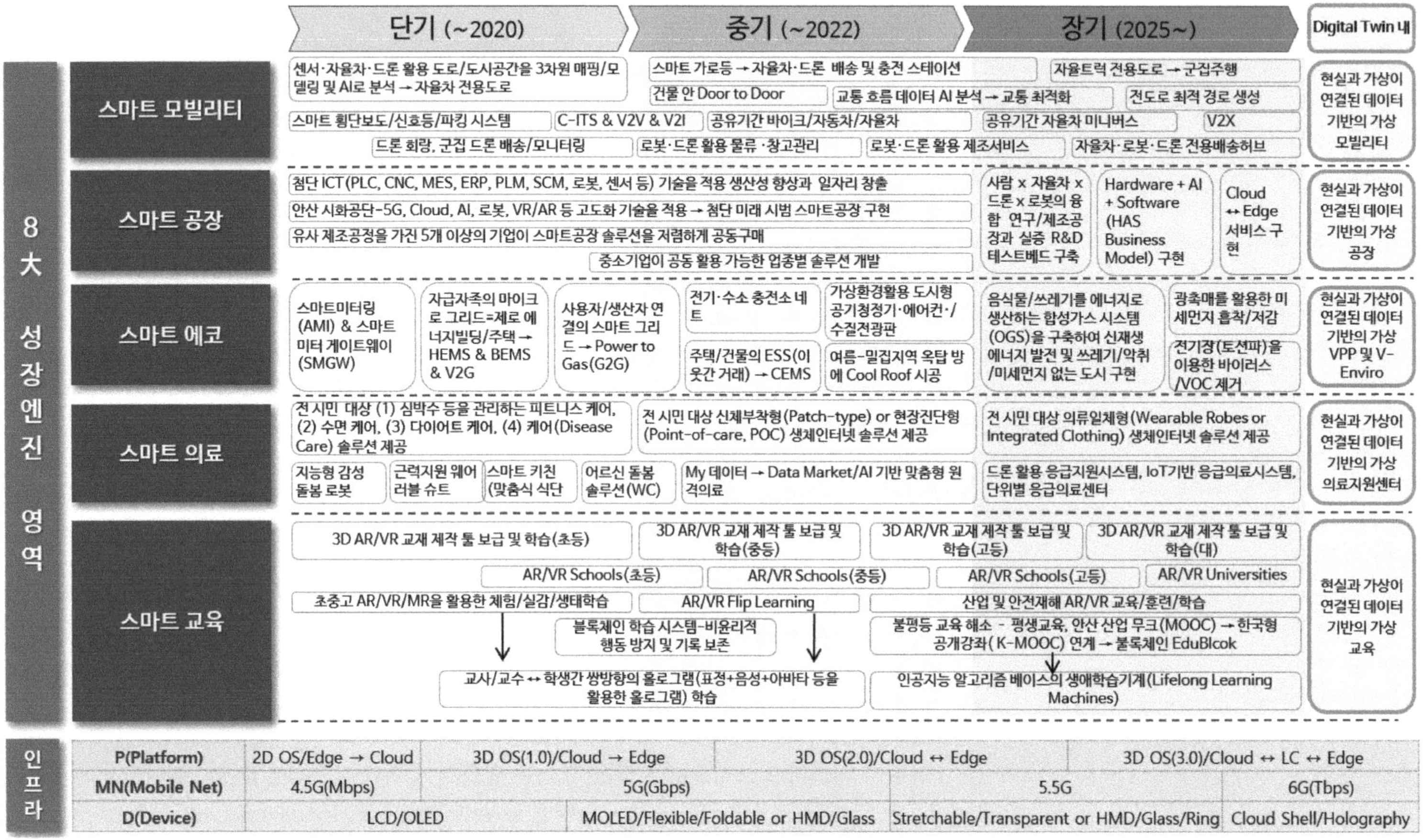

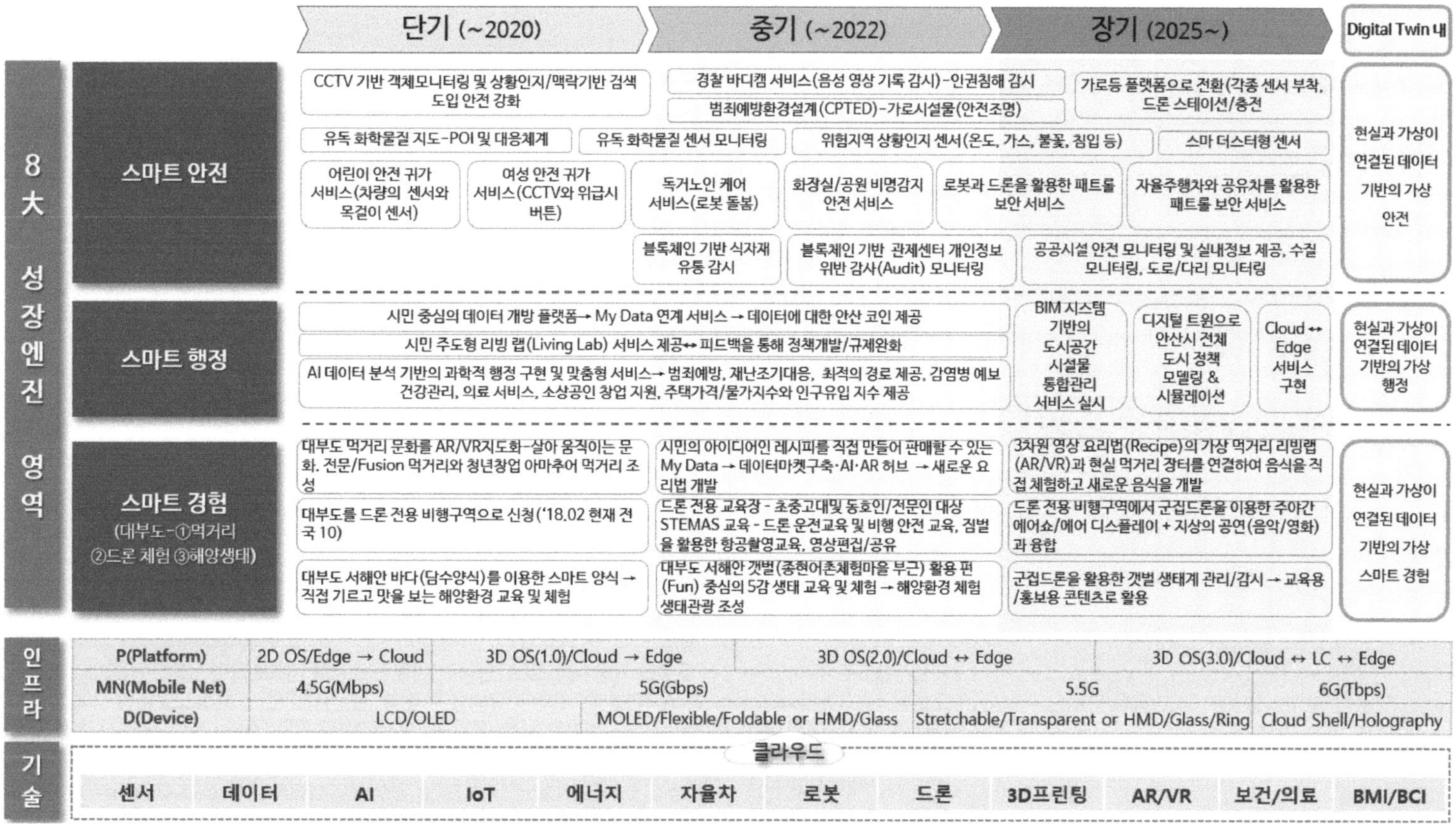

*자료: 경기테크노파크 안산산업경제혁신센터(2018.12) "안산시 중장기 발전전략 수립 및 핵심 비즈니스 과제 발굴"

1. 스마트 모빌리티(1/6)

◎ (핵심 융복합 기술) 자율차, 드론, 로봇, Co-Bot, 3D 프린팅, AR/VR, 자전거 등을 융복합하여 비즈니스 발굴

성장엔진	핵심 융복합 기술	기능	비즈니스(Use Case) 발굴
스마트 모빌리티 	…×자전거×자율차 x 드론×AR/VR	Virtual Mobility in Digital Twin	* 현실과 가상이 연결된 데이터 기반의 안산 디지털 트윈 내 가상 모빌리티 구축 ① 데이터를 AI로 분석 최적화 및 신 서비스 창출 ② M&S(Modeling & Simulation)를 통해 모빌리티 분야 정책발굴/문제해결 및 적용
		데이터 구축 및 분석	* 자율차·드론 활용 전도로 환경과 도시공간을 자율차·드론주행/비행이 가능한 실시간 3차원 매핑/측량/모델링/데이터 확보 및 클라우드구축 → AI로 분석 후 시각화 서비스 → 차후 Cloud ↔ Edge(자율차/드론/로봇…) 서비스
		테스트 트랙과 인공버추얼랩	* 특정 지역에 자율주행테스트 트랙과 인공지능 버추얼랩 구축하여 안산에 도전하는 완성차나공유차기업들의 사전테스트 및 실증/인증 서비스 → 테스트 시간/비용 절감, 향후자율모드 해제보고의 문제해결 도출하여 IP 자산화(예: 구글/웨이모)
	…×자전거	교통/이동 교통/이동	* 자전거 도로 및 공유자전거 도로 구획 및 구축 → 앱/웹을 통한 이동 데이터 수집 → 데이터화(예: 중국의 오포와모바이크 하루에 라스트 마일 30 TB수집, '18) → 데이터 표준화(가명/익명) 및 암호화해 클라우드혹은 에지(Edge)에 저장 → 플랫폼화(정보화) → AI 활용 시간-공간-인간의 데이터 이동 데이터 분석(지능화) → 시공간 별 사용/가용 정보/상태 및 최적의 이동 경로 시각화 서비스(스마트화)
	…×자율차		* 자율주행도로 구획 확정 → 전 도로를 자율주행도로로 만들기 위해 도로주행 테스트하여 100M ~ 300M 이내의 도로환경을 3D 데이터와 3D 맵과 차선별 3D 트래픽 모델링 구축(예: 구글/웨이모)→ 차후 도로주행 시에 시각화하여 실시간 데이터/내비 제공 서비스 → AI활용 시간-공간-인간의 데이터 이동 데이터 분석 → 시공간 별 도로 사용/가용 정보/상태 및 최적의 이동경로와 최저 비용의 시각화 서비스 * 모든 자율차에 사고 원인 규명과 보험을 위한 자율주행컴퓨터시스템(Autonomous Driving Computer System) 혹은 사고기록장치(ADR, Accident Data Record) 혹은 이벤트기록장치(EDR, Event Data Record) 혹은 블랙박스(Black Box) 탑재(예: 구글/웨이모)

※ … = 센서×데이터×인공지능×사물인터넷×에너지는 기본

1. 스마트 모빌리티(2/6)

성장엔진	핵심 융복합 기술	기능	비즈니스(Use Case) 발굴
스마트 모빌리티 	…×자율차	교통/이동	* 인공지능 자율차가 사람(승객/보행자)을 사망/중상 등의 인명 피해를 입혔을 경우 왜 그렇게 판단했는지를 가늠하는 합의 알고리즘(Consensus algorithm) 혹은 한계치(Threshold)의 사회윤리 참조데이터(Social & Ethical Considerations) 확보(미국의 '자율차 정책가이드라인', '16.09.20; Awad(MIT) et al., "The Moral Machine experiment", Nature, 24 Oct 2018)
			* 자율차를 이용한 카풀(미니밴) 및 공유 순환 서비스(택시 및 버스 등)구획 및 확정 → 데이터 수집 및 정보화/지능화/가상화를 통해 사람이 많이 대기하는 곳과 최적의 경로 제공하여 Time to Time 및 Pointto Point 서비스 → On demand 자동예약/지불 서비스
			* 스마트 횡단 보도 - 보행자와 교통량에 따라 자율적으로 대응하는 스마트 횡단보도(예: MS's_ProductivityFuture Vision, 2011) → 소리와 빛(예:LED)으로 시각화하여 안내하는 횡단보도 → 횡단보도 시작과 끝의 시간을 안내 → 접근하는 차량의 거리와 속도 등을 안내
			* 스마트 신호등/교차로 - 교통량에 따라 자율적으로 대응하는 스마트 신호등/교차로 → 300미터의 거리에서도 안 보이는 신호등의 빨강-녹색-노랑을 차량 밀도와 속도로 예측 제공 및 신호등의 시간 간격(interval)을 예측해 제공(예: 구글의 특허, 8,855,904, 7 Oct 2014) → 위치 등을 3D Map으로 시각화하여 제공
			* 스마트 가로등 → 태양광 센서 부착해 낮과 밤의 시작을 예측해 자동으로 켜지고 점멸 → 교통량에 따라 자율적으로 가로등 거리 계산 부분 자율 점멸
			* 스마트 파킹 시스템 → 공공/민간의 모든 파킹 정보를 3차원 맵으로 데이터화하여 정보화하고 시공간 별로 가용정보(위치-시간-가용-요금 등)를 시각화하여 서비스 → 들어서면 자율파킹 시스템이 작동
			* 전기/수소 충전소 확충 보급 - 충전소의 시공간 정보를 3D 맵으로 시각화하여 앱과 웹으로 제공 → On demand 자동예약/지불 서비스 → On Demand V2앱(Vehicle to Grid). At Home-On the Road-At Work(미국의 '전기차 보급 및 충전 인프라 전략(2020)'('16.07.21)

※ … = 센서×데이터×인공지능×사물인터넷×에너지는 기본

1. 스마트 모빌리티(3/6)

성장엔진	핵심 융복합 기술	기능	비즈니스(Use Case) 발굴
스마트 모빌리티 	…×자율차	교통/이동	* 가로등/전선주를 충전서로 전환 리모델링하고 시공간 정보를 3D 맵으로 시각화하여 제공(예:아마존의 특허, 9,387,928, 12 Jul 2016)
			* 자율차통신 시스템 - C-ITS(Cooperative-Intelligent Transport Systems), V2I(Vehicle to Infrastructure), V2V(Vehicle to Vehicle), V2P(Vehicle to Pedestrian), V2D(Vehicle to Device), V2X(Vehicle to Everything)
	…×자율트럭	물류/배송	* 자율트럭 전용도로의 구획 및 확정 - 자율트럭 전용도로의 Level 4가 등장하면 물류 전용 도로 가능 → 자율트럭은 군집주행(Platooning Driving, 예: 현대차 자율주행 대형트럭 최초 임시운행 허가, '18.07) - Time to Time & Point to Point의 Fast Delivery 서비스 → 트럭의 교통혼잡 줄임 → 안산을 중심으로 평택-목포의 물류 혁명 전진기지 역할
	…×드론	No Fly Zone	* 드론이 날 수 없는 No Fly Zone(학교, 병원 등) 설정하여 프라이버시를 고려한 최소 비용의 드론 최적화 경로 생성 서비스 - 이를 사회적 참조데이터(Social Consideration Data)라 함(예: 구글의 특허, 9,262,929, 16 Feb 2016)
		도로/교통 감시	* 군집드론을 활용한 감시(도로/교통/하천/화재/주요시설/테러 등 정찰 및 감시)
		물류/배송	* 물류/배송을 위해 드론이 다니는 회랑(Corridor) 영역을 구획/설정(예: 미국의 뉴욕주, '16) → Building to Building배송 시스템(건물 위에 드론 스테이션 및 배송과 충전) * 가로등/전선주/기지국을 활용한 드론 스테이션/충전 및 차세대 우체통(예: 아마존의 특허, 9,387,928, 12 Jul 2016) * 특별 구역을 설정하여 드론 배송 허브 구축(Package/Delivery Hub)
		교량 유지보수	* 건물 벽 페인트 칠하기, 시설물/건축물 부식 상태 원격 촬영, 교량과 전선주의 표시 판 등 인프라 진단/관리/유지보수(예: 이낙연 국무총리, 제55회 국정현안점검조정회의, 「포괄적 네거티브 규제 전환성과 및 향후계획」에 포함('18.10.31)

※ … = 센서×데이터×인공지능×사물인터넷×에너지는 기본

1. 스마트 모빌리티(4/6)

성장엔진	핵심 융복합 기술	기능	비즈니스(Use Case) 발굴
스마트 모빌리티 	…×드론	통신망 활용	* SNS 등 특별 이벤트를 통한 인터넷 집중지역에 군집 드론을 띄워 기지국으로 활용(브로드밴드 접속과 트래픽 라우팅 등)(예: Ubiqomm의 공개특허, 20160013858, 14 Jan 2016; IBM의 특허 9,363,008, 7 Jun 2016)
	…×드론x 자율차	내비와 충전	* 자율차가 드론을 1~2개 지붕 위에 싣고 다니면서 드론으로 하여금 전방/후방으로 날아가 교통정보를 내비하고 동시에 지붕 위에 앉아 충전 – 이를 Piggybacking(차량 지붕 위로 UAV 업고 나르기)이라 함(예: DJI의 공개특허, 20160023762, 28 Jan 2016)
		물류/배송	* 미국의 UPS는 트럭에 드론을 싣고 다니면서 드론으로 하여금 물건을 최종 목적지에 배송함('17)
	…×자율트럭×로봇 x 드론	물류/배송	* 자율트럭 전용도로가 구축되면 로봇이 선적/하적, 드론이 최종 배송, 자율트럭은 군집주행(Platooning Driving) 할 것으로 예측
	…×나는 자동차, 수상 위를 나는 자동차, 수직이착륙 드론/콥터	최첨단 수송	* 미국 Aurora와 Kitty Hawk는 Flying Car를 Uber는 Elevate 프로젝트를 통해 수직 이착륙(VTOL=Vertical Takeoff and Landing) 드론이나 콥터를 개발하고 있음. 이런 시대가 오면 15층 건물에서 그대로 창문으로 나가 VTOL을 타고 출퇴근할 수 있음. 따라서 이를 고려한 BIM을 도입해야 할 것으로 예측됨 * 유인드론, 플라잉보도, 퓨전맨 등 새로운 1~2인용 초첨단 수송비행장치 개발(예: 이낙연 국무총리, 제55회 국정현안점검조정회의, 「포괄적 네거티브 규제 전환성과 및 향후계획」에 포함('18.10.31)
	…×로봇(코-봇)	재고창고 관리	* 아마존은 120개의 물류창고 중 20개의 물류창고에 현재 45,000대의 키바(Kiva) 로봇을 투입, 45,000명의 직원들과 1:1로 작업을 하고 있음. 로봇은 물건을 나르고 직원은 분류/포장을 하면서 협력하고 있음. 이를 협동로봇(Co-Bots)이라 함
	…×로봇(코-봇) x 드론	재고창고 관리	* 아마존의 특허(Automated inventory management system (9,216,857, 22 Dec 2015)에는 지상의 키바 로봇과 공중 무인기를 활용해 택배와 재고관리의 입고·출하를 하고 있음, 로봇은 물건을 나르고 컨베이어에 실으면 드론이 픽업하여 배나 비행기에 선적하고 혹은 최종 목적지에 배송함

※ … = 센서×데이터×인공지능×사물인터넷×에너지는 기본

1. 스마트 모빌리티(5/6)

성장엔진	핵심 융복합 기술	기능	비즈니스(Use Case) 발굴
스마트 모빌리티 	…×자율차 ×침대 x 3D 프린팅 x AR/VR	즐거움/제어/증강	* 카인포테이먼트(Carinfortainmant) 혹은 차량용 인포테인먼트(In-Vehicle Infotainment, IVI) - 차 안에서 영화·게임·TV·SNS 등을 즐길 수 있는 엔터테인먼트(entertainment)와 내비게이션을 통해 정보(information)를 습득하는 시스템(예: 삼성의 하만 인수, '16). 오디오·비디오 내비게이션(AVN) 서비스라고도 함
			* 운전자의 키에 따라 미러·의자가 자율적으로 맞춤식으로 구성(예: 애플의 공개특허, 20130197674, 1 Aug 2013)
			* 승객이나 운전자가 응시와 제스처로 자율차의 경로를 변경(예: 애플의 공개특허, 20180079427, 22 Mar 2018)
			* 3D AR Map - 운전자의 시야나 리얼 타임 센서들에 잡히지 않는 음영 지역을 사전에 수집한 가상의 데이터(건물/산의 이름, 방향, 경로와 시간 등)를 맵에 겹쳐 보여줌으로 (1) 운전자가 주위 환경을 잘 이해하여 운행의 안전을 도모할 수 있고, (2) 재미있게 운전할 수 있도록 해줌(예: 애플의 공개특허, 20180089899, 29 Mar 2018)
			* 리얼 환경에 투영되면 버추얼 콘텐츠는 자동차 앞의 수 미터 거리에서 고정된 것처럼 보이고, 버추얼 환경에 투영되면 승객 앞에 고정된 것처럼 보여 멀미(motion sickness)를 일으키지 않는 증강현실 유리창 디스플레이(예:애플의 공개특허, 20180089900, 29 Mar 2018) * 자동차 안의 실제 물리적인 시스템과 버추얼 시스템이 융합해 승객에게 동조화 물리 효과(Synchronized physical effects)를 제공(가속의 중력 등을 느낌). 버추얼 콘텐츠의 내용에 따라 공조시스템이 동조화 작동할 수 있고(물을 뿌리거나 에어컨 작동 등) 오디오시스템도 동조화 배경 음악 등을 제공
			* 유리창에 이메일이나 차량 정보/유지보수 정보/주행 정보 등을 제공하는 HUD 유리 디스플레이(예: HP, '05 & 한국건설기술연구원, '14)
		자율차는 미래의 홈과 오피스	* 자율차는 미래의 자고 먹고 일하는 홈과 오피스 솔루션으로(예:볼보360) 전환 - 침대는 안전띠 역할, 음식을 만드는 3D 프린팅, 컴퓨터와 프린팅은 오피스를 구성함

※ … = 센서×데이터×인공지능×사물인터넷×에너지는 기본

1. 스마트 모빌리티(6/6)

성장엔진	핵심 융복합 기술	기능	비즈니스(Use Case) 발굴
스마트 모빌리티 	…×LED/신소자/신소재/태양광	스마트 차선/도로표지/중앙분리대 표지	* LED/신소자활용발광 차선/노면표시 및 도로표지/중앙분리대 표지 - 무조명 구간, 야간 및 악천후시 차선을 쉽게 인지할 수 있는 다양한 발광체 표시 소재(LED 신소자등) 개발 촉진 및 교통사고 저감(예: 이낙연 국무총리, 제55회 국정현안점검조정회의, 「포괄적 네거티브 규제 전환성과 및 향후계획」에 포함('18.10.31)
		스마트 도로	* 다양한 소재(폴리머, 플라스틱 등)를 활용한 포장공법 - 신소재(폴리머등을 활용한 배수성 포장) 활용 시 수막현상 제거, 소음저감, 미세먼지 감소 및 기존 배수성 아스팔트에 비해 내구성 3배, 물 빠짐 20~40배 향상 기대(예:이낙연 국무총리, 제55회 국정현안점검조정회의, 「포괄적 네거티브 규제 전환성과 및 향후계획」에 포함('18.10.31)
			* 도로 일체형 태양광, 태양광 발전 시설이 내재된 도로설치 - 신유형 도로 도입으로 다양한 편익 구현 가능. 태양광 LED 차선 표시, 내부 열선 통한 동절기 적설 대비, 전기차 전원 직접공급 등(예: 이낙연 국무총리, 제55회 국정현안점검조정회의, 「포괄적 네거티브 규제 전환성과 및 향후계획」에 포함('18.10.31)
		바닥 신호등	* 바닥 신호등 - 신호대기 바닥에 LED 신호체계를 보조적으로 설치하는 등 새로운 형태의 신호등 테스트('17.7월 ~ '18.10월). 교통안전시설 심의를 통해 서울·대구·수원·양주·남양주·용인·순천 등 10개소 시험 설치 운영. 교통사고 예방 융합 신제품 창출 지원, 약시 장애인, 핸드폰 이용자의 신호의식 편의 제고

※ … = 센서×데이터×인공지능×사물인터넷×에너지는 기본

2. 스마트 공장

◎ (핵심 융복합 기술) 센서, 5G, Cloud, AI, 로봇, AR/VR, 자율차, 드론 등 기술을 종합적으로 융복합하여 비즈니스 발굴

성장엔진	핵심 융복합 기술	기능	비즈니스(Use Case) 발굴
스마트 공장 	…×All	Virtual Factory in Digital Twin	* 현실 (공장)과 가상이 연결된 데이터 기반의 안산 디지털 트윈 내 가상 공장 구축 ① 데이터를 AI로 분석 새로운 제조/서비스 창출 ② M&S를 통해 각 공정별 문제해결 및 적용
	…×All	제조-서비스	* Cloud ↔ Edge 서비스 구현 * Hardware + AI + Software(HAS Business Model) 구현
	… 센서×(PLC/CNC/MES/PLM/SCM/ERP)×로봇	확산 및 고도화	* 4차위가 추진 중인 〈스마트공장 확산 및 고도화 전략('18.03.08)〉과 연계 추진하여 첨단 ICT(PLC, CNC, MES, ERP, PLM, SCM, 로봇, 센서 등) 기술을 토대로 생산성 향상, 전문 일자리 창출, 기술경쟁력 제고
		제조 경쟁력 고도화	* 중소기업이 공동 활용 가능한 업종별 솔루션 개발 * 유사 제조 공정을 가진 5개 이상의 기업이 스마트공장 솔루션을 저렴하게 공동구매(중소벤처기업부의 〈2018년도 업종별 특화 스마트공장 구축지원 사업〉, '18.8.6) * 반월국가산업단지 재생사업지구 지정 및 재생계획('18.01.26)에 따른 반월 신성장산업 업종 '25년까지 집중 육성
	… 센서×5G x Cloud/AI x 로봇×AR/VR	시범공장	* 안산 시화공단 - 5G, Cloud, AI, 로봇 , AR/VR 등 고도화 기술을 종합적으로 시범 적용하여 한국형 첨단 미래 스마트공장(데모공장/시범공장) 모델 구현
	…×자율차 x 드론×로봇	테스트베드	* 사람×자율차×드론×로봇의 융합 연구/제조공장과 실증 R&D 플러그인 테스트베드 구축
	…×로봇(코-봇)	재고창고 관리	* 아마존은 120개의 물류창고 중 20개의 물류창고에 현재 45,000대의 키바(Kiva) 로봇을 투입하여 45,000명의 직원들과 1:1로 작업을 하고 있음. 로봇은 물건을 나르고 직원은 분류/포장을 하면서 협력하고 있음. 이를 협동로봇(Co-Bots)이라 함 * 아마존의 특허(Automated inventory management system(9,216,857, 22 Dec 2015)에는 지상의 키바 로봇과 공중 무인기를 활용해 택배와 재고관리의 입고·출하를 하고 있음, 로봇이 컨베이어에 물건을 실으면 드론이 픽업하여 배나 비행기에 선적하는 시나리오임

※ … = 센서×데이터×인공지능×사물인터넷×에너지는 기본
※ PLC(Programmable Logic Controller), CNC(Computer Numerical Control), MES(Manufacturing Execution System), PLM(Product Lifecycle Management), SCM(Supply Chain Management), ERP(Enterprise Resource Planning)

3. 스마트 에코: 에너지 (1/2)

◎ (핵심 융복합 기술) 에너지 ICT, IoT, 3D프린팅, 드론, 자율차 등 기술을 융복합하여 에너지 분야 비즈니스 발굴

성장엔진	핵심 융복합 기술	기능	비즈니스(Use Case) 발굴
스마트 에코 (에너지) 	…×융복합소재 xICT융합×에너지IT x IoT×3D 프린팅 x 자율차×드론 x AR/VR	VPP in Digital Twin	* 현실과 가상이 연결된 데이터 기반의 디지털 트윈 내에 구축된 조력 - 태양광 등과 구축될 수상태양광의 실제 물리적인 발전소를 가상의 발전소(Virtual Power Plant)로 구축하여 ① 생산-소비의 데이터를 AI로 분석 신 서비스 창출 ② M&S를 통해 각 에너지 분야 정책/문제해결 및 적용 ③ KISTI에 구축된 슈퍼콤5호기의 M&S를 활용한 에너지/효율/서비스 개발
		BIM	* BIM(Building Information Modeling) 이용 가상 설계 및 시공
	…에너지ICT×사물인터넷	마이크로 그리드	* 소규모 지역에서 전력을 자급자족할 수 있는 스마트그리드 시스템 - 소규모 독립형 전력망으로 태양광·연료전지·지열·OGS등 신재생 에너지원과 에너지저장장치(ESS)가 융·복합된 차세대 전력 체계 ① 마이크로 그리드 형태가 제로 에너지 빌딩/주택으로 발전 → 에너지 자족도시로 발전 ② 제로 에너지 빌딩/주택에 ESS를 추가하여 남는 에너지를 저장 → 이웃간 거래나 VPP 거래소에 판매
		스마트그리드	* 스마트그리드는 '똑똑한'을 뜻하는 'Smart'와 전기·가스 등의 공급용 배급망, 전력망이란 뜻의 'Grid'가 합쳐진 단어. 기존 전력망에 정보통신기술(ICT)을 더해 전력 생산과 소비 정보를 양방향·실시간으로 주고 받음으로써 에너지 효율을 높이는 차세대 전력망(AMI-ESS-EMS-TOC-VPP를 연결) * 스마트 미터링(AMI, AMI=Advanced Metering Infra) & 스마트 미터 게이트웨이(SMGW) - 아날로그 계량기를 디지털화하여 전기가 어디로 얼마나 언제 흘러가 소비되는지를 알려주는 스마트 원격 검침 인프라: SMGW는 고객의 계량 정보를 유무선을 통해 수집·분석·응용해 향후 다양한 부가서비스를 제공하는 통신망 → 플랫폼을 통해 앱과 웹으로 연결하면 전 시민의 전력 소비를 파악·분석 * EMS 연결 순서 : (1) HEMS=Home Energy Management System, (2) BEMS=Building EMS, (3) CEMS=Community or Cluster EMS

※ … 센서×데이터×인공지능×사물인터넷×에너지는 기본

3. 스마트 에코: 에너지 (2/2)

성장엔진	핵심 융복합 기술	기능	비즈니스(Use Case) 발굴
스마트 에코 (에너지)	…×융복합소재 xICT융합×에너지IT x IoT×3D 프린팅 x 자율차×드론 x AR/VR	VPP in Digital Twin	* 현실과 가상이 연결된 데이터 기반의 디지털 트윈 내에 구축된 조력 - 태양광 등과 구축될 수상태양광의 실제 물리적인 발전소를 가상의 발전소(Virtual Power Plant)로 구축하여 ① 생산-소비의 데이터를 AI로 분석 신 서비스 창출 ② M&S를 통해 각 에너지 분야 정책/문제해결 및 적용 ③ KISTI에 구축된 슈퍼콤5호기의 M&S를 활용한 에너지/효율/서비스 개발
		BIM	* BIM(Building Information Modeling) 이용 가상 설계 및 시공
	…에너지ICT×사물인터넷	마이크로 그리드	* 소규모 지역에서 전력을 자급자족할 수 있는 스마트그리드 시스템 - 소규모 독립형 전력망으로 태양광·연료전지·지열·OGS등 신재생 에너지원과 에너지저장장치(ESS)가 융·복합된 차세대 전력 체계 ① 마이크로 그리드 형태가 제로 에너지 빌딩/주택으로 발전 → 에너지 자족도시로 발전 ② 제로 에너지 빌딩/주택에 ESS를 추가하여 남는 에너지를 저장 → 이웃간 거래나 VPP 거래소에 판매
		스마트그리드	* 스마트그리드는 '똑똑한'을 뜻하는 'Smart'와 전기·가스 등의 공급용 배급망, 전력망이란 뜻의 'Grid'가 합쳐진 단어. 기존 전력망에 정보통신기술(ICT)을 더해 전력 생산과 소비 정보를 양방향·실시간으로 주고 받음으로써 에너지 효율을 높이는 차세대 전력망(AMI-ESS-EMS-TOC-VPP를 연결) * 스마트 미터링(AMI, AMI=Advanced Metering Infra) & 스마트 미터 게이트웨이(SMGW) - 아날로그 계량기를 디지털화하여 전기가 어디로 얼마나 언제 흘러가 소비되는지를 알려주는 스마트 원격 검침 인프라: SMGW는 고객의 계량 정보를 유무선을 통해 수집·분석·응용해 향후 다양한 부가서비스를 제공하는 통신망 → 플랫폼을 통해 앱과 웹으로 연결하면 전 시민의 전력 소비를 파악·분석 * EMS 연결 순서 : (1) HEMS=Home Energy Management System, (2) BEMS=Building EMS, (3) CEMS=Community or Cluster EMS

※ … = 센서×데이터×인공지능×사물인터넷×에너지는 기본
※ M&S=Modeling & Simulation, 빌딩정보모델(Building Information Modeling), AMI=Advanced Metering Infra, ESS=Energy Storage System, HEMS=Home Energy Management System, BEMS=Building EMS, CEMS=Community or Cluster EMS, 종합관제센터(TOC, Total Operation Center), VPP=Virtual Power Plant, VOC=Volatile Organic Compound, P2G=남는 재생에너지 전력을 수소·메탄으로 전환해 수소차충전, 도시가스 공급 등에 활용, OG System(유기물 가스화/수소화 장치) 개요 - 새로운 개념의 한국만의 최신 가스화기 공해 없는 Syngas(H_2 + CO) = 수소전지와 메탄올 및 암모니아의 원료 -동시에 가스를 이용한 전력생산, V2G(Vehicle to Grid) - 전기자동차 혹은 전기자율차가충전 또는 남는 전기를 그리드에방전하는 양방향 실시간 거래 시스템

3. 스마트 에코: 환경 (1/2)

◎ (핵심 융복합 기술) 융복합소재, ICT 융합, IoT, 3D프린팅 등 기술을 융복합하여 환경 분야 비즈니스 발굴

성장엔진	핵심 융복합 기술	기능	비즈니스(Use Case) 발굴
	…×융복합소재 x ICT 융합×에너지IT ×IoT×자율차 x 드론×AR/VR	Virtual Enviro/Climate in Digital Twin	현실(환경)과 가상이 연결된 데이터 기반의 디지털 트윈 내 가상 환경/기후 구축 ① 데이터를 AI로 분석해 쾌적한 환경(미세먼지 없는, 쓰레기 없는, 악취 없는, 이산화탄소 배출 없는) 달성 ② M&S를 통해 환경 분야의 정책/문제해결 및 적용
스마트 에코 (환경)	…×융복합소재 x ICT 융합 x 에너지IT×IoT	쾌적한 환경	음식물/쓰레기를 에너지로 생산하는 합성가스 시스템(OGS)을 구축하여 신재생 에너지 발전 및 쓰레기/악취/미세먼지 없는 도시 구현 테라헬츠파를 이용해 새로운 코팅제를 개발하여(예:일본) 상하수도관의 안쪽에 코팅하면 녹슬지 않고 미생물 등이 달라붙지 않아 이끼도 없는 지속 가능한 친환경 상하수도 구현 수질의 품질을 알려주는 LED 전광판 설치 - 실시간 상수도 잔류 염소, 수소 이온 농도, 탁도 정보 제공. 잔류 염소는 0.1~4.0mg/L, 수소 이온 농도는 5.8~8.5, 탁도는 0.5NTU 이하가 먹는 물 수질 검사 법적 기준임 미국 UCLA, 이산화탄소(carbon dioxide)의 양을 82.6배 이상 빨아들이는 새로운 마이크로 구조의 기공 물질 발견(Banerjee & Yaghiet al., Science, 2008) - 이산화탄소 포집/저장(CCS, Carbon Capture & Storage), 자동차 배기 통이나 화력발전소 굴뚝에 코팅 MIT 공대, 기름(oil)/오염물질 만을 흡수하는 나노 와이어로 만든 슈퍼소수성(superhydrophobic)의 나노소폰지개발(Verma& Stellacciet al., Nature Materials, 2008) - 기름 유출 시 기름 제거 파열되면 스스로 치유 가능한 콘크리트와 열을 흡수하는 탄소 나노 튜브 콘크리트 혹은 테라헬츠파 코팅제로 포장된 도로 탄소 나노 튜브를 이용한 빌딩/홈 구축해 자가 진단 및 유리창 태양광 발전 및 스스로 청소하는 유리창 광촉매를 활용한 미세먼지 흡착/저감 미세먼지/박테리아/바이러스 99.9% 박멸하는 전자기파의 토션파(Torsion) - 토션파를이용하는 디바이스를 개발(예:알파와 오메가), 전기 코드에 꽂으면 오른쪽 방향의 토션파파장을 만들어 집이나 사무실의 전선을 타고 나가 각종 전자기기(형광등, TV, 냉장고, 가습기, 청소기, 로봇 등등)에서 토션파를방출하여, 바이러스와 미세먼지 박멸(미세먼지/바이러스들은 왼쪽 방향의 토션파를좋아하기 때문에 오른쪽 방향의 토션파를쏘아 박멸하는 원리임)

※ … = 센서×데이터×인공지능×사물인터넷×에너지는 기본

3. 스마트 에코: 환경 (2/2)

성장엔진	핵심 융복합 기술	기능	비즈니스(Use Case) 발굴
스마트 에코 (환경)	…×융복합소재 ×ICT융합×에너지IT ×IoT	기후 관리	* 디지털 트윈 내 가상 환경 활용 인구밀도와 온도밀도 지역의 도시형 공기청정기/에어컨 운영 * 여름철 저층 밀집지역 옥탑방에Cool Roof(하얀 도색)시공→옥상 표면 온도는 약 10℃ 낮아지고 건물 실내온도도 2~3℃가량 낮아짐(예: 박원순 서울시장, '18)
	…×신소재/태양광	스마트 클린도로	* 다양한 소재(폴리머, 플라스틱 등)를 활용한 포장공법 - 신소재(폴리머 등을 활용한 배수성 포장) 활용 시 수막현상 제거, 소음 저감, 미세먼지 감소 및 기존 배수성 아스팔트에 비해 내구성 3배, 물 빠짐 20~40배 향상 기대(예: 이낙연 국무총리, 제55회 국정현안점검조정회의, 「포괄적 네거티브 규제 전환성과 및 향후계획」에 포함('18.10.31)
			* 도로일체형 태양광, 태양광 발전 시설이 내재된 도로설치 – 신유형도로 도입으로 다양한 편익 구현 가능. 태양광 LED 차선 표시, 내부 열선 통한 동절기 적설 대비, 전기차 전원 직접공급 등(예:미국의 전기 엔지니어인 브루소(Scott Brusaw)의 태양광 도로(Solar Roadways), '14; 이낙연 국무총리, 제55회 국정현안점검조정회의, 「포괄적 네거티브 규제 전환성과 및 향후계획」에 포함('18.10.31)
	…×도로 위 스프링클러	스마트 클린로드 → 도로에서 발생하는 미세먼지와 소음 감소	* 클린로드시스템, 도로 위 스프링클러 – 도로 중앙분리대의 살수 노즐을 이용해 도로를 세척하는 '도로 위 스프링클러' * – 대구광역시에서 교통량이 가장 많은 달구벌대로 만촌네거리~신당네거리 9.1km 구간에 3m 간격으로 3,591개 설치돼 있으며 기상청의 예보를 바탕으로 평소 하루 1~3차례, 폭염 특보 때는 하루 3~4차례 가동 * – 미세먼지 감소) 클린로드시스템이 아스팔트의 열기는 물론 미세먼지 농도를 줄이는 효과(미세먼지 감소율 6%)도 있음. 클린로드시스템의 가동에 따른 미세먼지를 측정, 저감 효과를 분석한 결과 이 시스템이 설치되지 않은 곳과 설치된 곳의 미세먼지 감소율이 6% 차이 (□14.9.19. 대구보건환경연구원 조사)
	…×전기 충전 인프라 확산		* 전기/수소 충전소 확충 보급 - 충전소의 시공간 정보를 3D 맵으로 시각화하여 앱과 웹으로 제공 → On demand 자동예약/지불 서비스 → On Demand V2G(Vehicle to Grid). At Home-On the Road-At Work(미국의 '전기차 보급 및 충전 인프라 전략(2020)'('16.07.21)

※ … = 센서×데이터×인공지능×사물인터넷×에너지는 기본

4. 스마트 의료 (1/2)

◎ (핵심 융복합 기술) 보건의료, 로봇, IoT, AR/VR, 드론 등 기술을 융복합하여 비즈니스 발굴

성장엔진	핵심 융복합 기술	기능	비즈니스(Use Case) 발굴
스마트 의료	…×All	Virtual Medical Center in Digital Twin	* 현실(병원/약국/보건소/시민)과 가상이 연결된 데이터 기반의 디지털 트윈 내 가상의료 지원 센터 구축 ① My 데이터 → Data Market을 AI로 분석 신 서비스 창출 ② M&S를 통해 의료 분야 정책/문제해결 및 적용
	…×로봇×사물인터넷×보건의료	돌봄/근력지원	* 지능형 감성 돌봄 로봇(유아 및 노령자), 근력지원 웨어러블슈트봇, 어르신 돌봄(독거노인/낙상/치매 등)센서 디바이스 솔루션, 어르신이 아이들을 돌보는 돌봄 센터, 메디컬 로봇 육성 및 활성화
		맞춤 헬스케어	* (1단계) 전 시민 대상 ① 심박수 등을 관리하는 피트니스 케어(Fitness Care), ② 수면 케어(Sleep Care), ③ 다이어트 케어(Diet Care), ④ 혈당, 심전도 등을 실시간으로 체크하는 질병 케어(Disease Care) 솔루션 제공
			* (2단계) 전 시민 대상 신체부착형(Patch-type) or 현장진단형(Point-of-care, POC) 생체인터넷 솔루션 제공
			* (3단계) 전 시민 대상 의류일체형(Wearable Robes/Integrated Clothing) 생체인터넷 솔루션 제공
	…×로봇×사물인터넷×스마트팜×대부도 먹거리 문화×보건의료	맞춤식식단	* 건물형 스마트팜, 현지 직배송 스마트 시스템(매일 신선한 식재료/레시피 제공) * 대부도 먹거리 문화 맞춤식식단 연계 주문 직배송 * 대부도 서해안 바다(담수양식)를 이용한 스마트 양식 직배송
	…×로봇×AR/VR×보건의료	원격의료	* 데이터 기반의 메디컬 로봇 + 증강현실/가상현실 맞춤형 원격의료

※ … = 센서×데이터×인공지능×사물인터넷×에너지는 기본

3.4. 스마트 의료 (2/2)

성장엔진	핵심 융복합 기술	기능	비즈니스(Use Case) 발굴
스마트 의료	…×드론×보건의료	드론 응급지원 시스템	* (상황1) 일반 응급지원시스템- 비상 상황에 처한 사용자는 스마트폰의 앱으로 드론의 접속 시스템에 접속하여 사용자 인터페이스를 이용하여 비상상황을 알리고 지원요청, 이때 지원 시스템은 경찰서나 소방서나 응급지원 센터나 병원에 위치한 컴퓨터 시스템이 될 수도 있음. 기동시스템을 가동하여 드론을 띄우고 적절한 의료지원 서비스를 개시(예: 구글 공개 특허, Providing Services Using Unmanned Aerial Vehicles, 20150353195, 10 Dec 2015)
			* (상황2) 구체 응급지원시스템 - 사용자들은 스마트폰 앱을 통해 다양한 의료 상황 혹은 의료 컨디션 혹은 증상(Symptoms)의 종류를 나타내는 인터페이스 터치 버튼을 이용해, 심장마비 혹은 심박정지혹은 심장정지(Cardiac arrest), 알레르기 반응(Allergic reaction), 당뇨 쇼크(Diabetic shock), 인슐린(Insulin), 호흡곤란(Trouble breathing), 천식(Asthma), 뼈 골절(Broken bone), 과민성쇼크(Anaphylactic shock), 목 부상(Neck injury), 팔이 다치거나 골절 시에 팔을 고정하는 팔 부목(Arm splint), 구급상자(First aid kit), 흡입기·호흡기(Inhaler), 아드레날린제인 에피네프린(Epinephrine), 심장제세동기(Automated External Defibrillator, AED) 등을 환자나 사용자의 증상에 따라 터치하면 무인기가 그에 따른 의료 장비와 약을 구성하여 급파(예, 구글 특허, Request Apparatus for Delivery of Medical Support Implement by UAV, 9,307,383, 5 Apr 2016)
			* (상황3) 의료 장비 급파 - 심장제세동기(Automated External Defibrillator, AED)나 초음파 진단기 등의 특정 의료 장비를 드론을 이용해 비상상황 혹은 재난지역으로 급파하여 사람을 살리고 치료하고 구출(예: 구글 특허, Methods and systems for alerting and aiding an emergency situation, 9,158,304, 13 Oct 2015)
	…×IoTx WC	응급의료시스템	* 구급차 웨어러블카메라 시스템(구급대원 ↔ 의료 지도의사) * IoT 기반 응급의료시스템(구급대원 ↔ 의료센터/전문의) * 단위별 응급의료센터

※ … = 센서×데이터×인공지능×사물인터넷×에너지는 기본

5. 스마트 교육 (1/2)

◎ (핵심 융복합 기술) 3D AR/VR, 센서, AI, 5G, 블록체인 등 기술을 융복합하여 교육 비즈니스 발굴

성장엔진	핵심 융복합 기술	기능	비즈니스(Use Case) 발굴
스마트 교육	… × 3D AR/VR	Text/Book Authoring Tools & Learning	* Text/Book Authoring Tools & Learning - 초-중-고-대의 모든 선생님들을 대상으로 태블릿용 3D AR/VR 교재 제작 툴을 개발해 보급하고 ① 텍스트 교재 → 이미지/음성 → 애니메이션 → 3D 영상을 삽입하고, ② 이를 Template에 저장하고, ③ 그다음 어느 선생님이나 이 툴을 이용해 강의/단원/교재/책을 개발할 수 있도록 하고 위키피디아방식으로 공유하여 업데이트하여(참여자→보상) 학생들 대상으로 교육. 학생들은 쌍방향으로 3D 이미지/오디오/비디오 영상을 360도 방향으로 돌려가며 학습(예: 애플 iBooksAuthor & Tools for Teaching and Learning, '12)
		Books with 3D AR/VR	* Books with 3D AR/VR - 책을 읽을 때 특정 단어, 예를 들어 Apple을 눈동자(시선) 인식 혹은 손가락으로 터치하면 한국어로 '사과'라고 번역하고 '사과'의 발음을 음성으로 읽어주고 사과 종류의 이미지-애니메이션-3DAR/VR로 제공(예: 애플 공개특허, Assist Features For Content Display Device, 20110167350, Jul 7 2011)
		AR/VR Schools/Universities	* AR/VR Schools/Universities - 초-중-고-대의 모든 강의/강좌를 한곳에 모아(데이터화)3D GUI/GUX를이용해 스스로 자기 능력에 맞게 학습하고(Self-pace learning)진도와 성취도를 시각화하여 제공, 성취한 학생들에게는 지역화폐를 보상으로 지급(예: 애플 iTunes U('11); 애플 공개특허, Electronic Learning App, 20130095464, 18 Apr 2013)
		교육용 콘텐츠의3D AR Dual Transparent Display	* 3D Dual Transparent Display - 한 장이 아니라 두 장의 투명 디스플레이가 등장할 것으로 예측. 투명하니까 영상을 찍을 수 있고 영상을 찍으면 뒤의 투명은 불투명이 되어 영상을 왜곡 없이 볼 수 있고 앞의 투명에는 가상정보(피사체의 이름 및 역사 등)가 영상에 겹쳐 보여주는 3D AR이 됨. 교육용으로 공학, 생물학, 생태계 등의 학습 콘텐츠를 만들어 체험/실감/현장 교육/학습(예: 애플 공개특허, Transparent Electronic Device, 20110164047, 7 July 2011).
		체험/실감/생태학습	* AR/VR 및 MR(혼합현실)을 활용한 현장 탐방, 체험학습, 생태경험, 실습교육 및 인터뷰 등 체험교육 실시
스마트 교육	… × 3D AR/VR	AR/VR FlipLearning	* 교육 현장에서 역진행학습(플립러닝: 제공한 자료를 사전에 학습하고, 강의실에서는 토론, 과제 풀이 등을 하는 형태의 수업방식)에 AR/VR을 적용하여 효과적으로 온라인 사전학습이 가능하도록 지원
		산업 및 안전재해 AR/VR 교육훈련	* 산업 및 안전재해 교육훈련 - 산업훈련(재직자, 취업자) 및 안전사고 교육훈련에 있어 3D AR/VR(기술, 장비, 애플리케이션/콘텐츠)을 활용함으로써 실제와 거의 유사한 가상환경 속에서 간접체험을 통해 교육훈련의 효과를 극대화함

※ … = 센서×데이터×인공지능×사물인터넷×에너지는 기본

5. 스마트 교육 (2/2)

성장엔진	핵심 융복합 기술	기능	비즈니스(Use Case) 발굴
스마트 교육 	… 센서 x 블록체인 x 데이터 x 인공지능 x 네트워크(5G) x 개인 맞춤형은 기본 … 센서	인공지능 + 데이터 학습모형 분석	* 평생학습을 통해 고학력자에게 유리하게 돼 있는 불평등 교육 해소 ① 산업체 별 직무 능력 향상을 위한 평생학습 시스템을 구축 ② 온라인 이러닝 시스템을 구축해 직무별로 누구나 학습할 수 있는 장을 마련 ③ 대학과 연계해 콘텐츠 제작 및 확보를 통해 산업 무크(AnsanInderstry-MOOC: Massive Open Online Courses)개설 ④ 한국형 공개 강좌(K-MOOC)과 연계
			* 초중고 학생 성적과 자질을 기록해 교사가 즉각적으로 사용 가능하나 부정으로 사용할 수 없도록 블록체인(blockchain) 학습 시스템 구축을 함. 이는 비윤리적인 행동을 방지하며 학생과 경력 발전에 새로운 통찰력을 제공하기 위해 AI와 결합
			* 기존학습 데이터를 분석하고 가공해 학생들에게 제공하는 인공지능 알고리즘 구축, 미 국방부 산하 '방위고등연구계획국(DARPA)'이 인공지능 학습을 평생 학습 혹은 생애 학습 기계(Lifelong Learning Machines:L2M)로 바꾸려는 연구를 진행하고 있음
			* 학생들의 일반적인 질문에 대한 질의 응답을 챗봇을 통해 지원.조지아텍기술대학의 조교 Jill Watson, 컴퓨터 공학과 교수 Ashok Goel이 40,000개의 포럼에 게시된 글을 활용해 IBM-AI시스템인 왓슨(Jill Watson)을 학습시켜 조교로 활용. 2016년, IBM은 조지아텍과 협업에 이어 글로벌 대형 출판사인 피어슨과 전략적인 협력을 통해 피어슨의 출간 서적을 기반으로 한 새로운 학습 경험을 제공
			* 머신러닝, 자연어처리와 같은 첨단 기술로 학생들의 정량적, 정성적 피드백 수집하고 학습자 평가(Student Rating)를 통해 교사들은 자기평가, 점수, 동료평가, 효과적인 교수학습 방법 등 과학적인 데이터로 교수 역량 강화
		블록체인 기반 에듀블록(EduBlock)	* 산업 무크(AnsanInderstry-MOOC: Massive Open Online Courses)에 누가 어디서 언제 어떤 수업을 듣고 무슨 학위를 받았느냐에 대한 정보를 블록화한 에듀블록(EduBlock) 구축.블록써츠는블록체인 기반의 증명서 발급 서비스를 위해 MIT Media Lab과 Learning Machine이 공동으로 개발한 서비스로 MIT에서 발급하는 학위 증명서 서비스는 블록써츠기반으로 운영
			* 교육 분야에서 스팀잇과 같은 보상 기반 SNS 구축. 고품질의 학습 자료 및 활동을 제작하고 공유할 수 있도록 교수자 등의 교육자들을 촉진할 수 있음. 현재 많은 스팀잇 사용자는 이미 스팀잇 에듀케이션(steemiteducation) 해시태그로 학습 자료 및 활동을 공유하여 관련된 보상을 받고 있음.
		컴퓨터 비전 기술	* 온라인 교육 시스템에 비디오 채팅 중 시선이나 표정 증을 분석해 곧바로 화면에 이를 띄워 교수뿐만 아니라 챗팅에 참여하고 있는 학생들에게도 표시. 또 음성인식 시스템으로 학생 한 사람, 한 사람의 발언 빈도를 체크. 이를 기반으로 교수는 해당 학생을 대상으로 맞춤형 토론 진행. 현재 미네르바 혁신 대학의 학습모형 '액티브 러닝 포럼(Active Learning Forum) 시행 중

6. 스마트 안전 (1/2)

◎ (핵심 융복합 기술) CCTV, 로봇, 드론 등 인프라 기술을 융복합하여 안전 분야 비즈니스 발굴

성장엔진	핵심 융복합 기술	기능	비즈니스(Use Case) 발굴
스마트 	…×CCTV× 통합관제센터	통합관제센터 기반 보안 관리체계	* 지능형 CCTV 영상 보안시스템을 통해 CCTV 기반의 객체 모니터링 및 상황인지 * 영상보안기능을전체CCTV에도입및 맥락기반검색기능도입
			* 통합관제와연계된지역경찰바디캠서비스(음성영상기록감시서비스) * 현장출동경찰의인권침해활동감시, 경찰피해모니터링보호
			* 범죄예방환경설계(CPTED)도시관제(반응형가로시설물프로젝트, 범죄예방조명색, 안전조명등) * 가로등등 가로시설물에대한범죄예방디자인가이드라인지역별적용관리
		상황인지 서비스	* 유독 화학물질지도(안산시공단유독물질관리지도를 POI 및 대응체계관리) * 산업안전감시서비스(화학물질주변센서모니터링인프라확충)
			* 위험지역상황인지센서체계(영상, 온도, 가스, 불꽃, 침입감시, 화학센서) 등 다양한센서를통한상황인지모니터링 * 스마트더스트형상황인지화재감시, 유독가스감시(위험지역IoT기반모니터링)
		패트롤 보안시스템	* 패트롤보안로봇: 인적드문위험지역로봇패트롤서비스 * 드론을통한항공패트롤서비스
			* 셔틀버스및 정기적이동자율주행차량의카메라를통한패트롤서비스를 관제센터와연계하여정보수집 * 공장단지자율주행차량의실시간도로패트롤모니터링
	…×CCTV x Care	독거노인 케어서비스	* 독거노인케이및안전지원서비스 * 독거노인댁내설치하여노인과대화를하고상태를지속모니터링하는로봇형태의친근한형태로개발
		여성, 어린이 안전귀가 서비스	* 어린이안심서비스: 어린이등하교모니터링및 안전지킴이서비스 * 아이들손목시계, 혹은목걸이형태로개발되어아이위치별 관제및 보호자안내서비스
	…×CCTV x Care	안전공간 서비스	* 여성귀가안전서비스: 여성귀가시CCTV감시안전서비스및 안전귀가도로(CCTV설치장소) 안내 * 위급시버튼을누르면카메라가추적하고위치정보추적하여관제센터로연결
			* 화장실/공원비명감지안전서비스: 여성화장실공원비명을통해감지하는시스템 * 관제센터에서경고음을확인하여경찰연계하는서비스

※ … = 센서×데이터×인공지능×사물인터넷×에너지는 기본

6. 스마트 안전 (2/2)

성장엔진	핵심 융복합 기술	기능	비즈니스(Use Case) 발굴
스마트 	… x드론 x Robot x 인프라 기술	원격이동형 안전관리체계	* 드론기반긴급안전모니터링- 신고시위치정보를기반드론모니터링안전모니터링드론은화재및 다양한사고신고위치로이동하여후속출동하는소방관및 의료진에정보제공
			* 긴급환자후송체계(헬기긴급수송병원)항공환자수송을위한환자이송시스템정립
			* 실외의경우드론기반으로환자위치심장충격기(AED) 긴급이동시스템실내공간에서심장마비환자발생시원격에서로봇으로심장충격기(AED)를 이송하여환자케어
			* 이동식긴급지원병원앰블런스(로봇긴급수술도구) 산업체근로자의사고로긴급한병원이송이필요시앰블런스에서간단한원격수술등 대처를할수있는이동형병원
			* 개인소방대원지원플랫폼(원격모니터링, 내열감지)소방대원의안전과화재진압시안전모니터링및 원격지의관제센터와연결되어효과적화재진압
		블록체인기반 정보전달 체계	* V2X 차량간안전정보전달전파시범서비스차량간 위험정보 전달하여 전파 되며, V2X를 통한 통신과 블록체인기반 안전 정보 공유
			* 학교/회사/뷔페대규모식자재유통감시시스템식자재유통시블록체인을통한검증된식자재유통하여안전한먹거리유통
			* 통합관제센터개인정보위반에대한감사(Audit)모니터링시스템통합관제센터에서관제목적외에개인정보위반에대한감사정보를블록체인기반모니터링하여조작이안되도록하는시스템
		공공시설, 서비스 안전모니터링	* 공공시설실내위치정보안전표준도입및 각종안전시설물도입실내위치정보표준화를통한기준정보정의및 주요건물정보데이터를공유한앱 및 비상벨, 키오스크, 로봇도입
			* 수질안전시스템모니터링시스템(상수도배관교체주기관리, 약수터등 수질모니터링)상수도수질공개시스템및 집단거주시설및 약수터수질모니터링시스템을통하여안전관리
			* 도로안전모니터링(빙판길감지및 도로파인곳감지, 절계지모니터링) * 차량으로이동하면서빙판길및 파인도로감지하여GIS에기록하여도로보수하도록함
			* 건물및 공공시설안전진단서비스(영상이미지기반분석리포트) * 다리및 기간시설물의주기적영상분석을통해노후화및 균혈등모니터링함

※ … = 센서×데이터×인공지능×사물인터넷×에너지는 기본

7. 스마트 행정 (1/2)

◎ (핵심 융복합 기술) 센서, 데이터, 클라우드, IoT 등 핵심 기술을 융복합하여 쌍방향·맞춤형 행정 비즈니스 발굴

성장 엔진	핵심 융복합 기술	기능	비즈니스(Use Case) 발굴
스마트 행정 	… 센서×Data x Cloud x IoT	시민 중심 데이터 개방 플랫폼 구축을 통해 원스톱 생활정보 통합제공 서비스	* 시민의 수요가 큰 데이터를 수집, 분류하여 선제적으로 제공하는 시민 중심의 데이터 개방으로 개인별 다양한 생활정보를 하나의 창구(중앙정부의 민원24와 같은 플랫폼)에서 통합 제공하고 서비스 신청까지 완료 - 건강, 연금, 세금, 병역 등 시민의 실생활에 유용한 정보를 통합적으로 제공하는 것으로 기존의 주민등록 등초본발급 위주에서 예방접종/건강검진, 연금, 주민세/재산세/미환급금, 입영/소집, 생활금융, 구직정보/실업급여, 운전면허 갱신/자동차 검사, 과태료/법칙금 등으로 확대 * 주요 개방 분야로는 공공정책, 교통, 기상, 국토, 식품의약, 문화관광, 과학기술, 농업축산, 조달, 환경, 고용노동, 재해안전, 특허, 보건복지, 해양수산 등이 있음
		시민 주도형 리빙랩: 쇼셜 크라우드소싱 형태의 시민참여 플랫폼	* 시민(개인), 기업, 정부, 지자체가협업하는 커뮤니티로 다양한 이해관계자가 도시 문제 해결을 위해 각종 아이디어를 내고 실행 * 아이디어 구현과 검증을 위한 테스트베드로 시민, 기업은 모바일앱, 시민참여포털, 도시 시설물 가상시뮬레이션 서비스 등을 통해 도시 문제해결을 위한 개선 방안을 직접 제시하고, 지자체행정 담당자는 이를 통해 선제적 예방관리 및 최적의 계획 수립으로 문제를 해결하고, 동시에 시민 만족도를 증대할 수 있는 수단으로 적극 활용
		스마트폰 민원 신고서비스	* 시민 생활 속 불편사항을 스마트폰을 활용하여 현장사진과 발생위치를 함께 신고하는 생활불편 스마트폰 신고 서비스 - 민원이 가로등 고장, 쓰레기 불법투기 등을 발견하여 스마트폰으로 신고하면 민원처리 담당공무원이 자동으로 지정되어 민원인에게 처리결과 전송
		데이터 분석을 기반으로 한 과학적 행정 구현	* (범죄 예방) 과거 범죄 기록에서 패턴을 분석하여 후속범죄 발생지역 및 시각 예측 등 데이터 분석을 통한 범죄 발생 예측시스템 운영 * (재난 조기대응) 붕괴, 홍수, 지진 등 지역재난정보를 통합 모니터링,예측정보의 조기 경보 및 전파 * (최적의 버스노선 결정) 유동인구 정보와 승하차정보를 바탕으로 최적의 버스노선의 결정 지원 * (감염병예보 등 건강관리) 진료 통계 데이터를 바탕으로 감염병예방정보를 제공, 환자 모니터링을 통해 예측 서비스 제공 * (소상공인 창업 지원) 신용카드, 부동산, 점포 이력 데이터를 바탕으로 최적의 점포 입지 분석 제공 * (물가지수 제공) 인터넷에 공개된 가격정보를 통해 온라인 일일 물가지수를 제공하여 소비자가 물가를 예측하도록 지원

※ … = 센서×데이터×인공지능×사물인터넷×에너지는 기본

7. 스마트 행정 (2/2)

성장엔진	핵심 융복합 기술	기능	비즈니스(Use Case) 발굴
스마트 행정 	… 센서 x Data x Cloud x IoT	BIM 5D 시스템 기반의 도시공간 시설물 통합관리 서비스 실시	* AR/VR을 기반으로 현장점검을 지원하고 빅데이터 분석을 통해 시설물의 유지보수 계획을 수립 - 드론을 활용하여 도시공간과 시설물을 통합 관제하고 원격으로 제어 * 노후 건물, 교량, 절개지 등 시설물 사전 안전점검(센서 기반, 컴퓨터 비전기술 등) – IoT 기반 절개지 인장 센서, 교량 및 건물내 축센서를 통한 뒤틀림 감지 * 지하차도 침수 감지 센서및 하천 범람 감시 센서 등으로 자연재해 감시– 열화상 카메라를 통한 산불감시 및 도시 열섬효과 등 모니터링 * 주요지점 카메라를 통한 인구 이동, 차량 이동 모니터링
		데이터 분석을 통해 시민 유형별 맞춤형 서비스 제공	* 임산부, 소상공인, 농어민 등 수혜자의 유형별 맞춤형 서비스 제공, 예: 출산/육아 행정서비스의 경우, 출생신고(읍면동)–산전후휴가급여(고용보험공단)–다자녀 이상 전기료 등 감액(한국전력공사) 등 일괄신고 및 처리 * 취업 및 창업 관련 유형별 맞춤형 서비스 제공, 예: 신입 및 경력, 업종, 연령, 전문기술 등 데이터를 세분화하여 기업 구직 연계시스템 개발(또는 기업별 맞춤교육 커리큘럼 개발 및 아카데미 개설)
		디지털 트윈으로 도시 정책 시뮬레이션	* 도시개발과 발전단계에 사전에 가상의 도시 상에 시뮬레이션을 하면서 사전에 파급효과를 분석하고 예측한 후 도시 개발 전략 구축 가능 - 도심내 새로운 건물로 인한 파급효과 분석 : 도시의 교통 흐름, 물류, 유동인구 분석을 통한 상권 및 지역경제 활성화 분석 * 도시 경관, 환경요인 등 다각적인 사전 검토를 할 수 있도록 가상의 도시 내에서 사전 시뮬레이션을 함 – 도시의 기후와 건물 바람길, 열섬 효과 등 다양한 도시 환경분석
		골목 경제 활성화를 위한 블록체인 지역화폐 발행	* 블록체인 기반 화폐 발행.골목경제 활성화를 위해 지역화폐 사용 활성화를 위해 도시에서 지급되는 청년배당, 산후조리비, 공무원 복지포인트 일부를 지역화폐로 지급하고 수당 지급 외 지역화폐 구입시 할인율로 지급 사례) 현재 김포시는 다른 지방정부에서 발행하고 있는 종이형 지역화폐의 단점을 보완하기 위해 KT와 협업으로 카드형과 모바일형을 2019년부터 발급 예정
		ICT기술을 통해 노인 및 장애인 행정서비스 참여	* 몸이 불편한 지체장애인 이동권 보장을 위해 드론 및 컴퓨터 비전기술로 휠체어 지도 작성 * 장애인 문화 향유를 위한 가상현실 및 증강현실 콘텐츠 개발 및 보급지원 – 도시내 문화유산 및 관광 콘텐츠를 증강현실을 통한 직접 체험 * 이동성이 부족한 노인 및 장애인들이 가상현실을 통해 시정 활동에 직접 참여
		학교폭력 예방	* 네트워크 블록체인 기반 학교 주변 군집 모바일 IP기반 패턴 분석 * 학교폭력 예방(비속어 등) 자동 음성인식 및 비상신고 앱개발배포(이통사 개인 동의 후 상시 데이터 수집 협력) – 전원 오프에도 모니터링 가능(디스플레이 오프됨), 도시 학교폭력 예방센터 연계 * 학교 건물 주변 취약지역 지능형 CCTV를 통한 행동분석

※ … = 센서 x 데이터 x 인공지능 x 사물인터넷 x 에너지는 기본

8. 스마트 경험 (1/3) : 대부도 먹거리 문화관광

◎ (핵심 융복합 기술) 자율차, 드론, Co-Bot, AR/VR 등을 융복합하여 문화관광, 체험관광의 비즈니스 발굴

성장엔진	핵심 융복합 기술	기능	비즈니스 발굴
스마트 경험 (대부도 문화 / 생태관광단지)	…×자율차×드론 x Co-Bot x 3D 프린팅 x AR/VR	Virtual Daebudo Culture & Eco Tour in Digital Twin	* 현실(대부도 문화/생태관광단지)과 가상이 연결된 데이터 기반의 도시 디지털 트윈 내 가상 스마트 경험 구축 ① 데이터를 AI로 분석 신서비스 창출 ② M&S를 통해 각 분야 정책/문제해결 및 적용
스마트 경험① (대부도 먹거리 문화관광) 	…×Co-Bot x 자율차×드론 x Data×AR/VR	먹거리 데이터 확보/구축 및 분석 → 서비스	* 센서·자율차·드론 활용 대부도 전도로 환경과 도시공간을 실시간 3차원 매핑/측량/모델링/데이터 확보 및 AR/VR 지도화 서비스, 살아있는 움직이는 문화 구축 → 데이터를 AI로 분석 → 고객 취향에 따른 최고의 맛집, 최적의 이동 경로 생성 서비스 * 시민의 아이디어인 레시피를 3차원 영상 요리법(Recipe)의 가상 먹거리 리빙랩(AR/VR)에서 테스트하고 직접 만들어 판매할 수 있는 My Data → 데이터마켓 구축·AI·AR 허브 → 새로운 요리법 개발/서비스 * 전국 먹거리 장터와 연계하여 레시피 데이터를 제공하는 사람들에게 대부도 코인 제공(My Data → Data Market 구축) * 농림축산식품부가 추진하고 있는 지역별 클러스터 스마트 팜(Farm) 및 농촌관광과 직거래 프로그램과 연결
	…×Co-Bot x 자율차×드론 x 레시피 x 3D 프린팅	먹거리 문화 장터 & 청년 식당 창업	* 전문/Fusion 먹거리(전문식당)와 청년들이 음식 창업을 실험할 수 있는 아마추어 먹거리(예: winnerchef.com) 테스트베드 및 청년식당 창업사관학교(인큐베이터) 조성 → 유휴지를 확보해 식당 및 교육 시설을 만들어 3개월 또는 6개월 단위로 배출 * 로봇이 썰고 3D 프린터가 만들고 로봇이 고객의 테이블로 이송하고, 드론이 주문한 또 다른 근처의 시민에게 배송 → 가로등 드론 스테이션 필요 * 관광투어 공유버스(전기 자율차) 운용, 군집 드론을 활용한 관광지/명소의 안 보이는 지역의 3차원 매핑 정보와 가상 정보를 제공하여 3차원 AR/VR 관광 서비스 제공(AR 특수효과)
		주야간 축제/공연	* 주야간 대부도 먹거리 축제(지역, 상품권 축제 적용, 새우, 조개, 숭어, 꽃게 체험) 및 공연(로봇×드론×음악/영화) 및 군집 드론의 에어쇼/에어 디스플레이 + 지상의 공연(음악/영화)과 융합

※ … = 센서×데이터×인공지능×사물인터넷×에너지는 기본

8. 스마트 경험 (2/3) : 드론 활용 레저·교육·체험

성장엔진	핵심 융복합 기술	기능	비즈니스 발굴
스마트 경험② (드론 활용 레저·교육·체험) 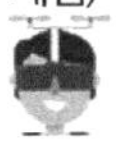	…×드론	드론 전용 비행구역	* 대부도를 드론 전용 비행구역으로 신청('18.02 현재 전국 10) – 드론 전용 비행 구역 내에서는 드론의 무게에 상관없이 자유롭게 드론을 날릴 수 있음. 실제 수요자 중심의 드론 전용 비행구역을 유치하여 항공 레저활동 및 동호회 지원 * 드론이 날 수 있는 회랑(Corridor) 설계 및 구축 * 스마트 가로등 및 가로등을 드론의 충전/배송 스테이션으로 활용
		드론 전용 교육장	* 드론 전용 교육장 - 초중고대 및 동호인/전문인 대상 STEMAS 교육 - 드론 비행역학(flight dynamics), 원격제어, 운전교육 및 비행 안전과 규정 교육, 드론 제작/비행 연습, 군집 비행 연습, 짐벌을 활용한 항공 촬영교육, 영상편집/공유 * 초중고생들로 하여금 드론에 숨겨진 과학·기술·공학·수학·예술(영상 등의 콘텐츠)·소프트웨어를 탐험하고, 어떻게 드론이 현실 세계의 문제들을(real–world problems) 풀 수 있는지 솔루션 (답)을 찾는 것
		드론 경연대회	* 전국 규모 드론 경연대회(HAS, Hardware×AI×Software) - 드론을 제작–센싱–데이터–인공지능–소프트웨어–시뮬레이터의 비즈 모델로 최고의 경영 서비스를 뽑는 대회(초–중–고–대–일반–기업) * 동시에 최고의 개인 프라이버시 및 산업 프라이버시 보호에 관한 소프트웨어 분야도 뽑음
		드론 레이싱	* 전국 규모 드론 레이싱 리그(The Drone Racing League) 개최 - 리그뿐 아니라 파일럿들, 이벤트 조직자들, 취미자들이 쉽게 접속할 수 있는 웹/앱 개발 및 가이드라인 개발 보급
		에어쇼·디스플레이	* 드론 전용 비행구역에서 군집 드론을 이용한 주야간 에어쇼/에어 디스플레이 + 지상의 공연(음악/영화)과 융합

※ … = 센서×데이터×인공지능×사물인터넷×에너지는 기본

8. 스마트 경험 (1/3) : 해양환경 교육·체험 생태관광

성장엔진	핵심 융복합 기술	기능	비즈니스 발굴
스마트 경험③ (해양환경 교육·체험 생태 	…×사물인터넷 x 드론 x AR/VR x 양식 x 체험	스마트 양식	* 대부도 서해안 바다(담수양식)를 이용한 스마트 양식 → 직접 기르고 맛을 보는 해양환경 교육 및 체험 * 어수조 저장관리시스템, 스마트 양식장 연계 공급시스템 구축 * 양식장 내 선상 낚시터 조성
		갯벌	* 대부도 서해안 갯벌 (종현어촌체험마을 부근) 활용 펀(Fun) 중심의 오감 생태교육 및 체험 → 해양환경 체험 생태관광 조성 * 초중고 성인과 기업 HRD 갯벌 교육장을 구축해 갯벌 축구/배구/족구 등 체험을 해 오감을 자극하고 공간지능 및 협동, 인성 등을 강화하는 교육을 진행 함 * 갯벌을 구역별 분양(예: 텃밭 분양)해 조개, 고동, 게, 함초 등 수확할 수 있게 해 자연스럽게 생태계를 체험 → 갯벌 청소 효과 기대 * 군집 드론을 활용한 갯벌 생태계 관리/감시 → 교육용/홍보용 콘텐츠로 활용
		철새	* 대부도 철새 생태계를 관찰/체험. 또한 철새 생태 관찰 체험을 망원경/사진, 영상 등 촬영 대회를 개최. 특히 생태해설사를 양성하는 교육을 진행해 일자리를 창출
		들풀·들꽃	* 전국 최초 대부도 해변의 들풀, 들꽃 허브단지 조성해 관광객을 유치. 또한 글로벌 경쟁이 치열한 종자주권 IP 확보를 위해 산학연 연구를 진행
		둘레/올레길	* 대부도 해안 둘레/올레길 구축 및 스토리텔링 발굴 - 예: 대부도 건너편 안산시 성곡동 아산의 정상에 있는 잿머리 성황당은 고려 성종 때 서희(徐熙)가 중국으로 사신을 가는 길에 풍랑을 만나 갈 수가 없었는데, 꿈에 안씨와 홍씨가 나타나서 원혼귀로 떠도니, 자신들의 자리를 잡아주면 무사하게 다녀올 수 있다고 하였다. 서희는 당을 짓고 안씨부인과 홍씨부인을 모시도록 하였다는 이야기가 전해지고 있다
		바다 속 체험	* 수중 군집 드론을 이용한 해양 생태관광 및 체험, 바다 속을 관찰/촬영 → 교육용/홍보용 콘텐츠로 활용

※ … = 센짜서×데이터×인공지능×사물인터넷×에너지는 기본

6장

스마트시티의 미래: 인간의 삶을 바꿀 새로운 도시

6장. 스마트시티의 미래: 인간의 삶을 바꿀 새로운 도시

1. 티핑 포인트 앞에 선 스마트시티

4차 산업혁명이 도래한 시점에서 한국이 전 세계적으로 앞서 나갈 수 있는 기회는 스마트시티다. 스마트시티는 티핑 포인트(Tipping point)에 서 있다. '갑자기 뒤집히는 점'이란 뜻으로 때로는 엄청난 변화가 작은 일들에서 시작될 수 있고 대단히 급속하게 발생할 수 있다는 의미로 사용되는 티핑 포인트는 영국 출신 저널리스트 말콤 글래드웰 (Malcolm Gladwell)의 저서인 〈티핑 포인트〉에서 유래했다. 때로는 엄청난 변화가 작은 일들에서 시작될 수 있고 대단히 급속하게 발생할 수 있다는 의미로 사용되는 개념이다. 원래 노벨경제학상을 받은 토머스 셸링(Thomas Schelling)이 〈분리의 모델(Models of Segregation ,1969)〉이라는 논문에서 제시한 '티핑 이론'에 나오는 개념이다.

세계적으로 시가총액 1위부터 10위 기업에 위치한 IT 공룡 중에 애플을 제외하고 스마트시티 사업에 뛰어들지 않은 기업이 없다. 구글, 마이크로소프트, 페이스북, 아마존, 알리바바 등 IT 기업들은 스마트시티 산업 진출에 박차를 가하고 있다. 애플 역시 미국 시카고 등에서 매장을 확대해 나가면서 건물을 중심으로 작은 규모의 커뮤니티 모델을 확산해 나가고 있다.

글로벌 기업 뿐만이 아니다. 전 세계 국가들도 스마트시티 구축에 뛰어들고 있다. 스마트시티 선도 도시 순위에서 1위인 싱가포르는 스마트교통 시스템을 도입해서 도심 내 교통체증을 30% 이상 절감했다. 4차 산업혁명이라는 새로운 기술의 변화에 사람은 도시라는 네트워크를 통해 인간과 기술, 공간이 연결된 그 자체가 될 것이다. 스마트시티는 기존에 없었던 복잡한 기술의 도시를 만드는 과정이 아니라 기존 도시의 문제를 해결하기 위해서 시대의 첨단 기술을 적용하여 도시를 성장시키는 것이기 때문이다.

4차 산업혁명 기술이 집합된 스마트시티를 성공적으로 구축하기 위해서는 한국 사회의 법 제도적 기반이 마련되어야 한다. 한국 정부는 4차 산업혁명을 앞당기기 위해 ICT 규제 개혁을 추진한다고 밝혔다. ICT 규제 개혁이 IITP가 발표한 2019년 ICT 10대 이슈 중 하나로 선정되었으며 2019년 1월 17일부터 새로운 상품이나 서비스를 개발한 기업들이 자유롭게 혁신 활동을 할 수 있게 일정기간동안 기존 규제 적용을 미루는 규제 샌드박스 제도가 시행된다.

한국의 법 제도는 기본적으로 포지티브(Positive)적으로 접근하는 시스템이다. 새로 무언가를 만들었는데 그게 법에 없으면 안 된다고 규정하는 게 한국의 법 체계와 실정이다. 안 되는 것만 나열하고 나머지는 다 돼야 하는 것이 현실적인 것인데 그 반대로 되어 있어 규제에 걸리는 사항이 너무 많기에 제도적으로 바뀌어야 한다. 또한 정부 부처 간에 가지고 있는 사업의 영역과 예산도 혁신해야 한다. 스마트시티 구축은 4차 산업혁명의 핵심기술을 도시에 담는 건데 지금은 스마트시티 예산 따로, 자율주행 자동차 예산 따로, 드론 사업 예산 따로 식이다. 스마트시티라고 해서 별도의 예산을 잡을 이유가 없다. 부서가 기존에 하던 것을 통합하고 부처 간 칸막이를 없애면 해결될 일이다.

2. 도시의 성공방정식

도시의 경쟁력이 곧 국가의 경쟁력이다. 도시가 성장하고 성공하기 위해서는 인간과 연결, 새로운 기회의 창출, 기업가정신의 융합이 필요하다. 하버드대학교 교수 에드워드 글레이저(Edward Glaeser)는 〈도시의 승리〉에서 도시의 경쟁력이 곧 국가의 경쟁력이며 인구가 10% 증가할 때 소득은 30% 증가한다는 연구결과를 내놨다. 그는 도시의 성공방정식 = 사람(인간) × 연결 × 기회 × 돈(기업가정신)이라고 제시했다.

건강하고, 친환경적이며, 사회문화적, 경제적으로 살기 좋은 위대한 도시의 조건은 분산이 아닌 집중의 문제해결 역량이라는 것이다. 토론토대학교 교수 리처드 플로리다(Richard Florida)는 〈도시와 창조계급〉에서 도시가 성공하기 위해서는 인재유치 능력이 핵심이라고 강조했다.

경제성장의 핵심 자산은 도시를 살아가는 인간으로, 도시와 지역이 발전하기 위해서는 경제 발전의 세 가지 T, 즉 기술(Technology), 인재(Talent), 관용(Tolerance)의 조화에 전략적 기반을 두고 사람들의 창조적 잠재력을 충분히 활용해야 한다. 즉, 도시가 성공하려면 창의적 인재가 모이는 곳으로 변화해야 한다. 즉, 인재, 아이디어, 교육, 기술, 기업가정신

등 인적 자본이 모이는 힘이 도시의 발전은 물론 국가의 발전과 인간의 행복한 삶 추구에 큰 영향을 미친다.

• 〈그림〉 도시의 성공방정식

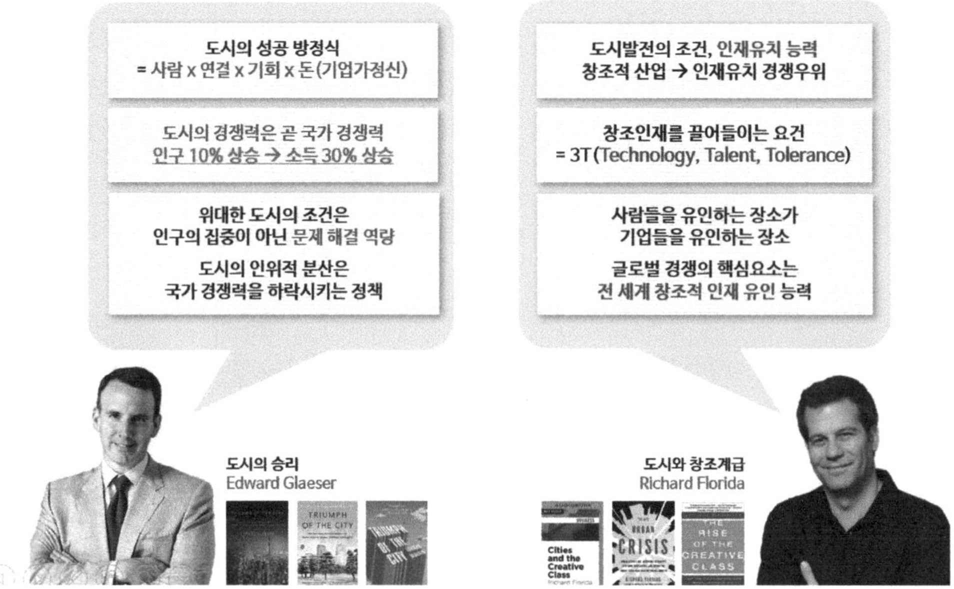

* 출처: 이민화 윤예지(2018). 자기조직화하는 스마트시티4.0

스마트시티의 핵심 키워드는 스마트한 기반시설 구축과 도시 경쟁력 제고로 도시 경쟁력을 향상하기 위해서는 인재유치 능력을 높여 인구를 늘리는 것이 기본이다. 도시가 인재를 모으기 위해서는 다양한 혜택이 있어야 한다. 유인이 있어야 다양한 인적 자원이 모을 수 있기에 다양한 정책과 재화, 교육 등의 자산이 필요하다.

대표적인 성공사례로 실리콘 밸리를 들 수 있다. 실리콘 밸리는 군수산업을 기반으로 발전한 도시였으나 1960년대부터 발전하기 시작한 반도체 산업을 스탠포드와 같은 명문대학교로 들어오면서 변화했다. 1980년대 이후에는 컴퓨터와 인터넷 산업이 발전하면서 다양한 기반시설이 구축되었고 전세계적으로 우수한 인재들이 모이는 곳으로 변했다. 산학연 클러스터를 도시 전체에 구현해 낸 것이다. 즉 도시의 성장을 위한 핵심 자산인 인재 유인에 성공한 것이다.

도시가 성공하고 성장해 나가기 위해서는 다양성을 유지하면서 발전시켜 나가는 환경이 조성되어야 한다. 도시도 인간과 같이 생애주기가 있다. 한 명의 인간이 태어나고 자라고 늙어가는 것처럼 도시도 성장하고 쇠퇴해 가기 때문이다. 1800년대 발전을 거듭하는 미국의 항구도시 디트로이트는 공업 도시로 발전해 나갔다. 그러나 포드와 같은 자동차 회사가 들어서고 자동차 산업의 과도한 집중과 거대화로 다양성이 사라졌다. 한가지 산업에만 주력하면서 새로운 시대에 적응이 어려워진 것이다. 결국 도시의 인구는 떠나갔고 흑인 폭동 등의 불안한 사회 환경에 맞물려 쇠퇴하게 됐다.

도시는 인재의 유입을 통해 성장하는데 창조적 인재를 모으기 위한 또 다른 방법으로 학교 교육에 대한 투자가 필요하다. 학생은 더 많은 기술을 익히고 학교를 생산적으로 만든다. 학교는 더 좋은 교육을 받는 부모를 유입시키고 이런 부모 또한 학교를 생산적으로 만든다. 스마트한 도시를 만드는 방법은 능력 있는 사람들을 모으는 학교를 만드는 것이다. 교육은 도시의 경제적 성장뿐 아니라 정당한 사회를 만드는 데도 도움이 된다. 가난한 학생에게 좋은 교육을 제공하는 것은 그들이 어른이 되어 부유하게 살도록 만드는 최고의 방법이기 때문이다.

3. 인간 삶을 공유하는 플랫폼 도시

이 책은 도시화가 가속되면서 발생하는 다양한 도시 문제를 효율적으로 해결하고 4차 산업혁명에 선제적으로 대응하면서 미래의 신성장 동력을 발굴해 내는 방법을 찾는데 목적이 있다. 다가올 미래 도시에서 스마트시티가 가지는 중요성을 짚어보고 성공적인 스마트시티를 구축하는 방안에 대해 고민해 보았다.

스마트시티는 다양한 용어로 불린다. 지속가능한 도시, 디지털시티, 유비쿼터스시티, 융복합도시, 플랫폼 도시, 첨단 녹색도시 등 새로운 미래형 첨단도시를 칭한다. 앞서 살펴보았듯이 스마트시티의 정의는 국가별, 기관별, 학자별로 모두 상이하며 2014년 기준으로 전 세계 스마트시티에 관한 정의는 116개이며, 그 구성요소 또한 매우 다양하다.

한국정보화진흥원(NIA)은 스마트시티 발전 단계로 기존 도시 발전 이론과 접목하여 기반 구축, 수직적 구축, 수평적 구축, 도시 플랫폼, 미래 도시로 구분했다. 현재의 스마트시티는 수직적 구축에서 수평적 구축으로 전환되는 과정이라고 볼 수 있다. 미래형 스마트시티는 도시의 플랫폼으로서의 도시다.

최근에는 스마트시티를 플랫폼으로서의 도시로 이해하는 방향으로 모아지고 있다. 스마트시티가 하나의 정거장으로써 특정 장소로 가기 위해 도착해야 하는 매개 지점이 되는 것이다. 컴퓨터의 운영체제가 다양한 소프트웨어와 서비스 개발을 가능하게 만들면서 인터넷 혁명이 도래했듯이 스마트시티가 하나의 운영체제가 되어 데이터를 공유하고 새로운 서비스가 생겨나도록 만드는 것이다.

스마트시티에서 스마트한 도시 서비스가 제공되기 위해서는 기존 도시 정보들과 도시 활동에 대한 센싱 정보들을 저장하고 가공해 의미 있는 형태로 시민들에게 제공해야 하며 이 역할을 하는 운영 플랫폼이 반드시 필요하다. 글로벌 기업들은 스마트시티 자체를 도시의 운영 플랫폼으로 보기도 한다(Oracle, 2012).

4차 산업혁명의 플랫폼이자 기반이 되는 것이 바로 도시다. 도시가 변화와 혁신을 주도해야 한다. 스마트시티는 ICT의 발전뿐만 아니라 지속가능성, 시민 삶의 질 향상,

공동체적 가치 등 다양한 질적 요소를 충족시켜야 한다.

한국의 스마트시티 플랫폼은 「유비쿼터스도시의 건설 등에 관한 법률」에서는 도시통합운영센터로 칭해지며 정보통신망 지능화된 시설과 함께 유시티 인프라의 하나로 정의됐다. 도시통합운영센터는 통합 상황 관제, 서비스 운영, 시설물 관리 등의 기본적인 기능과 함께 다양한 선택 기능을 수행하면서 방범, 교통, 환경 등 서비스 통합 상황 관제 및 전산 시스템 관리 등의 역할을 수행했다(문창엽 외, 2012).

미래 스마트시티는 인간 중심의 데이터 기반 도시 플랫폼으로 구축되어야 한다. 클라우드(Cloud) 기반 인프라 조성과 스마트폰(Edge)을 통해 언제 어디서나 실시간으로 양방향 소통하는 데이터 기반의 거버넌스 체계가 만들어져야 한다.

오감반응사회의 도래에 따라 센서, 데이터, 인공지능, 에너지, Cloud ↔ Edge의 핵심 기술을 활용해 시민 편의를 높이는 기반 시설과 시스템을 마련하고 최소의 자원으로 최적의 결과를 도출하기 위해 생산과 소비를 활성화해야 한다. 연결성을 높이기 위해 도시는 밀집되어야 하나 비용의 문제를 해결하기 위해 클라우드를 활용하여 생산성을 높여 일자리를 창출하고, 공유경제를 활용한 협력적 소비를 확대하여 제품과 서비스, 생산자와 소비자가 연결되는 구조를 통해 생산과 소비의 플랫폼으로 기능을 해야 한다.

• 〈그림〉 스마트시티 플랫폼

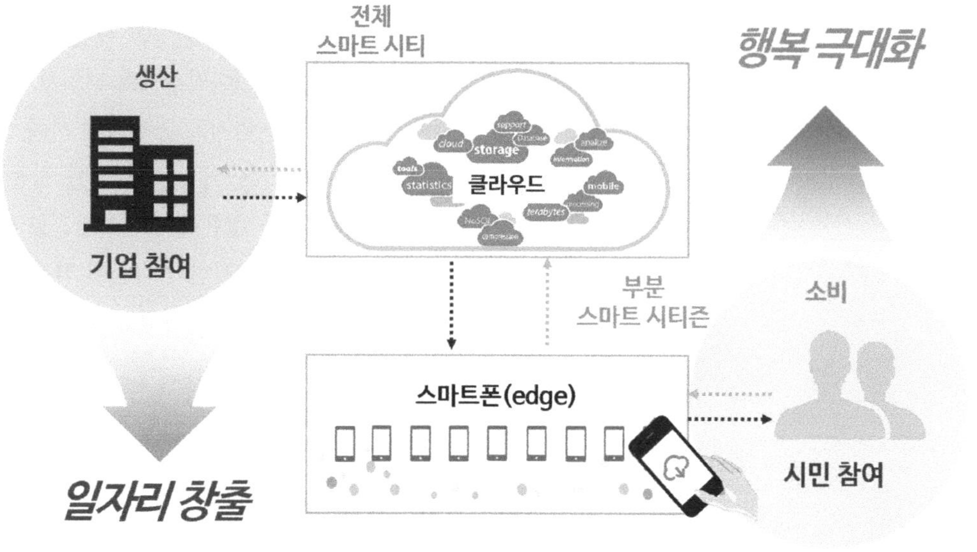

* 출처: 이민화 윤예지(2018). 자기조직화하는 스마트시티4.0

스마트시티는 플랫폼 도시다. 기존 스마트시티가 서비스별로 기반을 구축하고 데이터를 수집하여 활용했기에 고비용과 서비스 간 연계가 되지 않는 문제가 있었다. 이 문제를 해결하려면 도시가 하나의 플랫폼이 되어 스마트시티의 공통 요소를 구축해야 한다. 그래야만 서비스의 개발과 변경이 쉽고 서비스 간의 융합이 가능한 도시환경으로 발전할 수 있기 때문이다.

특히, 정부가 아닌 민간이 주도하는 혁신의 생태계가 조성되어야 한다. 시민이 직접 나서서 도시 문제를 찾고 해결하는 사회혁신의 방안으로 리빙랩을 운영하면서 스마트시티에 시민참여 개념을 발전시켜 나가는 것이 필요하다. 도시 계획 초기 단계부터 민간 기업이 비즈니스 모델을 가지고 참여하게 하여 시민이 원하는 다양한 콘텐츠를 발굴해 나가는 것이다. 민간 기업과 시민이 도시 문제를 직접 해결함으로써 성장하는 도시 플랫폼으로 성장해야 한다. 스마트폰을 활용하여 실시간으로 양방향 소통을 통해 의견을 수렴하고 도시에서 발생하는 수많은 문제를 기업과 시민이 직접 참여하여 해결해 나가면서 시민 행복이 극대화되는 도시를 창출할 때 시민이 행복한 인간이 중심이 되는 도시가 만들어지기 때문이다.

플랫폼 도시는 효율적이고 효과적인 도시의 생태계를 조성하기 위한 혁신의 선순환 체계라 할 수 있다. 민간이 주도하고 산학연이 연계해 스마트 모빌리티, 스마트 공장, 스마트 환경, 스마트 에너지 등의 분야별 리빙랩을 운영하며 시민 삶의 질에 긴밀하게 스며들어야 할 것이다.

4. 인간이 행복한 미래 사회

한국 사회에 4차 산업혁명이란 용어를 화두로 던진 4차 산업혁명 전도사, 세계경제포럼의 클라우스 슈밥 회장이 2016년 10월 한국을 방문했다. 그는 첨단 기술의 발전이 기존 시스템에 충격을 주어 초연결사회가 구축, 대중들이 긍정적이든 부정적이든 크게 영향을 받는다며 그 속도를 강조했다. 그러나 그 핵심은 바로 '인간화와 휴머니즘'이라 주장했다. 슈밥 회장은 "미래 기술이 아무리 발전해도 인간의 통제를 벗어나서는 안 된다"라고 강조하면서 아무리 로봇이 활성화된다고 해도 인간으로부터 영혼과 가슴을 빼앗아가는 식으로 기술 발전이 이뤄져서는 안 된다고 했다. 즉 인간이 창의력과 공감력을 토대로 4차 산업혁명을 이용해 나가야 한다는 것이다.

슈밥 회장은 2019년 들어 '인간 중심의 4차 산업혁명 추진'(Leading through the 4th Industrial Revolution ; Putting People at the Center)을 내건 백서를 발간했다. 인간 중심의 접근 없이 4차 산업혁명 시대로 전환이 어렵다는 것이다. 즉 혁신적 리더보다 포용적 리더와 협력이 중요하다는 의미다.

인류가 제1의 물결인 농업혁명, 제2의 물결인 산업혁명을 거쳐 제3의 물결인 정보화 혁명으로 가고 있다고 진단해 큰 반향을 이끈 앨빈 토플러 역시 앞으로 펼쳐질 미래 사회는 이전과 전혀 다른 사회상이 될 것이라며 변화의 방향성보다 변화에 적응하는 것에 초점을 맞춰야 한다고 했다. 즉 문명이 인간을 지배하는 게 아닌 인간이 주체적으로 문명을 지배하고 통제해야 한다고 강조한 바 있다.

단연코 '휴머니즘'이다. 스마트시티의 핵심도 인간의 삶의 질 향상, 즉 행복한 삶의 추구다. 변화의 속도가 기하급수적으로 빠르고, 쏟아지는 정보량도 엄청난 4차 산업혁명 시대에 과연 인간이 설 자리가 있는가라는 의문을 갖는다. 4차 산업혁명을 설명하는 첨단 ICT 기술은 인간의 일자리를 빼앗고 불평등을 심화시킬 잠재력을 지닌다. 그러나 모든 아이디어를 관통하는 기본 가치는 휴머니즘이라는 것을 잊어선 안 된다. 기술을 바탕으로 인간의 삶이 편리해지고 더욱 행복해지는 방법을 고민해야 한다. 스마트시티에 접근할 때에도 관리자의 시선이 아니라 인간 중심, 즉 시민의 입장에서 바라봐야 한다.

문재인 대통령이 후보자 시절 과학의 날을 기념하여 이런 메시지를 남겼다. "우리가 노력하지 않아도 4차 산업혁명 시대는 올 것이다. 우리가 노력하지 않는다면 '사람'이 빠진 4차 산업혁명 시대를 맞게 될 것이다."

스마트시티는 4차 산업혁명 기술을 총망라하여 담아낸 플랫폼이다. 그러나 그 안에 주인은 인간의 행복이다. 최첨단 기술이 중심이 아니라 사람이 중심이 되는 스마트시티가 조성되어야 한다. 기술이 발달하고 경제 규모도 커지는데 인간의 행복지수는 떨어지고 있다. 스마트시티의 궁극적 목표는 인간이 중심이 되는 행복한 삶의 추구라는 점을 명심해야 할 것이다.

스마트시티가 성장하고 성공하기 위해서는 인간과 연결, 새로운 기회의 창출, 기업가정신의 융합이 필요하며 이를 위해서는 창조적 인재의 유입이 필수다. 즉 인간이 모여 진정한 삶이 의미와 행복을 누리는 도시야말로 진정한 똑똑한 도시, 스마트시티인 것이다.

참고문헌

- 경기테크노파크 안산산업경제혁신센터. (2018). 안산시 중장기 발전전략 수립 및 핵심 비즈니스 과제 발굴.
- 국토연구원. (2011). U-City 시대의 도시 공간 변화 및 도시계획 방향에 관한 연구. 국토연구원.
- 김도년, 권원순, 양성민, 허효성. (2015). 스마트시티 마스터플랜 계획기법에 관한 연구. 한국도시설계학회지, 제16권, 제5호. pp109-122.
- 신현규, 이광재. (2018). 도시 이후의 도시 :4차 산업혁명의 핵심 플랫폼. 서울 :매일경제신문사.
- 양성민. (2018). 스마트시티 마스터플랜의 계획방법 및 계획요소에 관한 연구. 성균관대학교 박사학위 논문.
- 이민화, 윤예지. (2018). 자기조직화하는 스마트시티4.0. 서울 : KCERN :창조경제연구회.
- 이상호, 임윤택. (2014). 유시티와 스마트시티 비교를 통한 유시티 해외진출 전략. 국토계획. 제49권, 제4호. pp.243-252.
- 이상호, 임윤택, 안세윤. (2017). 스마트시티. 서울 : 커뮤니케이션북스.

- 이슈퀘스트. (2017). 제4차 산업혁명의 신산업 플랫폼, 스마트시티 기술개발 동향과 사업전망. 서울 :이슈퀘스트.
- 차원용. (2017). 인공지능 기반 브레인 컴퓨팅두뇌인터넷 기술. 정보과학회지
- 최봉문. (2011).'스마트'용어의 적용사례 분석을 통한'스마트시티'의 개념정립을 위한 연구. 한국콘텐츠학회논문지. 제11권, 제12호. pp.943-949.
- 한국정보화진흥원. (2010). 스마트시티를 통해 본 미래도시. IT&Future Strategy. 제13호.
- 한국정보화진흥원. (2012). 선진국의 데이터기반 국가미래전략 추진현황과 시사점. IT&Future Strategy. 제2호.
- 황종성. (2005). U-City의 개념과 구현 전략을 위한 이슈분석.ôYŒÀ. 23Œ, 118. pp.5-12.
- Matthew, C., Tim, H., Taner, O. and Steve, T. (2009). 도시설계 : 장소 만들기의 여섯 차원 (강홍빈, 김광중, 김기호, 김도년, 양승우, 이석정, 정재용). 서울: 대가 (원서출판 2003).
- Richard Florida. (2008). 도시와 창조계급. 푸른길. 원제 : Cities and the Creative Class.
- Edward Glaeser. (2011). 도시의 승리. 해냄. 원제 : Triumph of the City
- Townsend, Anthony M. (2018). 스마트시티, 더 나은 도시를 만들다 :4차 산업혁명이 만드는 새로운 도시의 미래. 서울 :엠아이디.

- Information Research Service Global. (2017). 4차 산업혁명의 플랫폼인 스마트시티(Smart City) 관련 비즈니스 현황과 향후 전망. 인천 :IRS Global.
- L. Guan. (2012)."Smart Steps To A Battery City," Government News 32: 2, 24-27.
- R.E. Hall. (2000). "The Vision of a Smart City." Proc. of the 2nd International Life Extension TechnologyWorkshop, Paris, France, 2000.
- T. Nam, and T.A. Pardo. (2011). "Conceptualizing Smart City with Dimensions of Technology, People, and Institutions," Proc. 12th Conference on Digital Government Research, College Park, MD, June 12-15.
- M. Thuzar. (2011). "Urbanization in SouthEast Asia: Developing Smart Cities for the Future?," Regional Outlook, 96-100.
- Between SpA Tutti I diritti riservati. (2014). Smart City Index 2014 : Confrontarsi per diventare Smart.
- Navigant Research. (2014). Executive Summary: Smart Cities: Asia Pacific.
- www.smartcitiescouncil.com

실전 미래전략 도출 「스마티시티 중심으로」

초판 발행 2019년 10월 31일
지은이 차원용 / 이제은 / 김들풀
펴낸이 정유진
편집 이 이사벨
디자인 캘리 구
펴낸곳 미래유망기술연구원
주 소 경기도 수원시 영통구 광교중앙로 145 A432
전 화 031-8025-9200 팩 스 050-4211-8560
https://blog.naver.com/nobookorea
이메일 nobookorea@gmail.com
출판등록 2018년 7월 27일 제2018-000072호

ISBN 979-11-965237-9-4(13300)